# LIDERANÇA *na* BÍBLIA

# LIDERANÇA *na* BÍBLIA

## de Moisés a Mateus

Lições de Liderança para todas as Áreas Profissionais e Religiões

### Lorin Woolfe

M. Books do Brasil Editora Ltda.

Rua Jorge Americano, 61 – Alto da Lapa
05083-130 – São Paulo – SP – Telefones: (11) 3645-0409/(11) 3645-041(
Fax: (11) 3832-0335 – e-mail: vendas@mbooks.com.br

**Dados de Catalogação na Publicação**

Woolfe, Lorin.
Liderança na Bíblia: de Moisés a Mateus. Lições de Liderança para Todas as
Áreas Profissionais e Religiões/Lorin Woolfe.
2009 – São Paulo – M.Books do Brasil Editora Ltda.

1. Administração     2. Liderança     3. Recursos Humanos

ISBN: 978-85-7680-057-6

Do original: The Bible on Leadership; From Moses to Matthew –
Management Lessons for Contemporary Leaders.

© 2002 Lorin Woolfe
©2009 M.Books do Brasil Editora Ltda.
Todos os direitos reservados. Proibida a reprodução total ou parcial.
Os infratores serão punidos na forma da lei.

**EDITOR**
MILTON MIRA DE ASSUMPÇÃO FILHO

**Tradução**
Maria Lúcia Rosa

**Produção Editorial**
Lucimara Leal

**Coordenação Gráfica**
Silas Camargo

**Editoração e Capa**
Crontec

2009
Proibida a reprodução total ou parcial.
Os infratores serão punidos na forma da lei.
Direitos exclusivos cedidos à
M.Books do Brasil Editoria Ltda.

*Este livro é dedicado a Judy, Becca, Talia e Sascha,
que me lembram diariamente de meu verdadeiro
propósito e do divino em todos nós.*

# *Sumário*

| | | |
|---|---|---|
| Apresentação | | 9 |
| Prefácio | | 11 |
| Agradecimentos | | 15 |

**1 Honestidade e Integridade**     17

*Samuel, Paulo e Isaías estão entre muitos líderes bíblicos que demonstram essas qualidades. James Burke, Warren Buffett e Herb Kelleher oferecem modelos de negócios.*

**2 Propósito**     39

*Heróis bíblicos incluem Moisés, que guiou seu povo até a Terra Prometida, Ezequias e a rainha Ester. Entre líderes de negócio exemplares estão Steve Jobs, Fred Smith e Anita Roddick.*

**3 Bondade e Compaixão**     62

*Jesus, que nos deu a Regra de Ouro. O Bom Samaritano, e outros são modelos bíblicos. Líderes de negócio admiráveis incluem Howard Schultz, Aaron Feuerstein e Roy Vagelos.*

**4 Humildade**     82

*Pedro, que disse "Sou apenas um homem", Jó, que sofreu tanto tempo, e outros exemplificam esse traço. Exemplos modernos incluem Larry Bossidy, Ray Gilmartin e Charles Pollard.*

**5 Comunicação**     98

*Josué (com sua corneta e suas palavras), Esdra e Lucas foram grandes comunicadores. Exemplos do mundo dos negócios incluem Andy Grove, Sam Waltom e Mary Kay Ash.*

| | | |
|---|---|---|
| 6 | **Gerenciamento do Desempenho** | 118 |

*Noé, Salomão e Jeremias foram mestres de encorajamento e disciplina. Lou Gerstner, Gordon Bethune e Jack Stack estão entre os líderes de negócio conhecidos por serem firmes, mas justos.*

| | | |
|---|---|---|
| 7 | **Desenvolvimento de Equipe** | 138 |

*Os líderes bíblicos não usam o termo equipe, mas Neemias foi um dos muitos que entendiam o poder de trabalhar em grupos. Exemplos modernos incluem Hal Rosenbluth, Michael Eisner e o treinador de basquete profissional, Phil Jackson.*

| | | |
|---|---|---|
| 8 | **Coragem** | 160 |

*A coragem talvez seja a característica mais notável dos líderes bíblicos, com Daniel e o trio de Sadraque, Mesaque e Abednego entre os muitos que superaram o medo para enfrentar o risco por um bem maior. Entre os líderes de nosso tempo estão Rudolph Giuliani, Steve Case e Peter Brabeck-Letmathe.*

| | | |
|---|---|---|
| 9 | **Justiça e Eqüidade** | 181 |

*Tiago e José acreditaram profundamente em dar aos outros sua "parte justa". No contexto dos negócios, líderes como Walter Haas Jr., Max De Pree e Paul O'Neill exibiram essa característica.*

| | | |
|---|---|---|
| 10 | **Desenvolvimento da Liderança** | 200 |

*Em tempos bíblicos, tivemos Jesus, líder dos líderes e outros como Moisés. Jack Welch e Roger Enrico em tempos modernos — asseguraram que suas organizações prosperariam muito depois deles, por seu comprometimento em desenvolver líderes que renovariam e executariam sua missão.*

| | |
|---|---|
| **Notas** | 222 |

| | |
|---|---|
| **Índice** | 231 |

# *Apresentação*

Em um mundo cada vez mais competitivo, com demandas cada vez maiores, a busca por líderes efetivos se faz cada vez mais necessária. Mas se vivemos em um mundo tão eclético, com necessidades tão diversas, como detectar as características de um verdadeiro líder?

Não é surpresa que inventores sejam realizadores intrínsecos, que procurem novas idéias dentro de si mesmos, e atletas, por sua vez, sejam altamente competitivos. Espera-se, também, que artistas esbanjem criatividade e sensibilidade, enquanto políticos detenham capacidade de persuasão e carisma.

Parece claro, ainda, que determinadas áreas requerem pessoas com habilidades e dons específicos. Contudo, cada vez mais, a humanidade ganha a consciência de que a liderança pressupõe muito mais do que talentos inatos.

O mundo de hoje anela por líderes que sejam modelo, que defendam o desenvolvimento sustentado, que tenham consciência ecológica e social, e que, na busca para alcançar suas finalidades, jamais firam a ética.

Em outras palavras, no conceito de liderança de hoje, os fins não justificam os meios e, portanto, as realizações só serão valorizadas quando forem acompanhadas de integridade.

O que me encantou nesse livro é que Lorin Woolfe consegue retirar da Bíblia – o livro mais lido do mundo – características imprescindíveis à liderança. O notável no seu feito é como ele contextualiza histórias antigas com exemplos no mundo empresarial.

Além disso, ao citar figuras notáveis como Noé, Moisés, Davi, Ester e Jesus em um contexto em que sua liderança foi colocada à prova, ele nos apresenta características diferentes, porém complementares de um bom líder.

Explico: é comum lermos livros sobre liderança que tomam como exemplo grandes ícones da sociedade para enfatizar diferentes estilos de liderança.

Ao passear pelas páginas desse livro percebi que, a despeito de considerar as idiossincrasias dos indivíduos, o autor postula que há qualidades que nenhum líder pode prescindir. Ou seja, a cada capítulo somos motivados a agregar algo novo à nossa liderança.

De fato, ao usar os heróis da Bíblia como exemplo, os argumentos do livro parecem se tornar inequívocos, com uma aura de espiritualidade que nos compunge à reflexão e à transformação. Sua leitura, portanto, é deliciosa, porém instigante; instrutiva e, ao mesmo tempo, confrontativa. Tenho certeza de que gostarão muito.

*Lamartine Posella,*
autor do livro:
O que não me contaram sobre Jesus

# *Prefácio*

O que a Bíblia tem a ver com liderança? Tudo! A Bíblia é, provavelmente, o livro mais lido no mundo. É respeitada por seus preceitos e orientação religiosa, sua sabedoria e beleza literária. Ela também é a maior coleção de cases de liderança já escrita, com lições tremendamente úteis e esclarecedoras para os líderes e gerentes de hoje. Leia com atenção e com outra perspectiva. Qualquer que seja a crença religiosa, a maioria de nós, do Hemisfério Ocidental, está familiarizada com as histórias e os heróis da Bíblia. Eles formam alguns dos maiores arquétipos de nossa consciência coletiva e podem servir como os melhores (e piores) exemplos universais de liderança.

Considere alguns dos líderes da Bíblia e as lições que eles podem dividir com os gerentes de hoje:

❖ Jacó, embora inferior em força ao seu irmão Esaú, foi capaz de usurpar o direito de nascimento de seu irmão apelando para sua mão ("o poder por trás do trono") para enganar seu pai (o CEO).

❖ José, relegado ao exílio corporativo por causa do ciúme de seu relacionamento próximo com seu pai, Jacó, foi forçado a juntar-se à oposição, o Egito. Lá ele conseguiu se infiltrar na corte, usar sua influência com o faraó e trazer sua família e tribo para viver com ele, onde eles se tornaram uma força poderosa. Entretanto, a "fusão" dos israelitas e egípcios logo se tornou extremamente conturbada, criando todo um novo conjunto de problemas de liderança.

❖ Moisés, o homem que herdou esses problemas, foi um líder que falava tão mal que seu irmão Aarão teve que fazer a maioria dos discursos por ele. Mas a força de sua visão e o compromisso com a missão de Israel fez dele um grande visionário e um líder que as pessoas seguiriam pelas circunstâncias mais adversas. Muitas corporações modernas passam por condições adversas, mas poucas são condenadas a vagar em um deserto (real ou alegórico) durante quarenta anos. A sarça em fogo* é uma visão corporativa por excelência, e os Dez Mandamentos são a máxima declaração de missão.

❖ Josué sucedeu Moisés, e essa transferência de poder é um exemplo do completo planejamento de sucessão, auxiliado pela intervenção divina. Seria necessário um grande líder, e inspirado, para substituir Moisés e guiar os israelitas até a Terra Prometida. O gênio motivacional de Josué e seu planejamento estratégico ajudou os israelitas literalmente a derrubarem a fortaleza impenetrável.

❖ Sansão é um dos melhores cases "negativos" da história. Ele possuía grande força física, mas tinha "pontos cegos" tremendos em seu julgamento interpessoal. A pessoa que ele mais desejava era aquela que mais tinha a temer e que lhe trouxe a queda. Sansão estava literalmente "cego" por um inimigo que ele pensava ser um amigo, e que casualmente era do gênero oposto. Há muitas lições nessa história, para o líder de negócio de hoje.

❖ Jó teve mais problemas que qualquer executivo corporativo, no entanto, ateve-se à sua fé e visão. Seu "case" pode ensinar muito ao executivo moderno, sobre como manter a visão apesar dos obstáculos, dos sofrimentos e daqueles que duvidam dele.

❖ Jesus, o filho de um carpinteiro nascido em uma manjedoura, ao crescer iniciou a religião mais popular na Terra. As habilidades de comunicação de Jesus eram consumadas. Ele era capaz de comunicar convincentemente idéias novas e revolucionárias, usando parábolas em vez de dar explicações diretas, e era capaz de responder a perguntas capciosas de

---

\* O autor faz referência a Exôdos 3; 2-5: "E apareceu-lhe o anjo do SENHOR em uma chama de fogo do meio duma sarça; e olhou, e eis que a sarça ardia no fogo, e a sarça não se consumia. E Moisés disse: Agora me virarei para lá, e verei esta grande visão, porque a sarça não se queima. E vendo o SENHOR que se virava para ver, bradou Deus a ele do meio da sarça, e disse: Moisés, Moisés. Respondeu ele: Eis-me aqui. E disse: Não te chegues para cá; tira os sapatos de teus pés; porque o lugar em que tu estás é terra santa".

*Prefácio* 13

Pôncio Pilatos, sem parecer um traidor de Roma ou um impostor para o seu próprio povo. (Pilatos: "Você é Rei dos Judeus?" Jesus: "Vós dizeis que sou"). O Sermão da Montanha é um belo exemplo da comunicação motivacional, que influenciou não só aquela pequena congregação, mas milhares de pessoas em milhões de congregações desde então. Seu trabalho com os discípulos foi uma das construções de equipe mais perfeitas em motivação. E seu domínio do ato simbólico o fez ganhar um número de seguidores maior que qualquer outro líder, antes ou depois dele.

A Bíblia está cheia desses e outros líderes — reis, profetas, guerreiros, estrategistas e visionários. É uma história de profetas verdadeiros e falsos, de fortunas ganhas e perdidas, de organizações que ascenderam e quebraram. Sua verdade literal tem sido questionada, mas suas lições e histórias foram aceitas como arquétipos universais que influenciam a maneira como vivemos em um nível psicológico, espiritual e simbólico profundo.

Então, por que essa sabedoria bíblica sobre liderança não deveria ser aplicada em nível empresarial? Este livro tenta fazer exatamente isso, revisando os casos bíblicos mais inspiradores e comparando-os aos desafios enfrentados e superados por alguns dos líderes empresariais mais bem-sucedidos da atualidade. Não deve ser nenhuma "revelação" que os traços e as habilidades dos líderes bem-sucedidos da Bíblia também sejam aqueles exibidos pelos líderes modernos mais bem-sucedidos:

❖ Honestidade e integridade

❖ Propósito

❖ Generosidade e compaixão

❖ Humildade

❖ Comunicação

❖ Gerenciamento de desempenho

❖ Desenvolvimento de equipe

❖ Coragem

❖ Justiça e imparcialidade

❖ Desenvolvimento da liderança

A ênfase deste livro é em negócios, e a maioria dos cases modernos retrata situações de negócio. Mas a Bíblia também tem lições para líderes em política, atlética, artes, e, sim, até religião. Este livro deve ser útil a você, quer esteja liderando uma unidade de negócio, um comitê político ou uma força-tarefa, uma equipe atlética, uma orquestra sinfônica ou uma instituição religiosa como uma igreja ou sinagoga (você tem uma das melhores ferramentas do mundo, a Bíblia, em suas mãos — por que não usá-la para ajudá-lo a liderar?).

Qualquer que seja sua área de atuação, meu desejo fervoroso é que ao estudar desafios de liderança nas grandes figuras da Bíblia, você receba a instrução e a inspiração para enfrentar seus próprios desafios de liderança.

# *Agradecimentos*

Um livro nunca é o resultado de uma única pessoa. Gostaria de agradecer a Kevin Barron e a Meldron Young. Sua resposta entusiástica à minha idéia e também ao esboço dos capítulos me mantiveram "determinado". Obrigado a Bill Hill por me lembrar da interseção de negócio e espírito. Adrienne Hickey pediu o melhor de mim e me ajudou a focar meus esforços. Erika Spelman entrou na produção final do livro com paciência e perseverança bíblicas.

Obrigado a todos os líderes modernos que incluí; talvez alguns de vocês possam estar surpresos ao se encontrarem em um livro que os compara a líderes bíblicos, mas para mim as ligações eram evidentes.

Por último, mas talvez o mais importante, obrigado à minha família, que ficou sem mim enquanto passei incontáveis horas no computador, na biblioteca, e em meu "estudo", digerindo e mergulhando nos versículos bíblicos e na sabedoria gerencial. Vocês me dão inspiração e objetivo.

CAPÍTULO UM

# Honestidade e Integridade

*Beijados serão os lábios de quem responde com palavras retas.*
— Provérbios, 24:26

*Julga-me, Senhor, conforme a minha... integridade.*
— Salmos, 7:8

A verdade sincera de Deus. Ações que respaldam as palavras e palavras congruentes com ações. Pessoas íntegras e honestas. Pessoas em quem podemos confiar. É isso o que procuramos em nossos líderes.

James Kouzes e Barry Posner, uma das duplas mais conhecidas de especialistas gerenciais nos Estados Unidos e autores de *The Leadership Challenge* [O desafio da liderança], realizaram uma pesquisa com vários milhares de pessoas em todo o mundo e várias centenas de cases. Eles descobriram que a honestidade de um bom líder era o traço citado com mais freqüência, tanto que escreveram um volume separado sobre o assunto, chamado *Credibility: How Leaders Gain and Lose It. Why People Demand It* [Credibilidade: Como os líderes a conquistam e a perdem. Por que é necessária].

Não importa quanto uma causa é nobre ou digna; se a confiança das pessoas não foi conquistada, pelo cumprimento constante da palavra e pela verdade em relação a valores, as pessoas não seguirão ninguém muito longe. Elas podem seguir alguém até um certo ponto, mas quando a caminhada ficar difícil, começarão a voltar ou procurarão outro líder. Pode-se dizer aos seguidores que, apesar dos obstáculos, o objetivo é atingível e eles terão total apoio. Mas se não foi possível apóia-los em situações anteriores (ou mesmo se não se tem algum histórico de confiança e honestidade), ninguém seguirá esse líder nem por uma poça de lama profunda, muito menos pelo mar Vermelho.

Ultimamente, os gerentes e os líderes do mundo todo têm deixado a desejar nessa área-chave; Richard Nixon contratou pessoas para invadirem a sede do partido político oponente, então mentiu e alegou que não tinha nada a ver com isso. Bill Clinton teve um caso com uma estagiária da Casa Branca alguns anos mais velha que sua filha, então negou prontamente ter tido qualquer atividade sexual com ela.

A Morton Thiokol, uma empresa aeroespacial, não ouviu as advertências de um cientista de que a nave Challenger era insegura, causando a morte de sua tripulação com a explosão, minutos após o lançamento. Executivos da Texaco se engajaram em um padrão sistemático de discriminação contra funcionários pertencentes a minorias e tentaram esconder isso, mas fitas de áudio forneceram evidências irrefutáveis de suas ações.

Os líderes na Bíblia tinham outro feitio. Mesmo quando suas visões pareciam irrealistas, as pessoas os seguiam por causa de sua integridade e honestidade. A Bíblia está repleta de exemplos de indivíduos que mantinham a palavra, apesar de obstáculos naturais e humanos inacreditáveis, e de líderes que arriscavam perder poder, dinheiro e até a vida para manterem sua integridade intacta. Noé foi escolhido e recompensado por sua integridade. Ló foi salvo do fogo do inferno e das cinzas de Sodoma e Gomorra, por sua honestidade.

Moisés, que transmitiu as advertências de Deus contra a mentira, o roubo e a cobiça a seus seguidores de uma forma tocante, foi um homem de grande integridade. Os Dez Mandamentos são muito explícitos: "Não roubarás"; "Não matarás"; "Não levantarás falso testemunho contra o próximo" "Não cobiçarás a casa... mulher... servo ou serva... do próximo ou qualquer pertence dele". Eis quatro mandamentos entre os dez, que tratam diretamente de integridade e de honestidade.

Isaías, Jeremias e os outros profetas, com grande risco e muita impopularidade, advertiram uma população inteira quando estavam se afastando de seus preceitos originais de veracidade e moralidade. Jesus Cristo trouxe a mensagem de que "a verdade o libertará" e se dispôs a morrer pelas verdades que incorporava. Felizmente, hoje fomos abençoados com inúmeros líderes de negócio modernos que percebem que sem honestidade e integridade o sucesso material revela-se realmente vazio.

# HONESTIDADE (E DESONESTIDADE): MODELOS

Felizmente, para quem precisa trabalhar como subordinado desses líderes modernos, a integridade e a honestidade não saíram totalmente de moda. David Hunke, diretor de publicidade do *Miami Herald*, da cadeia Knight-Ridder, comenta: "Parece piada, mas não somos muito bons em guardar segredos. É impossível guardar segredos, em grande parte por causa da questão de integridade. Não se pode imaginar alguém no comando desta corporação lhe dizendo algo que não seja verdade."[1]

Sabemos que, pelo menos oficialmente, os jornalistas têm um código de ética. Porém, e os executivos da Internet? O CEO Robert Knowling, da Covad Communications, uma provedora da Internet, faz todo funcionário passar por um processo de três dias, sobre visão e valores, isto em um ambiente que muda rapidamente, cujo tempo (medido em nanossegundos) é, de fato, dinheiro. Uma âncora desse processo é o conceito de integridade. "Esta não é uma aspiração importantíssima, mas damos certo crédito a ela", comenta Knowling. "Certa vez, tivemos que demitir um gerente muito destacado, por ter violado um de nossos valores. Mas, como diz Jack Welch, devemos tornar públicas as conseqüências da violação de valores essenciais. Não quero acordar um dia com uma corporação lucrativa que não tenha alma."[2]

Compare a integridade de Hunke e Konwling com a dos monarcas Acabe e Jezabel, a "dupla suja" da Bíblia cuja falta de integridade rivalizaria os monarcas de tempos modernos, Leona e Harry Helmsley. Para os não iniciados, Leona Helmsley foi uma "rainha dos hotéis" de Nova York que, ao ser pega praticamente sem pagar impostos sobre um vasto império de negócios, afirmou com arrogância que só "o povinho" paga impostos. Há uma história, talvez apócrifa, de que ela teria colocado "gente do povinho" em volta de sua piscina, com uma travessa de camarão, para que ela pudesse saboreá-los sem sair da piscina.

A falta de integridade de Acabe e Jezabel, porém, certamente rivaliza a da "rainha Leona". Um homem chamado Nabote possuía uma vinha próxima do palácio de Acabe. Acabe queria comprá-la para usar como horta, mas Nabote se recusou a vendê-la, irritado e teimoso. Acabe se recusou a comer, mas pelo menos seu primeiro impulso foi obedecer à lei, embora tivesse ficado insatisfeito e frustrado.

Entretanto, Jezabel não via necessidade de ele ficar desgostoso ou desapontado. Sua mulher, lhe disse: "Então, Jezabel, governas tu agora o reino de Israel? Levanta-te, come pão e alegre-se o teu coração; eu te darei a vinha de Nabote, o jizreelita." (1 Reis, 21:7). Ela pensou em uma solução simples, mas totalmente amoral. Conseguiu dois vigaristas (presumivelmente com suborno ou intimidação, visto ser capaz de ambos) para testemunharem publicamente que Nabote, o jizreelita, tinha blasfemado tanto contra Deus quanto contra o rei (ela queria se garantir de ambos os lados).

Jezabel conseguiu que Nabote fosse apedrejado até a morte. Assim que ouviu a "boa notícia", disse a seu esposo: "Levanta-te e possui a vinha de Nabote, o jizreelita, a qual te recusou dar por dinheiro" (1 Reis, 21:15). Acabe, homem de integridade que era, apenas contentou-se em acatar.

Compare a conduta de Acabe e Jezabel com aquela do rei Davi, que queria construir um altar ao Senhor na eira de um amigo chamado Ornã, o jebusite. Davi foi franco ao procurar Ornã, pedindo-lhe humildemente para vender a eira ao preço justo. (Acabe mandou matar Nabote para se apropriar de sua vinha, sem custo.)

Ornã ofereceu a Davi a eira gratuitamente: "Toma-o para ti e faça o rei, meu senhor, dele o que parecer bem a seus olhos" (1 Crônicas, 21:23). Mas Davi insistiu em pagar o preço justo, apesar do fato de que, como rei, ele poderia facilmente ter se apropriado da propriedade por um decreto.

Em comparação, aqui está um exemplo moderno de uma "vinha" que certamente era cobiçada, mas não foi tomada de seu dono de direito por causa da integridade de um executivo. David Armstrong, da Armstrong Industries, queria construir uma nova fábrica próxima da antiga. Para fazer isso, a empresa teria de

*Honestidade e Integridade* ———————————————————————— 21

comprar a casa de um funcionário aposentado com seus setenta e poucos anos, e forçá-lo a se mudar. O presidente vetou o plano, exclamando: "Quando nós o compramos (o lote da empresa), eu prometi que ele ficaria lá enquanto quisesse. Fazê-lo mudar-se agora poderia aborrecê-lo a ponto de abreviar sua vida".[3] A nova fábrica foi construída do outro lado da propriedade.

Considere a integridade de Jean Maier, diretora de serviços de seguros da Northwestern Mutual Life. Em certo sentido, ela estava de olho nas "vinhas" (recursos financeiros) de milhares de segurados. Antes de assumir o cargo, disse a seu chefe: "Não posso assumir este cargo sem saber se poderei agir corretamente. Não posso tirar a apólice de uma senhora idosa... se achar que isso não é honesto". E seu chefe lhe disse: "Você nunca terá que fazer isso". E ela nunca foi colocada nessa situação.[4] Nabote estaria em segurança se ela fosse sua vizinha.

Com freqüência, parece que a honestidade e a integridade não compensam no curto prazo, enquanto a desonestidade e a falta de integridade sim. Quantas vezes ouvimos quem diga: "Faça aos outros *antes* que eles façam com você" ou "Nenhum *bom* feito sai impune"? Na Bíblia (como na vida empresarial e organizacional), aqueles que agem mal acabam arcando com as conseqüências e os virtuosos têm suas recompensas, embora não sem muito sofrimento desnecessário. Bom seria se as pessoas pudessem ser mais honestas.

Há um caso do faraó, cuja falta de integridade compete com a de qualquer líder moderno. Esse imperador absoluto do Egito não tolerava nenhuma ameaça a seu poder. Para manter seus escravos hebreus e construir vastos monumentos para si, ele estava disposto a fazer cair a destruição e a morte sobre seu próprio povo. Quando se recusou a deixar os hebreus partirem, Deus infligiu dez pragas progressivamente destrutivas sobre os egípcios, a começar com sapos (uma aflição relativamente benigna) e passando à morte de primogênitos (isto é que é disciplina progressiva!).

O faraó cedeu, provavelmente porque seu próprio filho foi um dos mortos. A história do êxodo apressado dos israelitas (que resultou na mais rápida produção de pães *matzoh* do mundo) é conhecida entre judeus e cristãos. E foi bom eles terem sido capazes de "fazer o pão e fugir" tão rapidamente, porque a "integridade" do faraó só durou alguns dias. Ele voltou atrás em sua palavra e perseguiu os hebreus, que fugiram para o deserto.

Todos sabemos o que aconteceu aos homens do faraó quando eles tentaram perseguir os israelitas pelo leito seco do mar Vermelho, que tinha se aberto para os fugitivos. Os mares podem se dividir para as pessoas de honra e integridade, mas freqüentemente voltam a afogar aqueles cuja palavra não significa nada para eles mesmos ou para os outros.

Um teste da integridade de um líder é sua atitude para com a propriedade "pública". Alguns líderes levam tudo consigo; outros se recusam a levar um centavo dos recursos que lhes foram confiados. Em tempos recentes, sabemos de líderes como Ferdinand Marcos e sua esposa, Imelda (a dos milhares de pares de sapatos), das Filipinas, que se apropriaram de grande parte da riqueza de seu país antes de fugirem para orlas estrangeiras. Compare essa fuga secreta com aquela de Samuel, que presidiu como alto sacerdote de Israel durante várias décadas. Não só ele se recusou a tomar qualquer coisa que não lhe pertencesse, mas também pediu aos compatriotas para identificarem qualquer coisa que tivesse acumulado ao longo de sua gestão, que a devolveria com rapidez e satisfação:

> *Eis-me aqui. Testificai contra mim perante o Senhor... a quem o boi tomei? A quem o jumento tomei? A quem defraudei? A quem tenho oprimido? E de cuja mão tenho recebido suborno e com ele encobri os meus olhos e vô-lo restituirei.*
>
> *Então disseram: "Em nada nos defraudaste nem nos oprimiste", eles replicaram, "nem recebeste coisa alguma da mão de ninguém". (1 Samuel, 12:1-4)*

Quantos dos líderes empresariais ou políticos de hoje se disporiam a passar por tal escrutínio? Michael Milken e Ivan Boesky certamente não passariam pelo teste. Nem muitos dos líderes do terceiro mundo como o Sultão de Bornéu, que fugiu com 1 bilhão de dólares, o valor da riqueza em petróleo de seu país. Mas o terceiro mundo não é o único lugar onde os líderes políticos não se comparam nesta área: pergunte ao motorista de caminhão que esteve na nova mansão dos Clinton em Westchester County, discretamente, para retirar e devolver para a Casa Branca uma grande coleção de móveis caros que tinham sido doados — não para eles, pessoalmente, mas para o "Escritório do Presidente".

Samuel não respondeu passivamente a uma investigação de suas posses nem reagiu a ela. Ele iniciou-a! Convidou a investigação de sua honestidade e integridade, até o último boi ou jumento, prometendo devolver qualquer coisa que tivesse sido apropriada imoralmente, ainda que ela fosse insignificante. E prometeu retificar a menor evidência de impropriedade ou de ganho desonesto.

*Honestidade e Integridade* ———————————————————————— 23

Esse tipo de integridade aparece no Novo e no Antigo Testamento. Considere o discurso de despedida do discípulo Paulo a seus seguidores:

> *De ninguém cobicei a prata, nem o ouro, nem o vestuário. Sim, vós mesmos sabeis que para o que me era necessário a mim, e aos que estão comigo. E levantou-se um grande pranto entre todos e, lançando-se ao pescoço de Paulo, o beijavam. Entristecendo-se muito, principalmente pela palavra que dissera, que não veriam mais o seu rosto. (Atos dos Apóstolos, 20:32-37)*

Não é de admirar que tal profissão e demonstração de integridade e honestidade provocasse tal fidelidade sincera dos seguidores de Paulo, ou que seu pesar fosse tão grande só de pensar em perdê-lo? Se você deixasse sua organização hoje, seus seguidores sofreriam claramente por perdê-lo, e se eles o fizessem, o pesar deles se relacionaria à perda de um líder íntegro?

Existe mesmo integridade nos níveis mais altos das empresas modernas? Ela não pode ser um impedimento ao sucesso material? Charles Wang, presidente da Computer Associates, não vê esse conflito. Wang comanda uma empresa de 4,7 bilhões de dólares, mas alega que a efetividade freqüentemente resulta de se dizer a verdade, e não em dólares.

> *Para ser uma pessoa de sucesso... é preciso ter integridade. Sua palavra tem de ser tudo o que você tem. Deve-se ter uma bússola moral. Isso é verdadeiro principalmente se você for um líder, porque está mais exposto. As pessoas terão uma impressão sua, e se você não for verdadeiro... elas o considerarão sórdido... Compramos uma empresa, há um contrato que é terrível, mas você herda todos os contratos. Você pode alegar que o sujeito não tinha autoridade para assiná-lo, mas você... honra o contrato.[5]*

Mas a liderança nem sempre tem de ser em uma escala grandiosa ou vir do comando. John Boten, gerente de sistemas comerciais da John Deere, acha que toda transação, não importa se grande ou pequena, deveria ser conduzida com integridade. Quando um fornecedor recebeu de sua empresa menos que o devido, ele agiu como o rei Davi, e não como o rei Acabe. "Não havia dúvida disso, pagamos ao fornecedor a quantia devida... ensinaram-me no início de minha carreira que tenho de ter integridade em tudo o que faço".[6] Essa transação não ia "quebrar" a empresa. Boten preferiu seguir sua consciência e as palavras de Lucas, 16:10: "Quem é injusto no mínimo, também é injusto no muito".

# Integridade Apesar da Tentação e da Adversidade

A história de Zaqueu nos mostra um cobrador de impostos do governo romano, uma das profissões menos bem-vistas em Israel antigo. Ele podia, porém, ser reabilitado. Por ser um homem baixo, subiu em uma árvore para ver e ouvir melhor o misterioso profeta, Jesus. A resposta de Jesus foi convidar-se para ir a casa desse marginal social:

> *"Zaqueu, desce depressa, porque hoje convém pousar em tua casa"... E vendo todos isto, murmuravam, dizendo que entrara para ser hóspede de um pecador. E levantando-se Zaqueu disse ao senhor... "Eis que eu dou aos pobres a metade de meus bens; e, se eu nalguma coisa tenho defraudado alguém, o restituo quadruplicado." (Lucas, 19:1-8)*

Essa é uma boa guinada para um cobrador de impostos. Mesmo Samuel, alto sacerdote de Israel, prometeu restituir somente o que havia tirado, e não quatro vezes o que tirou!

Às vezes, a integridade daqueles que pecaram supera aquela dos que sempre seguiram o caminho certo. No início da década de 1990, fitas de áudio revelaram que um grupo de executivos da Texaco tinha atitudes racistas e negava sistematicamente a contratação e promoção de afro-americanos. A Texaco negou o problema no início, mas finalmente o CEO Peter Bijur decidiu por uma conduta mais íntegra. Demitiu um dos executivos infratores, negou benefícios de aposentadoria a outro, estabeleceu um plano para contratar mais afro-americanos em todos os níveis da organização e fez um acordo de 140 milhões de dólares. Essa é uma guinada bastante grande para um executivo do petróleo.

Rick Toscitt, da AT&T Solutions, pode ter sido tentado a representar mal as capacidades de sua organização, visto que sua nova iniciativa representava um imenso risco financeiro para a organização e um risco pessoal para seu futuro

*Honestidade e Integridade* ——————————————————————— 25

profissional. Embora ele precisasse de cada novo negócio que pudesse obter, por menor que fosse, recusou clientes que achava que não poderia atender corretamente, e admitia erros de imediato, sem hesitação nem agressão. "O que mais me inspirava em Rick era como ele era honesto nos negócios", comenta Dick Anderson, diretor de Tecnologia. "Ele não hesitaria em dizer a um cliente: 'Não agimos corretamente' ou 'Achamos que não deveríamos trabalhar para você'... Sua meta não era ser gentil o tempo todo, mas agir com correção." Acrescenta um cliente: "Ele nos engajou no dar e receber de boa fé... era honesto, um homem de palavra, corajoso e eu só trabalharei com um sócio assim".[7]

Warren Buffett, que subiu ao topo no mundo de investimentos, observa que a falta de honestidade pode gerar adversidade. Poderíamos pensar que seus critérios de contratação seriam a agressividade e pessoas calculistas que só pensam em números. Vejamos os seus verdadeiros critérios de contratação: "integridade, inteligência e energia. Contrate alguém sem o primeiro, e os outros dois o aniquilarão".[8]

A Bíblia é muito específica sobre a honestidade nos negócios: "Na tua bolsa não terá pesos diversos, um grande e um pequeno. Na tua casa não terá dois tipos de efa, um grande e um pequeno. Peso inteiro e justo terás; efa inteiro e justo terás; para que prolonguem os teus dias na Terra que te dará o Senhor teu Deus". (Deuteronômio, 25:13-15)

Se alguém deseja "viver muito na terra", da Merrill Lynch, a integridade é esperada. O presidente emérito, John Tully, dirigiu-se aos corretores quando eles ganharam uma grande "bolada" de 2 ou 3 milhões de dólares. "Pensaram que eu estava ligando para cumprimentá-los", imagina ele. "Mas eu realmente queria lhes fazer algumas perguntas. 'Como ganharam aquele monte de dinheiro? Se o *New York Times* publicasse na primeira página como vocês o ganharam, ficariam orgulhosos?' Queria lembrá-los da cultura da firma e queria me certificar de que eles a estavam seguindo."

Tully também fazia da integridade um negócio prioritário nas avaliações de desempenho dos duzentos melhores funcionários da empresa. "A primeira pergunta que sempre fazíamos nunca era: 'Quanto Dan produziu?' Era sempre: Alguma vez você soube que Dan distorceu ou omitiu a verdade?'"

Tully também insistiu que a empresa mostrasse sua integridade durante a queda do mercado de ações em 1987. Algumas firmas preferiram minimizar o prejuízo, "escondendo-o" de seus clientes durante esse período. Dizia que "aquele seria um dia em que seríamos lembrados pela maneira como agiríamos". Dizia: "Quero que vocês cheguem lá... atendam os telefones, tratem seus clientes com respeito, dêem bons conselhos a eles... Ajam corretamente com as pessoas e... ficarão cheios de clientes. Fazer o contrário nunca funciona".[9]

Outro homem que aderiu aos mesmos princípios de integridade sob condições adversas como Tully, mas o antecedeu em cerca de 4 mil anos foi Jó. Pode-se alegar que tudo era mais fácil para aqueles líderes da Bíblia. Eles viviam em um mundo muito menos complexo e negociavam uns poucos camelos, e não bilhões de dólares. O que era certo ou errado era muito mais claro na época, e decisões éticas podiam ser tomadas com muito mais facilidade.

Diga isso aos protagonistas do Livro de Jó. É um dos livros mais longos da Bíblia, um debate extenso sobre integridade, humildade e disciplina, e como estas devem ser praticadas no "mundo real".

A "paciência de Jó" é lendária. O que se esquece com freqüência é da integridade dele. Jó foi um receptor de toda calamidade conhecida por Deus e o homem. Primeiro, todos os seus bois e jumentos foram saqueados pelos sabeus, que então "mataram todos os seus servos com a espada". Para complicar a situação, todos os seus filhos e filhas foram mortos quando uma tempestade de vento derrubou a casa onde eles estavam fazendo um banquete. Finalmente, Satanás afligiu Jó com dores forte, da planta dos pés à cabeça. "Então Jó tomou um caco de cerâmica para se raspar com ele, e estava assentado no meio da cinza". (Jó, 1,2)

E por falar em "fundo do poço", eis um homem cujas provações se igualam ou superam os sofrimentos de qualquer líder moderno. Ele teve 7 mil ovelhas, 3 mil camelos, quinhentas juntas de boi, quinhentos jumentos e um grande número de servos. Perdeu todos os sete filhos e filhas. Se algum homem pudesse ser perdoado por abandonar temporariamente (ou permanentemente) seus princípios, esse homem seria Jó. Mesmo sua esposa sugeriu que ele era um tolo crédulo por ater-se a esses princípios: "Você ainda está preso à tua sinceridade? Amaldiçoe a Deus e morre!". (Jó, 2:9-10)

Mas Jó recusou-se repetidamente a abrir mão de sua integridade: "Você está falando como uma mulher tola. Aceitaremos o bem de Deus e sem problemas? ... enquanto em mim houver alento... não falarão meus lábios iniqüidade... nunca apartarei de mim a minha integridade". (Jó, 2:10, 27:2-5)

O líder moderno pode passar por muitas provações, mas poucas delas tão devastadoras quanto as de Jó. Em certo sentido, tudo o que lhe restara era sua

*Honestidade e Integridade* ———————————————————————————— 27

integridade, e ele estava determinado a preservá-la. Os líderes de todas as idades deveriam perceber que quer os cofres estejam abarrotados ou vazios, quer o bando esteja crescendo ou minguando, a integridade é a medida da liderança.

Considere Randall Tobias, CEO da Eli Lilly. Quando sua empresa passou por tempos difíceis em meados da década de 1990, ele não buscou um modelo matemático puro para cortar custos. Considerou o impacto geral sobre sua empresa e os indivíduos que tinham, em muitos casos, passado a vida toda trabalhando para a empresa. Em vez de demiti-los, ele ofereceu aposentadoria antecipada e um ano de pagamento.

Bill Adams, CEO da Armstrong World Industries, adota em sua empresa uma conduta extremamente pessoal e pró-ativa em relação à integridade. Ele dá a todo funcionário seu número de telefone pessoal e lhes diz: "Ligue pessoalmente se lhe pedirem para fazer algo que você considera errado". Seu lema não é "O comprador que se cuide", mas "O comprador tem fé".[10]

Mas há quem nunca aprenda. Um dos homens mais desonestos da Bíblia é Judas Iscariotes, um dos discípulos de Jesus, que o traiu por ganância e talvez por ciúme. Judas percebeu que não tinha os poderes de cura, as habilidades de comunicação ou de motivar os outros positivamente que seu "chefe" possuía. Sabia que nunca seria o chefe ou mesmo o braço direito dele. Mas podia se destacar, traindo o homem que muitos acreditam ser o filho de Deus.

A falta de integridade de Judas foi notada mesmo antes de ele trair Jesus. As pessoas que não têm integridade geralmente mostram isso em diversas situações. Em um jantar em homenagem a Jesus, uma mulher tomou um arratel de ungüento caro e ungiu os pés de Jesus. Adivinhe que discípulo objetou com base na "integridade"? Aquele a quem esta mais faltava – Judas Iscariotes, que reclamou: "'Por que esse ungüento não foi vendido e o dinheiro dado aos pobres? Valia um ano de salários'. Ele não disse isso por se importar com os pobres, mas porque era ladrão; um guardador da bolsa, ele costumava tirar dali o que lá se lançava." (João, 12:4-6)

O exemplo de Judas demonstra como basta uma pessoa desonesta ou descontente para abalar severamente um esforço cooperativo, principalmente quando essa pessoa está no comando ou próximo dele.

Um líder moderno que fingia empatia para com os pobres enquanto enriquecia à custa deles foi William Aramony, ex-CEO da The United Way, a organização que historicamente tem ajudado o equivalente moderno da viúva – o órfão, o cego, o aleijado e o manco. Descobriu-se que Aramony, que ganhava 400 mil dólares por ano, apropriou-se indevidamente de uma grande quantia dos recursos da organização para seu benefício pessoal.

## Agindo com Integridade

As palavras não são exatamente fáceis, mas as ações são mais caras. Mateus enfatizou que longos discursos e "juramentos" não eram necessários para impressionar as pessoas com a integridade de alguém.

> *De maneira nenhuma jureis; nem pelos céus, porque é o trono de Deus; nem pela terra, porque é o escabelo de seus pés; nem por Jerusalém, porque é a cidade do grande Rei; nem jurarás pela tua cabeça, porque não podes tornar um cabelo branco ou preto. Seja, porém, o vosso falar Sim, sim; Não, não. (Mateus, 5:33-37)*

Nos anos recentes, temos nos sujeitado a líderes como Bill Clinton pedindo aos interrogadores para "esclarecerem" o significado da palavra *é*, e Bill Gates questionando o sentido da expressão *a respeito de*. Diante de ofuscamentos como estes, às vezes, é difícil acreditar nos "sim" e nos "não" desses homens.

Voltemos, porém, a alguns milhares de anos, a Neemias, cuja integridade inspirou o povo de Judá a reconstruir o templo em menos de dois meses. Apontado governador pelo rei Artaxerxes, Neemias podia ter enriquecido e usado qualquer meio à sua disposição para completar o templo. Mas:

> *Nem eu nem meus irmãos comemos o alimento reservado ao governador. Mas os primeiros governadores... oprimiram o povo e tomaram-lhe pão e vinho; porém eu assim não fiz. Em vez disso, dediquei-me ao trabalho nesta parede... não adquirimos qualquer terra... Além disso, cento e cinqüenta judeus e oficiais comeram à minha mesa... Cada dia um boi, seis ovelhas escolhidas e carne de aves eram preparados para mim... apesar de tudo isso, eu nunca exigi o alimento reservado ao governador, porquanto a servidão deste povo era grande. (Neemias, 5:14-18)*

*Honestidade e Integridade* 29

Observe que Neemias recusou-se a se apropriar de mais do que ele tinha direito. Nem pediu a quantia a que tinha direito, mas dividiu o que possuía com seus seguidores. Isso foi em nome da moral das pessoas e para a rápida conclusão da tarefa. Compare essa filosofia com aquela de Russ Baumgardner, presidente da Apogee Enterprises, fabricante de vidros citada como uma das cem melhores empresas para se trabalhar nos Estados Unidos: "Pagamos os impostos devidos. Não pagamos mais do que devemos, mas nunca enganamos o governo... E no nosso setor, nunca trapaceamos nossos fornecedores, nem nossos funcionários, ou nossos clientes".[11]

Os profetas foram as pessoas que mantiveram a nação de Israel "honesta". As pessoas muitas vezes perdiam de vista os mandamentos sobre a honestidade e a integridade. Repetidas vezes, os profetas surgiram para lembrá-los onde estava o "verdadeiro norte" na bússola, quando toda a nação estava dando uma guinada moral para o sul.

Ezequiel professava contra falsos profetas, aqueles com "palavras falsas, visões mentirosas... e adivinhação mentirosa". (Ezequiel, 13:8-9) Hoje falamos daqueles que "encobrem" ou "escondem" a verdade colocando um reboco conveniente sobre uma estrutura fraca ou faltosa. Vários milhares de anos atrás, Ezequiel tratou desse problema universal usando uma analogia muito similar:

> *E quando um edifica uma parede, eis que outros a cobrem com argamassa não temperada; Dize aos que a cobrem com argamassa não temperada que ela cairá. (Ezequiel, 13:10-16).*

Ezequiel proclama que pode não haver paz e harmonia de verdade, seja nos negócios ou na política, sem verdadeira honestidade e integridade. "Rebocos" parecem funcionar no curto prazo, mas raramente no longo prazo.

Em 1985, promotores acusaram a Re-Entry Systems, da GE, de fazerem uma imensa camuflagem, alegando terem fraudado 800 mil dólares ao alterarem cartões de ponto dos trabalhadores. Primeiro, a GE se recusou a admitir a culpa, mas Jack Welch diz: "Chegamos ao ponto em que concluímos que alguém trapaceou... Até chegarmos a esse ponto, estávamos correndo um atrás do outro, num grande círculo". Ele poderia ter acrescentado que estavam apenas passando outras camadas de reboco sobre uma estrutura defeituosa. Quando Welch e a GE finalmente viram que o problema era de "integridade básica", admitiram suas transgressões e estabeleceram um programa de ética para garantir que o problema fosse resolvido.[12]

A época de Jeremias, o profeta, era de corrupção, talvez ainda maior que nos Estados Unidos, no final do século XX! Ele falava continuamente sobre a falta de integridade que permeava toda a sociedade, o que não fez dele um convidado de honra respeitado na corte do rei ou em banquetes. Mas um líder que aponta a falta de integridade de outros líderes não será, necessariamente, popular em qualquer sociedade ou negócio:

> *Dai voltas às ruas de Jerusalém, e vede agora; e informai-vos, e buscai pelas suas praças, a ver se achais alguém, ou se há homem que pratique a justiça ou busque a verdade; e eu lhe perdoarei. E ainda que digam: Vive o Senhor, de certo falsamente juram. (Jeremias, 5:1-2)*

Como o filósofo grego Diógenes, Jeremias não pôde encontrar um único homem honesto em toda a cidade. Mas ponderou que só havia procurado entre os homens comuns, e não entre os louvados e morais da metrópole. Mas, para um homem, "mas estes juntamente quebraram o jugo, e romperam as ataduras. Por isso um leão do bosque os feriu, um lobo dos desertos os assolará; um leopardo vigia contra as suas cidades; qualquer que sair delas será despedaçado; porque as suas transgressões se avolumam, multiplicaram-se as suas apostasias". (Jeremias, 5:5-6)

Naquela época, a probabilidade de haver um leão ou um lobo colérico era mais literal, e uma metáfora mais contundente. Hoje, a falta de honestidade e de integridade em nossas empresas e entre líderes políticos não chega a ter conseqüências físicas, mas o impacto nos negócios e no clima político é comparável, em nosso país. "Lobos" e "leões" que atacam um líder ou empresa que não tem integridade incluem a perda de propósito, desafeto e desânimo desde a sala de materiais de limpeza até a sala da diretoria, e finalmente a perda de confiança do consumidor no produto ou serviço.

Compare os efeitos, a longo prazo, do recolhimento antecipado e voluntário do Tylenol, pela Johnson & Johnson, no valor de milhões de dólares, quando um número ínfimo de contêineres contaminados com cianeto foi descoberto, com o reconhecimento da Ford (após muitos artigos, audiências no Congresso e discursos de Raph Nader) de que o local do tanque de gasolina do Mustang tinha sido responsável por muitas mortes cruéis. Que empresa agiu com mais integridade?

*Honestidade e Integridade* 31

Qual delas percebeu melhor os resultados econômicos e de relações públicas no curto e no longo prazo?

O profeta Isaías viveu em uma época em que a honestidade e a integridade eram as bases da nação de Israel. Ele teve uma visão do Senhor cercado por anjos, olhou para si e percebeu quanto sua nação e ele haviam decaído moralmente: "Ai de mim! pois estou perdido; porque sou um homem de lábios impuros, e habito no meio de um povo de lábios impuros". (Isaías, 6:5)

Isaías provavelmente tenha sido o sujeito "de lábios mais puros" na cidade, mas mesmo ele sabia que era faltoso. Em uma organização corrupta, todos são corrompidos. Quando uma empresa ganha reputação por "jogar sujo", mesmo o mais honesto de seus funcionários é atingido pela mácula. Talvez Isaías não tivesse mais para onde ir, ou tivesse uma dedicação suprema para com seu povo, mas ele decidiu ficar e reformar a nação, apesar de estar pregando sua mensagem com o máximo empenho enquanto ninguém parecia estar ouvindo ou respondendo.

Toda organização tem pelo menos um Isaías, alguém que lembra a organização de sua missão e princípios originais, cada vez que esta sai dos trilhos. O líder sagaz e corajoso permite a existência de "Isaías" como uma válvula de segurança e sinal de advertência. Os líderes mais sagazes protegem seus "Isaías" do mal, ou eles mesmos se tornam Isaías. Algumas organizações até têm uma posição chamada "*ombudsman* corporativo", uma pessoa cujo papel é questionar a sabedoria e a integridade do *status quo*, que é apoiado por aqueles que têm poder, mas que nem sempre pode ser em benefício da organização no longo prazo.

Mais de 90% das quinhentas empresas indicadas como as melhores pela revista *Fortune* têm uma declaração de ética. Para muitas delas, porém, essas declarações não passam de escritos na parede. Quantas as tornam operacionais, como a Northrupp Grumman, que possui um departamento de ética com pessoal em tempo integral que treina e aconselha funcionários quanto a questões complexas e assustadoras enfrentadas no setor aeroespacial?[13]

Considere um CEO que toma para si o papel de "Isaías". Bill Hewlett, da Hewlett Packard, certa vez encontrou a porta de uma sala de suprimentos trancada, o que transmitiu a ele algo que não lhe agradou sobre a honestidade dos funcionários da empresa. Então ele abriu a porta com uma ferramenta pontiaguda e deixou o bilhete: "Nunca mais tranque esta porta".[14] Esse ato provavelmente tenha comunicado mais sobre a integridade da empresa que uma centena de discursos em reuniões corporativas.

Sir Adrian Cadbury, CEO de uma empresa cujo nome está associado à do-çura, e não à grosseria, mantém-se firme em sua crença de que as ações, e não as palavras, são as medidas-chave da integridade. "Os padrões éticos de uma empre-sa são julgados por suas ações, e não por declarações pias de intenções divulgadas em seu nome". Esta é, provavelmente, uma crítica direta a empresas que real-mente contratam consultores de fora para elaborarem uma "declaração de ética" que tem pouco ou nada a ver com a maneira como os negócios são conduzidos na realidade. A verdadeira ética de uma empresa se reflete "pela posição que assu-mimos como gerentes e como nos portamos quando enfrentamos decisões que exigem uma combinação de julgamentos éticos e comerciais. Quais são nossas regras pessoais de conduta? Quem mais será afetado?"[15]

Quanto é importante para os líderes terem ações congruentes com suas crenças e declarar "boas intenções"? Não pergunte isso simplesmente ao chefe de um fabricante de chocolates. Faça a pergunta a Tiago, um dos doze discípulos de Jesus: "Porque, se alguém é ouvinte da palavra, e não cumpridor, é semelhante ao homem que contempla ao espelho o seu rosto natural". (Tiago, 1:22)

# Sistemas, Salvaguardas, Padrões

Os indivíduos tendem a demonstrar mais integridade e honestidade quando a cultura de grupo apóia esses comportamentos. É necessário ter indivíduos muito fortes para manterem esses traços, principalmente quando eles estão em posição de poder, sujeitos a verificações, ponderações ou regras.

A regra da lei é repetida muitas vezes na Bíblia, como o são as leis reais. Há advertências particularmente fortes a abusos de poder por aqueles que têm gran-de autoridade, bem como mandamentos para líderes e seguidores de todos os níveis para se portarem eticamente.

A passagem a seguir foi escrita por Moisés, séculos antes de Saul ter ungido o primeiro rei de Israel. Moisés estava bem ciente do potencial para abuso de poder de qualquer líder, não importava quanto fosse honrado. Portanto, ele suge-riu algumas salvaguardas, que temos ignorado com muita freqüência, ao selecio-narmos nossos modernos líderes de negócio e políticos (ou que foram ignoradas mesmo quando estipuladas):

*Honestidade e Integridade*

> *O rei... não deve multiplicar para si cavalos nem fará voltar o povo ao Egito para multiplicar cavalos. Ele não multiplicará mulheres demais ou o seu coração será desencaminhado. Não multiplicará grandes quantidades de prata e ouro. Quando se assentar sobre o trono de seu reino, escreverá para si num livro, um traslado dessa lei... E o terá consigo, e nele terá todos os dias de sua vida...Para que o seu coração não se levante sobre os seus irmãos, e não se aparte do mandamento, nem para a direita nem para a esquerda. (Deuteronômio, 17:14-20)*

Se pelo menos nossos modernos líderes de negócio prestassem mais atenção a essas diretrizes! Moisés percebeu o que Lord Acton expressou séculos depois de modo muito sucinto, que "o poder corrompe e o poder absoluto corrompe de modo absoluto". Ele reconheceu a ameaça intrínseca que o poder excessivo poderia impor à honestidade e à integridade de um líder. A advertência de Moisés dirige-se aos perigos da ganância (cavalos demais e grandes quantidades de prata e ouro podem abalar a capacidade de um líder de identificar a injustiça em outros lugares), luxúria (esposas ou casos amorosos demais também podem afetar o julgamento e a credibilidade de um líder), e arrogância (nenhum líder, seja corporativo ou político, deve se colocar acima da lei).

Mesmo reis e CEOs (ou talvez principalmente reis e CEOs) precisam de padrões e diretrizes escritos que lhes ajudem a se lembrar de como agir eticamente. Quando Salomão estava para suceder Davi no trono de Israel, a maior prioridade de Davi e a prece mais fervorosa era que seu filho continuasse sua tradição de integridade: "E bem sei eu, Deus meu, que tu provas os corações, e que da sinceridade te agradas; e a Salomão, meu filho, dá um coração perfeito, para guardar os teus mandamentos, os teus testemunhos, e os teus estatutos..." (1 Crônicas, 29:17-19)

Uma empresa com um sistema bem desenvolvido de ética — que é realmente praticada, e não apenas declarada — não passa muito tempo decidindo quanto à ética de cada decisão. De fato, um código forte como o da Johnson & Johnson facilita as decisões. Uma ação ou se encaixa no código ou não se encaixa, e quanto mais forte for o código e maior a freqüência com a qual ele tiver sido colocado em prática, mais claro será o caminho ético.

John Pepper, presidente da Procter & Gamble, acredita que o "negócio ético é um bom negócio". Além disso, ele tende a atrair e a reter pessoas éticas.

*Há um bom número de pessoas nesta empresa que veio para cá — e aqui ficou — por causa de nossos padrões éticos. Quando nos mudamos para lugares como o Leste Europeu e perguntamos aos novos funcionários por que eles nos procuraram, é maravilhoso ouvi-los dizer: "Pelo que vocês representam". Lembro-me de um ex-presidente da P & G dizendo que se a empresa chegasse a um ponto onde não acreditássemos que poderíamos manter uma boa ética e ficar em um país, sairíamos do país... É maravilhoso não precisar falar sobre certas coisas. Quando estamos discutindo um produto e há algo errado com ele, você sabe que não deve ser mais discutido até que sejam feitas as correções.*[16]

Herb Kelleher, CEO da Southwest Airlines, deve ter bebido da mesma água que Pepper. Ele também acha que manter um conjunto permanente de padrões éticos

*... facilita tudo. Quando alguém faz uma proposta, não perdemos muito tempo nela se for contrária aos nossos valores. Só dizemos: "Não, não vamos fazer isso!" Você poderia ser capaz de ganhar muito dinheiro, mas isso não faz diferença. Não é o que defendemos. Podemos dizer rapidamente: "Tudo bem, qual é o próximo item?"*[17]

Há, provavelmente, muitos líderes empresariais e políticos que desejariam "ter passado para o próximo item" em vez de terem embarcado em um curso de ação eticamente questionável. Mas, ser capaz de saber quando "passar adiante" requer um conjunto de padrões.

Também ajuda "selecionar homens capazes... dignos de confiança, que odeiam ganhar com desonestidade", estas são as instruções de Jetro a Moisés ao selecionar seus "oficiais entre milhares, centenas e dezenas". (Êxodo, 18:21) Mas, caso algumas "maçãs podres" tenham caído no barril, é bom estabelecer um sistema para detectá-las e removê-las. Depois do escândalo em que eles foram considerados culpados de adulterar os registros da folha de pagamento, a GE instituiu um programa ético, e um componente deste era um livreto chamado "O Espírito e a Carta de Nosso Compromisso". O livreto, reproduzido em todas as línguas, explicava que um *ombudsman* e uma linha direta tinham sido colocados em todas as instalações para lidar com relatos de atividades potencialmente antiéticas. Diz Welch: "Dizemos aos funcionários exatamente a quem chamar... Das confusões

Honestidade e Integridade

35

se criam novos níveis de excelência. Alguma coisa precisa sair de cada evento sério... Como você leva isso para a próxima etapa?".[18]

Um sistema de ética e padrões pode até atravessar limites religiosos impregnáveis. Gary Heavin é o fundador da Curves for Women, uma franquia internacional de clubes de saúde para mulheres. Heavin, um cristão conservador, baseou sua empresa em grande parte nos princípios do Novo Testamento. Mas, ironicamente, ele atraiu judeus hassídicos como franqueados. Por quê? "Eles me dizem: 'Apreciamos seu sistema de valores e sua integridade. Não confiaríamos em alguém sem um sistema de valores'".[19]

Dennis Bakke e Roger Sant, líderes da AES, uma gigante de serviços de utilidade pública, também acha que essa "adesão" especial que obtém de seus funcionários se baseia em seu sistema de valor: "Nossa meta principal... era construir uma empresa que incorporasse os quatro princípios que achávamos importantes em qualquer tipo de comunidade, fosse comercial, igreja, vila ou o que fosse: justiça, integridade, responsabilidade social e diversão".[20] (Quem disse que uma empresa ética precisa ser chata?)

# QUEM ESTÁ VENDO, AFINAL?

Em uma velha história, um fazendeiro diz a seu contratado para pegar uma galinha e matá-la "onde ninguém possa ver". O contratado volta depois de algumas horas com uma galinha viva. "Por que você não a matou?", pergunta o fazendeiro. "Em todo lugar aonde eu vou, a galinha vê", responde o homem.

Por trás dessa anedota está uma mensagem sutil: Alguém está sempre vendo, mesmo que seja a vítima, o perpetrador, ou a consciência do perpetrador. As forças do rei Davi estavam alinhadas contra as forças de seu próprio filho, Absalão, que tentava tomar o trono de seu pai alguns anos antes de ele estar preparado para assumi-lo. (Isso parece um negócio típico de família). Davi ordenou a suas tropas: "Guardai-vos, cada um de vós, de tocar no jovem Absalão". (2 Samuel, 5:5) Absalão, montado em sua mula, teve o cabelo preso a uma árvore e estava pendurado nela quando um soldado comum, do lado de Davi, passou por ele, mas não o maltratou. Ele relatou isso ao seu comandante, Joabe:

*Então disse Joabe ao homem que lho fizera saber. "Pois que o viste, por que o não feriste logo ali em terra? E forçoso seria o eu dar-te dez moedas de prata e um cinto." Disse, porém, aquele homem a Joabe: "Ainda que eu pudesse pesar nas minhas mãos mil moedas de prata, não estenderia a minha mão contra o filho do rei, pois bem ouvimos que o rei te deu ordem: Guardai-vos, cada um de vós, de tocar no jovem Absalão".(2 Samuel, 18:11-12)*

Este soldado raso mostrou verdadeira integridade, não se deixando tentar pela recompensa material ou pelo furor de seu superior imediato. Ele sabia que não era o "único" no bosque; tudo o que fizesse, Absalão (e talvez um poder superior) veria.

O Novo Testamento também tem muitas referências à honestidade e à integridade, como esta passagem de Mateus: "Viva como se Deus estivesse olhando. Não faça boas ações apenas em frente dos homens". Eu trabalhei em uma organização onde um grupo de trabalho tinha colocado uma placa dizendo: "Não faça nada que não faria se Jesus viesse. Não diga nada que diria se Jesus viesse. Não pense nada que não pensasse se Jesus viesse". A placa era necessária, porque havia muita tensão e dissensão na unidade, devido tanto à natureza do trabalho quanto às personalidades das pessoas. Eu posso imaginar como a unidade teria funcionado sem a placa!

Paul Galvin, ex-CEO da Motorola, seguia este credo: "Diga-lhes a verdade, primeiro porque é a coisa certa a fazer e segundo porque eles a descobrirão, de qualquer forma". No curto ou no longo prazo, a desonestidade acaba sendo exposta. E freqüentemente, isso acontece quando seus perpetradores menos puderem arcar com ela.

Os funcionários estão de olho, não apenas no setor de eletrônicos, mas no transporte aéreo também. Gordon Bethune assumiu a Continental Airlines em uma época em que a moral e a confiança estavam extremamente baixos. Ele queimou o manual de procedimentos, pintou os aviões, obteve o primeiro lucro que a empresa teve em anos e cumpriu com o bônus de 65 dólares por funcionário pela pontualidade. Os funcionários acompanhavam cuidadosamente para ver se ele merecia confiança; qualquer descumprimento de qualquer dessas promessas poderia ter ditado o fim da revitalização da Continental.

E se você for um líder consciente, *estará se vigiando* (você não precisa ser uma galinha). Chris Graff, fundador da Marque, fabricante de ambulâncias com

*Honestidade e Integridade* 37

sede em Indiana, diz: "Acho que é apenas uma decisão moral ou ética para mim. Quando tomamos uma decisão, devemos ser capazes de explicá-la da mesma forma a qualquer um que pergunte, seja nossa esposa, nosso sócio, um funcionário, um credor ou um cliente. Eu preciso dormir à noite".[21]

James Burke, ex-CEO da Johnson & Johnson, tomou muitas de suas maiores decisões com base no famoso credo da empresa, que tem valido há quase seis décadas. A mensagem básica do credo é: Seja correto com seus funcionários, clientes, o público e consigo mesmo, e terá sucesso no longo prazo. Durante a crise do Tylenol, a empresa tomou uma decisão ética de que, antes de arriscar mesmo mais uma vida à possibilidade de envenenamento por cianeto, o sacrifício econômico era necessário. Grandes quantidades do produto foram destruídas, mas a Johnson & Johnson não foi.

Ninguém poderia acusar Jack Welch de ser "cabeça fresca". Mas mesmo Welch, que era quem dava a última jogada, acreditava que "excelência e competição são totalmente compatíveis com honestidade e integridade. O estudante, o atleta que corre uma milha em quatro minutos, o recordista de salto em altura — todos fortes vencedores — podem atingir esses resultados sem apelar para a trapaça. As pessoas que trapaceiam são simplesmente fracas".

Welch ficou surpreso quando quase a metade de um grupo de alunos de administração, em uma situação hipotética, disse que eles depositariam 1 milhão de dólares em uma conta em banco suíço para um agente, a fim de fazerem uma reserva de um pedido de 50 milhões de dólares. "Fiquei chocado! Chocado! Disse aos estudantes que alguém estava lhes ensinando coisas erradas. Este era um caso em que se tinha de interpretar a lei; era um caso simples de suborno."[22]

Bill O'Brien, presidente da Hanover Insurance, declarou que "uma vez que a moral no local de trabalho parecesse exigir um nível de moralidade nos negócios que era mais baixo que em outras atividades, acreditamos que não haja compensação fundamental entre as virtudes superiores da vida e o sucesso econômico. Acreditamos que podemos ter ambos. De fato, acreditamos que, no longo prazo, quanto mais praticamos as virtudes superiores da vida, mais sucesso econômico teremos".[23] Na época em que falou, a empresa estava entre o quartil superior de seu setor e tinha crescido 50% mais rápido que o padrão do setor em um período de dez anos.

A honestidade e a integridade não são traços fáceis de implementar no longo prazo, mas resistiram ao tempo — a mais de 5 mil anos, se quisermos tomar uma visão "estratégica" (bíblica) verdadeira dessa questão. Frances Hesselbein, ex-CEO da Girl Scouts of America, notou que as organizações que duram mais geralmente são abençoadas com líderes que têm uma noção de ética e de integridade pessoal. Ela pode ter pensado nas Girl Scouts ou em empresas centenárias como a Procter & Gamble, mas seus comentários poderiam, igualmente, ser aplicados aos líderes organizacionais do Velho e do Novo Testamento.

Seja 5000 a.C. ou o século XXI, a honestidade e a integridade asseguram o sucesso organizacional da forma como mais importa — no longo prazo!

## Lições Bíblicas sobre Honestidade e Integridade

❖ As pessoas não seguirão líderes que consideram desonestos.

❖ Você pode esperar seguidores honestos se for exemplo de desonestidade.

❖ Quanto mais você sobe, mais visível sua integridade ou a falta dela se torna.

❖ Atos desonestos "insignificantes" geralmente geram atos mais graves de desonestidade.

❖ Em tempos de crise, adversidade e tentação, a integridade de um líder se torna mais evidente.

❖ A integridade é exibida em ações, e não em intenções declaradas.

❖ A honestidade e a integridade compensam no longo prazo, embora possam envolver perdas e sacrifícios no curto prazo.

❖ Uma organização com um código ético e sistema de salvaguarda pode criar líderes honestos mais consistentemente.

❖ Aja como se alguém com mais poder que você o estivesse vigiando.

## CAPÍTULO DOIS

# *Propósito*

*Por isso não desfalecemos; mas, ainda que o nosso homem exterior se corrompa, o interior, contudo, se renova de dia em dia...*

— 2 Coríntios, 4:16

*Mas em nada tenho a minha vida por preciosa, contanto que cumpra com alegria a minha carreira...*

— Atos dos Apóstolos, 20:24

odos nós precisamos ter um propósito. Trabalhar sem propósito (mesmo que exija excelente habilidade) torna-se um trabalho exaustivo, automatizado, frio. Se adicionarmos propósito, mesmo ao chamado trabalho de rotina, nossa vida profissional adquire uma dimensão maior, até mesmo inspirada.

Noé, um principiante na construção de barcos, podemos dizer assim, foi estimulado por um propósito enobrecedor: o conhecimento de que iria salvar parte do mundo pecador de modo que ele continuasse a existir depois do desastre natural mais catastrófico ocorrido até então.

O propósito de Abrão era estabelecer e disseminar a crença radical de que havia um Deus cujo espírito permeava e unificava todo o universo. Antes da época em que viveu, acreditava-se que o universo fosse dividido em muitos compartimentos, cada um com uma força reinante própria ou "deus".

O grande objetivo de Moisés era conduzir os hebreus até a fronteira da Terra Prometida, livrando-os da escravidão dos egípcios. O objetivo de Josué era guiá-los. O de Salomão era construir um templo, não para sua glória, mas para a glória de um poder e um propósito maiores. E o objetivo dos profetas era que cada um a seu modo impedisse toda uma nação de se desviar de seu propósito original.

Para o líder corporativo moderno, a capacidade de formular um propósito contundente e manter "o propósito" é freqüentemente a diferença entre o sucesso e o fracasso, entre uma vida profissional inspirada e inspiradora e a mera busca do lucro ou de um contracheque. Toda a ênfase recente na missão e na visão é algo familiar aos líderes da Bíblia: de fato, eles inventaram os termos, ou pelo menos conviveram com eles diariamente.

Dá para imaginar Moisés infligindo as dez pragas sobre o faraó, fugindo de um país hostil com um pouco de pão, e orientando milhares de pessoas através de um mar dividido ao meio sem ter uma missão para sustentar a ele e a outros seguidores? Steve Jobs da Apple também desafiou John Sculley a ter um propósito quando o convenceu a sair da Pepsi e ir para uma empresa minúscula com poucos recursos e com nome pouco reconhecido. Jobs não ofereceu a Sculley mais dinheiro (pelo menos no início) nem segurança. O que ele lhe ofereceu foi um propósito: a chance de mudar o mundo. Jobs salientou que tudo o que Sculley fazia era fabricar cada vez mais "água açucarada" na Pepsi, enquanto na Apple, ele teria a chance de mudar radicalmente a maneira como o mundo se comunica, aprende e troca informações.

Evidentemente, nem sempre a situação foi fácil para Moisés, nem para Jobs. Sem uma noção contínua da missão e da visão, os fracassos de Job poderiam ser tão desmoralizadores quanto a fome quase mortal dos israelitas durante quarenta anos no deserto. Jobs teve que abandonar o lugar de CEO na empresa que tinha criado corajosamente porque a empresa tinha desenvolvido seu estilo próprio de liderança e habilidades de negócio. Moisés tampouco teve a honra de liderar os israelitas para a Terra Prometida. Como Jobs, ele foi um excelente líder em tempos de calamidade e inovação, mas não era o melhor homem para liderar um grupo em amadurecimento para a fase seguinte de seu desenvolvimento (e em seus novos escritórios).

Enquanto vagavam pelo deserto literal (e não apenas proverbial), ambos Moisés e seu sucessor, Josué, tiveram que se ater a seu propósito, prezando a vida face à calamidade física e a dúvida psicológica. É claro, ter maná do céu quando a comida estava para acabar ajudou bastante. Mas as pessoas ainda questionavam a sabedoria

*Propósito* 41

de seu curso e se rebelaram com convicção: "Todos os israelitas murmuraram contra Moisés e Aarão [irmão de Moisés], e... disseram: 'Se tivéssemos morrido no Egito! Ou neste deserto!... Deveríamos escolher um novo líder e voltar para o Egito!... Moisés e Aarão abaixaram o rosto perante as pessoas e Josué rasgou suas vestes". A essas dramáticas comunicações não-verbais, acrescentaram algumas expressões fortes: "A terra pela qual passamos é extremamente boa". A reação da congregação leal? "Toda a congregação falava em apedrejá-los." (Números, 14)

O *triunvirato* executivo de Moisés, Aarão e Josué foi capaz de virar a situação, mas somente com um forte apelo a um poder superior e ao se lembrarem de seu propósito. E Moisés morreu lá no deserto. Steve Jobs pode ter sido enviado para o exílio, mas pelo menos teve uma segunda chance (a "Next", de fato, e então mais Apples!)

Depois de conduzir os israelitas para a Terra Prometida e ter cumprido seu propósito de assentá-los, Josué enfatizou a continuidade de seu propósito e a necessidade de levar aquele propósito à fase seguinte de desenvolvimento. Ele os incitou a ser fortes, a obedecer a tudo o que estivesse escrito no Livro da Lei de Moisés, e a não promover casamentos com outras nações ou formar aliança muito próxima com nação alguma, visto que isso ameaçaria sua identidade e, por fim, seu propósito.

Alguns séculos depois, o propósito do rei Davi era consolidar o poder de Israel e fortalecê-lo ideologicamente. Em certo sentido, ele era o grande construtor de uma cultura corporativa para a nova nação. Como um homem da Renascença, à vontade tanto com uma espada quanto com uma harpa, ele assegurou que o reino fosse cultural, monetária e militarmente forte.

Seu filho, Salomão, aproveitou aquela noção de propósito, a manifestação da qual foi construído o primeiro templo em Jerusalém. Levaram sete anos para construir (presumivelmente mais tempo que qualquer sede corporativa de hoje), mas o processo de construção foi tão importante para a nação quanto a conclusão real. A mobilização de pessoas e recursos foi tão atraente quanto o lançamento de um produto fundamental como o Boeing 707.

## PENSANDO GRANDE

Alan Mullaly foi o líder da equipe que construiu aquela nave pioneira. Veja como ele descreve a experiência: "Queríamos que todos sentissem que valeria a pena construir uma nave totalmente nova! A missão precisa ser maior que qualquer um de nós, e precisa ser boa... De modo que nossa missão passou a ser: construir o melhor avião que pudéssemos". Um dos engenheiros do projeto observou: "Alan encheu-nos de energia."[1]

Como Salomão, Mullaly não estava apenas construindo um produto; ele estava liderando uma missão com um propósito. Os melhores líderes conduzem todas as tarefas dessa forma. John F. Kennedy inflamou uma nação, proclamando seu propósito de fazer um homem descer na Lua no final da década de 1960. Martha Stewart desenvolveu seu vasto império de moda e culinária de um pequeno bufê, tendo sua missão em mente desde o primeiro dia. Meg Whitman, fundadora da eBay, podia ter abandonado seu "propósito" quando seus sistemas de computador quebraram em 1999. Em vez disso, ela trabalhou semanas de cem horas durante um mês até que o problema fosse resolvido. Fred Smith, da Federal Express, podia facilmente ter sido detido da Terra Prometida; seu projeto para a empresa foi descartado e considerado inviável quando ele o apresentou ao seu professor na escola de administração. Mas ele achava, intuitivamente, que usar um aeroporto como uma "central" (hub) para garantir entregas durante 24 horas era uma idéia que funcionaria.

Quando um líder se dedica a um propósito, e quando todas as tropas vêem que a dedicação é inabalável e "verdadeira", grandes coisas acontecem. O rei Davi, diante da tarefa assustadora de construção de um templo, passou-a a seu filho Salomão, que admitia não ter experiência em construção. Mas Davi também se deu sinceramente a esse projeto: "Eu, pois, com todas as minhas forças já tenho preparado para a casa de meu Deus ouro para as obras de ouro, e prata para as de prata... cobre... ferro... ônix... pedras de diversas cores. E ainda, porque tenho afeto à casa de meu Deus, o ouro e a prata particular que tenho eu dou para a casa do meu Deus, afora tudo quanto tenho preparado para a casa do santuário... Quem, pois, está disposto a encher a sua mão, para oferecer hoje voluntariamente ao SENHOR?".(1 Crônicas, 29:2-5)

O que Davi queria dizer, realmente, era: "Quem vai seguir meu exemplo e dar sua riqueza e trabalho para ajudar a construir este templo?". E por colocar dinheiro onde estava seu propósito (como Fred Smith da Federal Express, que investiu grandes quantias do próprio dinheiro), ele teve uma resposta tremenda: "Então os chefes dos pais, e os príncipes das tribos..., e os capitães de mil e de cem... voluntariamente contribuíram. E deram para o serviço da casa de Deus 5 mil talentos de ouro... 10 mil talentos de prata, e 18 mil talentos de cobre... E o povo se alegrou porque contribuíram voluntariamente...". (1 Crônicas, 29:6-9)

Nenhum líder unificou os esforços de milhares de pessoas ou levantou grandes somas de capital sem uma noção inabalável de propósito. O rei Davi serve a esse exemplo brilhante.

## PROPÓSITO E NEGÓCIO MODERNO

Mas estamos levando a analogia longe demais? O líder pragmático, secular de hoje pode ser comparado a um profeta bíblico ou a um rei? Os "propósitos" da maioria dos executivos não se voltam unicamente para o resultado financeiro, com abstrações como solidariedade, "missão" e "visão" deixados bem em segundo plano?

Nem sempre. Herb Kelleher, CEO da Soutwest Airlines, diz que sua visão é ter uma empresa em que a "bondade e o espírito humano sejam cultivados", em que as pessoas "fazem o que seus clientes querem e sentem-se felizes no trabalho". É claro que isto é apoiado pelo tremendo esforço e por uma estratégia de nicho concebida com cuidado: uma linha aérea de baixo custo conectando rotas alternativas com o mínimo de mordomia. Na Southwest, um plano racional e uma visão motivadora se somam a um propósito imensamente potente.

Sabe-se que Herb não é exatamente um rotariano típico. Não é porém o único líder de negócio que fala de Propósito com P maiúsculo, o que significa muito mais que o lucro. Considere a filosofia de Konosuke Matsushita, fundador do gigante conglomerado japonês que leva o seu nome: "A missão de um fabricante deveria ser superar a pobreza, tirar a sociedade como um todo da miséria, e trazer riqueza a ela". Além disso, ela deveria contribuir para o "progresso e o desenvolvimento da sociedade e o bem-estar das pessoas... promovendo, assim, a qualidade da vida no mundo todo".[2]

O primeiro produto realmente bem-sucedido de Matsushita foi um farol de bicicleta nos anos 1920. Talvez seu propósito na época fosse fabricar o melhor farol de bicicleta do mundo. Ele não podia ter construído seu império de vários bilhões de dólares sem ter desenvolvido um propósito maior.

# Jogadores "A" com Objetivos Audaciosos

Jack Welch da GE escreveu que o líder efetivo conduz norteado por uma visão. Como o rei Davi, ele sempre tentou montar equipes com jogadores de nível "A". Para ser um jogador "A" é essencial ter algum propósito: "No nível de liderança, um 'A' é um homem ou mulher com visão e capacidade de articular essa visão para a equipe, de modo tão vívido e poderoso que esta se torne a visão deles".[3]

A Bíblia está repleta de As, todos os quais tiveram um papel específico a desempenhar ao perseguirem o propósito de seu povo. Se você examinar atentamente o que cada um realizou, concordará que a maioria dos líderes da Bíblia se comprometeu com o que James Collins e Jerry Porras chamam de Objetivos Audaciosos e Cabeludos, em seu livro *Built to Last* [Feito para durar] (um título que certamente se aplica à tradição judaico-cristã e à própria Bíblia). A Bíblia é repleta de participantes que teriam se qualificado facilmente para a equipe "A" de Jack Welch. E cada uma dessas contrapartes modernas de "A" também ousa desafiar os limites do possível e, às vezes, realizar o que parece ser impossível. Nossos líderes modernos com freqüência têm de atravessar o mar Vermelho, navegar durante vastas intempéries, e combater exércitos maiores e mais bem equipados antes de conseguirem marchar para a Terra Prometida.

Daniel era um homem com propósito inabalável. Ele adorava o Deus em que acreditava, apesar da punição que ele sabia que receberia por isso. Acreditava que o Senhor o livraria do covil dos leões, mas jurou que manteria sua fé no Senhor e manteria seu propósito mesmo que *não* fosse livrado deles.

Para a contraparte moderna de Daniel, observe o CEO Ralph Larsen, da Johnson & Johnson, falando de forma semelhante sobre os valores essenciais de sua empresa: "Os valores essenciais incorporados em nosso credo poderiam ser uma vantagem competitiva, mas não é *por isso* que os temos. Nós os temos porque eles definem para nós o que defendemos, e os manteríamos mesmo que se tornassem uma desvantagem competitiva para nós, em certas situações".

Ser judeu e acreditar em um Deus em vez de vários ídolos não era uma vantagem competitiva para Daniel na Babilônia corrupta, cheia de idolatrias. Seu propósito, contudo, era inabalável, e estimulou-o mesmo quando não parecia ter uma compensação provável no curto prazo. Vários milhares de anos mais tarde, a "organização" de Daniel ainda está prosperando. Alguém pode encontrar, hoje, uma rota aérea (ou mesmo uma rota de ônibus) para um reino chamado "Babilônia"? A Johnson & Johnson, que sustentou perdas substanciais no curto prazo através da devoção a seu "credo", também sobreviveu e teve lucros maiores que muitos de seus concorrentes.

## LÍDERES MODERNOS, PROPÓSITO ETERNO

Felizmente, muitas empresas modernas têm propósitos que as sustentam, talvez não com tanta força quanto o propósito de Daniel, mas com mais poder de ficar que o de Nabucodonosor. Esses propósitos freqüentemente vão muito mais longe que a mera provisão de um produto ou serviço. O ex-presidente da Herman Miller, Max De Pree, escreveu: "Meu objetivo é que quando as pessoas olhem para nós... não como corporação mas como grupo coeso de pessoas trabalhando de acordo com um relacionamento consensual, eles dirão: 'Esses caras são um presente para o espírito'". O sucessor dele, J. Kermit Campbell, acrescenta que a verdadeira missão da empresa não é criar produtos, mas "liberar o espírito humano".[4]

O CEO da empresa de supercomputadores Cray Research, John Rollwagen, compara trabalhar na Cray a estar em uma "missão de Deus". A comparação é adequada quando se considera os objetivos de muitas das atividades da empresa: ajudar na cura da Aids, fechar o buraco na camada de ozônio, simular acidentes de carro sem fazer os carros colidirem realmente, economizando milhares de vidas no processo. Diz a vice-presidente, Deborah Barber: "É diferente do que se ligar a um tubo de creme dental".[5]

Diga isso a Tom Chappell, criador da "pasta de dente alternativa", líder mundial, a Tom's of Maine. Chappell é, sem dúvida, um "homem em uma missão", e a Tom's of Maine é uma "pasta de dente com uma missão". Se Ben & Jerry's é muito mais que um sorvete, a Tom's of Maine é muito mais que uma pasta dental. Uma vez por mês, toda a empresa passa meio dia focando um aspecto de sua missão: diversidade, lucratividade e ambiente. O custo para a empresa? Cerca de 75 mil dólares em tempo de produção perdido. "Vale cada centavo", diz Chappell.

O que, exatamente, se ganha? Em primeiro lugar, a empresa ganha muitas das recomendações práticas para aprimorar a operação enquanto a mantém "em curso". Em segundo, ela estimula a moral, constrói um trabalho de equipe e mostra que a empresa pratica o que prega. Diz Chappell: "Quando precisamos convocar a reserva de energia de nosso pessoal — para ir mais fundo, atingir metas extraordinárias — podemos contar com ela". Essas pessoas não estão se ligando a um tubo de pasta dental, mas a um negócio maior e a uma missão social.[6]

Em 1991, Larry Bossidy, CEO da Allied Signal, viu-se em uma posição similar àquela de Moisés. A empresa não tinha propósito, a moral estava baixa e o resultado financeiro refletia isso. Como Moisés, Bossidy teve que tomar uma medida radical e pedir a seu pessoal para fazer grandes sacrifícios. Não, ele não lhes pediu para andarem pelo deserto durante quarenta anos, subsistindo com *matzoh* e maná. Mas cortou 225 milhões de dólares em despesas de capital, vendeu algumas divisões e cortou 6.200 empregos.

O que levou o pessoal da Allied Signal a fazer esses sacrifícios? A noção de propósito de Bossidy. A revista *Fortune* observou que Bossidy foi capaz de pintar um quadro do futuro tão convincente quanto aquele que Moisés tinha pintado para os israelitas. Os funcionários remanescentes "podiam ver a Terra Prometida e saber quando eles chegariam lá".[7] Bossidy não deixou de comunicar constantemente seu propósito a todos os níveis da empresa. E, ao contrário de Moisés, ele conseguiu "cruzar" com suas tropas.

A capacidade de liderança de Moisés não só vem de uma personalidade ou estilo de comunicação dinâmico (de fato, ele "falava muito devagar" e freqüentemente precisava que seu irmão Aarão falasse por ele). Ele tinha um enorme poder e um propósito que lhe fora concedido por uma figura poderosa. Líderes corporativos sábios também percebem que devem codificar seu propósito se este é ir além do mero culto de personalidade e se tornar uma visão sustentável para toda a organização.

Veja o que diz Emily Duncan, diretora da diversidade global e vida profissional, ao descrever o poder de um propósito comum na Hewlett-Packard: "Temos tido sorte na Hewlett-Packard, porque tivemos a força do jeito HP para nos ajudar a lidar... Ele representa nossos valores profundamente mantidos, práticas partilhadas e políticas que sempre guiaram a empresa". Esses valores? "Confiança e respeito pelo indivíduo, alta realização, integridade inabalável, trabalho de equipe...".[8] Note que a fidelidade é para com os valores e o propósito geral, e não para com os próprios fundadores da empresa.

# Propósito Significa Compromisso com as Prioridades Certas

"De que vale se um homem ganha o mundo, mas engana sua alma?" Esta citação de Mateus nos lembra que para muitos líderes e empresas, o sucesso não está apenas "nos números", ou mesmo na disseminação de um novo produto ou conceito radical. Anita Roddick, CEO da The Body Shop, achava que o propósito de ser apenas "o maior" ou "o mais lucrativo" não sustentaria sua empresa nem motivaria os funcionários a atingirem os objetivos ambiciosos que a empresa tem atingido.

Diz Roddick: "Se suas aspirações vêm dos valores de sua cultura ou igreja ou templo ou mesquita, você tem algo além da criação de sua sobrevivência. Você vai trabalhar não como se estivesse morto das nove às cinco, mas como uma forma de viver das nove às cinco". (Na verdade, é tão difícil imaginar as tropas de Roddick aguentando um expediente das nove às cinco quanto imaginar as tropas em Jericó anunciando que não iam golpear os cornos de nenhum carneiro, muito obrigado, porque já tinham marchado para a cidade várias vezes, estavam cansados e era hora de se render.)

Qual é o propósito de Roddick, que dirigiu o crescimento da The Body Shop e criou clientes incrivelmente fiéis e funcionários muitíssimo motivados? É a criação de produtos que são naturais e cuja produção protege em vez de destruir o ecossistema, a crença no fato de as mulheres já serem bonitas e não precisarem de produtos artificiais para realçar essa beleza, e sempre delegar poder aos funcionários e clientes (quase todos os funcionários são mulheres) em vez de manipular as inseguranças quanto à sua aparência.

Quando Roddick fala sobre sua missão e propósito, ela mal menciona produtos: "O que nos tem feito ir para todas as regiões do mundo... é nosso conjunto de valores comuns — nossa campanha de direitos humanos, nossa justiça social. Esta é a cola que nos mantém unidos."[9]

Outro aspecto do propósito é uma "estratégia sem saída". Se alguém acredita realmente em um propósito, não procura a porta dos fundos (ou lateral) para escapar quando a situação fica difícil. Daniel não entrou no covil dos leões e procurou imediatamente uma saída de emergência para o caso de o Senhor não tirá-lo de lá. Muitos líderes modernos fundaram seus negócios com a mesma atitude "sem saída". Steve Jobs tinha como missão tornar o manejo dos computadores agradável e acessível ao público em geral, em uma época em que apenas "os entendidos" podiam realmente operar ou gostar de computadores. Bill Gates imaginou "um computador em cada mesa, de cada casa, com software da Microsoft". É difícil conceber o que Jobs e Gates estariam fazendo hoje, se tivessem fracassado. Sua estratégia "sem saída" significava que eles mesmos não puderam imaginar tal ocorrência!

## As Pessoas como Prioridade

Muitos dos líderes na Bíblia encontraram seu propósito ao salvarem indivíduos ou grandes grupos de pessoas do sofrimento e da morte. O Livro de Ester nos conta de uma bela serva judia que se tornou rainha da Pérsia quando foi preferida pelo rei Xerxes. Ela foi escolhida não apenas por sua juventude e beleza (era pouco mais que uma adolescente, como muitos líderes e heróis da Bíblia). Ironicamente, ela também foi escolhida por sua obediência: A rainha anterior havia sido destronada e exilada porque se recusava a aparecer quando o rei ordenava.

A "ironia" é que confiaram à jovem uma posição real para que ela pudesse arriscar tudo para salvar seu povo. Hamã, o primeiro ministro do rei, tinha tramado um plano para exterminar todos os judeus, depois de ter sido insultado pelo judeu Mordecai, primo de Ester. O crime de Mordecai? Preso ao seu propósito, ele se recusou a se reclinar diante de Hamã e só respeitaria a Deus.

Mordecai sabia que havia uma única pessoa em todo o reinado capaz de salvar os judeus — sua prima, a rainha que acabara de ser coroada. Também sabia que ela teria de ter uma forte noção de propósito para realizar sua missão. Afinal, a rainha anterior tinha sido exilada por ousar afirmar-se minimamente. Ester podia ter seguido o caminho mais fácil, escondendo sua identidade judia, deixando que seu povo fosse destruído, mas continuado a viver regiamente.

Mordecai apelou para o senso maior de propósito e o destino de sua prima. Sua fala motivadora levou-a a alimentar um propósito maior, como a de Steve Jobs ao perguntar a John Sculley se ele queria ser lembrado por um refrigerante ou por revolucionar a maneira como as pessoas se comunicam: "Se de todo te calares neste tempo... tu e a casa de teu pai perecereis. E quem sabe se para tal tempo como este chegaste a este reino?". (Ester, 4:14)

*Propósito* 49

A jovem rainha respondeu imediatamente ao desafio do propósito. "E assim irei ter com o rei, ainda que não seja segundo a lei; e se perecer, pereci." (Ester 4:16) Ela alertou o rei da trama de Hamã contra seu povo. O rei, sem dúvida movido pelo senso de propósito e pela bravura de sua jovem esposa (para não mencionar a beleza dela), enforcou Hamã, utilizando-se da própria forca que Hamã pretendera para Mordecai. Ester salvou a vida de milhares de pessoas e o futuro de uma grande nação.

Um exemplo moderno de alguém que também salvou a vida de milhares de pessoas, mesmo quando essas pessoas estavam em terras distantes e havia (acredite ou não) pouca ou nenhuma chance de lucrar é Roy Vagelos, ex-presidente da Merck. Vagelos não estava salvando ninguém que conhecia pessoalmente quando decidiu desenvolver o Mectizan, uma droga para curar a "cegueira dos rios" (oncocercose), uma doença típica de regiões fluviais da África, que resultava em lesões como "pele de crocodilo", e, finalmente, em cegueira. Vilas inteiras foram devastadas por esse flagelo, e freqüentemente as pessoas preferiam suicidar-se a sofrer da doença.

Por ironia, as pessoas dessas vilas eram tão pobres que não podiam nem arcar com o pequeno custo da droga que a Merck propôs-se a desenvolver. A Merck costumava descontinuar a pesquisa de uma droga se esperasse ganhar apenas 20 milhões de dólares ou menos no primeiro ano. E este era um mercado cuja droga e mercado-alvo estava completamente empobrecido. Testes clínicos eram arriscados e havia muitos obstáculos, tanto científicos quanto políticos. A Organização Mundial de Saúde se recusou a subsidiar os testes e, por serem as áreas afetadas muito distantes, os testes no local eram impossíveis. Então Vagelos decidiu desenvolver a droga e doá-la aos habitantes das vilas!

Empresas farmacêuticas têm sido alvos de crítica porque seu "propósito" parece ser sempre ganhar dinheiro primeiro e curar, em segundo lugar. Vagelos e a Merck não tiveram lucro nenhum em sua cura para a cegueira dos rios. Vagelos explicou que a Merck tinha introduzido a estreptomicina (abrindo mão do lucro) no Japão quatro décadas antes e ajudou a eliminar a tuberculose naquele país, e acrescentou: "Não é por acidente que a Merck é a maior empresa farmacêutica americana no Japão atualmente". A rainha Ester qualifica-se como a heroína da Bíblia e uma líder porque salvou o futuro de seu próprio povo. Vagelos e a Merck se destacam como os modernos heróis nos negócios, por salvarem a vida e o futuro de pessoas que não são os "seus".

Nas melhores empresas, o propósito continua, mesmo quando a liderança muda, como deve, inevitavelmente. O propósito básico dos israelitas permaneceu constante mesmo quando a liderança passou de José para Moisés para Josué para Davi e Salomão. Ray Gilmartin, sucessor de Vagelos, deu continuidade ao propósito da Merck. Ao assumir o comando, Gilmartin estudou os valores essenciais da empresa assumidos por George Merck, fundador e CEO de 1925 a 1950. "Uma das coisas que ele disse foi: 'Medicamentos são para as pessoas, e não para se ter lucros. Se você se lembrar disso, os lucros virão'. E quanto mais nos lembramos disso, mais temos tido lucros."

Gilmartin colocou seu propósito em ação, como estipular o preço de uma droga contra Aids de modo que ela fosse acessível a mais pessoas doentes. "A *Fortune* tem classificado consistentemente a Merck como uma das melhores empresas para se trabalhar, e em seu artigo eles disseram que os funcionários gostavam do fato de estarmos trabalhando para um propósito superior", diz Gilmartin. "Portanto, não só falamos sobre esse propósito superior, mas baseamos nossas ações nele."[10]

Outra empresa com um forte senso de propósito é a Medtronic. O fundador, Earl Bakken, que também é descrito como "o líder espiritual ou a 'alma' da Medtronic" mesmo após se aposentar, foi o primeiro a declarar que o propósito da empresa era "levar as pessoas a recuperarem a plena saúde e vida". Os 9 mil funcionários da Medtronic dedicam-se a "plena saúde, a produtos de qualidade, ao valor pessoal dos funcionários, ao lucro justo e à boa cidadania". Este é um propósito muito maior que apenas "ter lucro" ou fabricar pílulas. Diz o atual CEO Bill George: "Na Medtronic, não misturamos religião e negócios, mas certamente não negamos o lado espiritual de nosso trabalho e o significado mais profundo de nossa missão para salvar vidas."[11]

# Propósito: Força de Atração, Vantagem Competitiva

O rei Davi também tinha um propósito — ascender ao trono de Israel e impulsionar a ascensão cultural e política de seu país. Ironicamente, Davi começou sua carreira política como excluído social. Foi afastado do palácio pelo primeiro rei

*Propósito* 51

de Israel, Saul, que, motivado pelo ciúme, jurou não só impedir que Davi o sucedesse, mas também que o mataria se um dia ele o pegasse de novo.

Davi precisava de pessoas que o apoiassem e de companheiros a fim de atingir seu propósito de ascender ao trono e promover os interesses da nação. Conseguiu montar um grupo de quatrocentos "homens poderosos". Esta era uma tripulação diversa, a maioria de excluídos que tinham pouco poder político e influência, mas tinham altos propósitos e desejos. E a pessoa com propósito e desejos mais altos era o próprio Davi. Muitas vezes, o rei Saul o perseguiu com intenção de matá-lo, e Davi escapava sempre. De fato, ele sucedeu Saul como rei de Israel, e acabou ganhando o filho de Saul, Jônatas como seu aliado mais forte.

Como um Davi dos tempos modernos com um grupo igualmente diverso de "homens (e mulheres) poderosos" que foram transformados por um propósito, podemos pensar em Jack Stack da Springfield Remanufacturing. Quando Stack foi enviado para uma antiquada manufatura em uma área remota do Missouri, os funcionários estavam desmoralizados e sem propósito. A empresa tinha vinte dias para despachar um pedido de oitocentos tratores, sendo que sua produção era de cinco por dia!

Stack fez o que o rei Davi tinha feito. Ele "partilhou a bagunça". Como Davi desafiando seus "poderosos homens" a ajudá-lo a assumir o reino, Stack lançou uma meta: oitocentos tratores em vinte dias. Não atenuou as dificuldades; reconheceu-as e deu a seu povo liberdade para decidir como superá-las. Ele os livrou das descrições de cargo mais rígidas praticadas na fábrica e ajudou-os a se tornar uma equipe com um propósito unificador.

O que aconteceu foi um milagre semelhante àquele dos pães e peixes ou a ascensão de um pobre pastor ao trono de Israel. Com recursos limitados e o mesmo grupo "medíocre" que fazia cinco tratores por dia, os "poderosos homens e mulheres" de Stack montaram e despacharam mais de quarenta tratores por dia para atingir a meta. Como Davi, Stack não tinha alternativa senão confiar que seu pessoal iria aderir ao seu propósito: "As pessoas participam de uma coisa maior do que elas mesmas, algo que tenha um significado poderoso, tanto individual quanto coletivamente." Um dos "homens poderosos" de Stack expressou isso da seguinte forma: "Não sou apenas um nome em um cartão de ponto. Sou uma pessoa, e o que tenho a dizer significa algo. Eu sou importante."[12]

O propósito é manifestado com freqüência em atos físicos. Ezequias era um jovem rei que ascendeu ao trono de Israel aos 25 anos. Seu pai, rei Acaz, tinha se desviado acentuadamente do propósito original de seu povo. Ele até ordenou que seus próprios filhos fossem sacrificados para aplacar os ídolos Baal e Molech.

Ezequias, um dos filhos poupado desse sacrifício, percebeu que fortes medidas simbólicas eram necessárias para que o povo de Israel retomasse seu propósito. A primeira coisa que ele fez foi abrir as portas do templo e repará-las. Isto consistiu não só no conserto das peças de madeira; foi uma volta à dedicação do propósito. Então ele exortou seus sujeitos: "Ouvi-me, ó levitas, santificai-vos agora, e santificai a casa do SENHOR Deus de vossos pais, e tirai do santuário a imundícia...". (2 Crônicas, 29:1-11) Muitos dos itens sagrados se tornaram impuros ou maculados, e Ezequias quis restaurar o templo a seu nível anterior de limpeza.

Em um paralelo moderno, vamos passar um momento aos "arcos dourados" do McDonald's, a versão moderna de um "templo" de fast-food. Se havia uma coisa que o presidente Ray Kroc não suportava ver, era a imundície em um de seus templos, porque isso contradizia os padrões de limpeza com os quais sua cadeia se tornou conhecida em todo o mundo.

Um dia, Kroc foi até uma franquia McDonald's perto da sede corporativa em Oakbrook, Illinois, e observou um forte desvio do objetivo do McDonald's de oferecer um ambiente atraente, limpo. Os arbustos floridos estavam cheios de copos de papel, caixas de McLanche Feliz, guardanapos etc. O gerente não estava, então Kroc fez o gerente assistente ligar para a casa do gerente. Mais do que chocado, o gerente perguntou a Kroc o que podia fazer por ele. A resposta de Kroc: "Olhe, não queremos lixo em volta de nossos estabelecimentos!". Esta é uma afirmação simples, mas efetiva do propósito do cabeça de uma corporação de vários bilhões de dólares ao gerente de uma unidade. Uma declaração ainda mais efetiva disso foi o próprio Kroc ajudar o gerente a recolher o lixo.[13]

Seja o jovem Jack Stack, o jovem rei Ezequias ou Ray Kroc, quando o líder certo mostra compromisso com o propósito da forma certa, as pessoas reagem de modo enfático. Vimos como o gerente de unidade do McDonald's reagiu à liderança de Ray Kroc. Veja como os israelitas reagiram a Ezequias: "Então esses levitas se puseram a trabalhar. Eles tiraram do pátio... toda imundície que encontraram no templo do Senhor". Purificaram todo o templo e todos os vasos nele: 'Preparamos e santificamos todos os vasos que o rei Acaz removeu em sua transgressão... agora eles estão na frente do altar do Senhor'". Nenhuma imundície na frente ou naquele local!

Propósito _____ 53

O rei Ezequias também conhecia o poder do ritual ao estabelecer o propósito: "E ao tempo em que começou o holocausto, começou também o canto do SENHOR, com as trombetas e com os instrumentos de Davi, rei de Israel. E acabando de o oferecer, o rei e todos quantos com ele se achavam se prostraram e adoraram". (2 Crônicas, 29)

Quem já participou de uma reunião de vendas ou de representantes corporativos verá alguns paralelos aqui. As roupas são diferentes (Brooks Brothers e Armanis em vez de linho), bem como os instrumentos musicais, e espera-se que haja menos vidas sacrificadas. Mas o principal ponto em comum permanece: a dedicação e a celebração do propósito.

Neemias foi outro líder bíblico com um propósito: reconstruir o muro de Jerusalém, e com ele a vontade de seu povo. O muro tinha sido destruído enquanto os hebreus estavam no exílio. Ao reconstruí-lo, Neemias também estaria reconstruindo o símbolo e o tecido de uma nação. "Então lhes disse... 'Vedes a miséria em que estamos: que Jerusalém está assolada, e que suas portas têm sido queimadas a fogo. Vinde, pois, e reedifiquemos o muro de Jerusalém, e não sejamos mais um opróbio...' Então disseram: 'Levantemo-nos, e edifiquemos.'" (Neemias, 2:17-19). Esse poderia ser o grito de guerra de qualquer corporação ou equipe que tenha sofrido um revés desastroso (como a IBM no final dos anos 1980 e início de 1990, ou o Chicago Bulls depois de Michael Jordan).

## OBSTÁCULOS: O PROPÓSITO À PROVA

Poucos grandes propósitos são concretizados sem obstáculos ou oposição. Neemias encontrou ambos. Os oficiais coloniais em Jerusalém ridicularizaram e se opuseram aos esforços de Neemias de reedificar a muralha. Tobias, o amonita, disse: "Ainda que edifiquem, contudo, vindo uma raposa, derrubará facilmente o seu muro de pedra." E Sambalate ardeu em ira: "Que fazem estes fracos judeus? Vivificarão dos montões do pó as pedras que foram queimadas?" (Neemias, 4:2-3) Isso serve para mostrar que se um propósito é bom e válido provavelmente terá alguns oponentes que se pronunciarão.

Neemias sabia que ele sozinho não poderia realizar o propósito de reedificar o muro; ele precisava fortalecer o propósito de toda a equipe. Ele fez isso relembrando-os de que não só estavam reconstruindo um muro, mas estavam reedificando e defendendo suas famílias e uma nação. Isso foi evidenciado pelas famílias, com suas espadas, lanças e arcos. "E olhei, e levantei-me, e disse aos nobres, aos magistrados, e ao restante do povo: Não os temais; lembrai-vos do grande e terrível Senhor, e pelejai pelos vossos irmãos, vossos filhos, vossas mulheres e vossas casas." (Neemias, 4:14)

Neemias também estava disposto a se abster das "regalias" corporativas de seu tempo a fim de ater-se ao propósito. Um número muito grande de nossos líderes modernos tem se desviado de seu propósito por serem atraídos por vantagens como jatos corporativos e bônus exorbitantes; mesmo líderes bíblicos poderiam ser distraídos pela atração de suas terras e rebanhos cada vez maiores. Não Neemias. Ele ficou firme no "Propósito". Por reverência ao Senhor, não intimidou os outros nem adquiriu grandes quantidades de dinheiro, alimento ou terras. "Como também na obra deste muro fiz reparação, e terra nenhuma compramos; e todos os meus servos se ajuntaram ali à obra." (Neemias, 5:16) Com a ajuda de uma equipe determinada, Neemias completou o muro em 52 dias. Ele não só inflamou os hebreus, mas o propósito realizado desmoralizou a competição: "E ouvindo-o todos os nossos inimigos, todos os povos que havia em redor de nós temeram, e abateram-se muito a seus próprios olhos..." (Neemias, 6:16)

Outro "Davi" que se levantou para desafiar o "Golias" em seu setor é a fabricante de sorvetes mais peculiar do mundo (mas provavelmente a que tem o propósito mais claro), a Ben & Jerry's. Primeiro, eles só queriam se divertir e sobreviver (o que é extremamente difícil quando alguém está vendendo sorvete em um dos climas mais frios dos Estados Unidos, trabalhando em uma garagem convertida, e com um conhecimento de administração extremamente limitado).

Ao crescerem, no entanto, eles expandiram seu propósito. De fato, o expandiram demais; o propósito tornou-se difuso. Descobriram que ao se voltar para várias áreas, estavam diluindo seu propósito geral. Originalmente, a Ben & Jerry's tinha quatro agendas sociais diferentes: o ambiente, a agricultura, as oportunidades econômicas, as crianças e famílias. Estavam, literalmente, tentando "salvar o mundo". Com certeza, não abandonaram nenhum desses propósitos, mas consolidaram a missão para focar na última, crianças e famílias. Evidentemente, não perderam de vista o propósito de negócio geral da empresa, que é fabricar sorvete de alta qualidade, com uma aura excêntrica, se divertir e ter lucro ao fazer isso.

# A Adversidade Cria Propósitos

Na Bíblia, ninguém teve obstáculos mais duros a superar que os profetas e discípulos. Os profetas clamavam à sociedade mais ampla quando esta estava se desviando do caminho da justiça, do direito e do monoteísmo e se dirigindo para a corrupção e a idolatria. Os discípulos estavam espalhando o evangelho de um homem que tinha sido crucificado pelo Império Romano como traidor e revolucionário, e cujas idéias desafiavam radicalmente a ortodoxia religiosa em Jerusalém.

Por essa mesma razão, os profetas e discípulos precisavam de mais força de propósito que o cidadão médio da Palestina, que só "seguia tendências", fosse o monoteísmo, a idolatria ou a obediência (pretensa ou real) a autoridades superiores — fossem indígenas ou mestres estrangeiros. O discípulo Paulo nos oferece certos exemplos vívidos dessa força de propósito:

> *Não que já a tenha alcançado, ou que seja perfeito; mas prossigo para alcançar aquilo para o que fui também preso por Cristo Jesus... Prossigo para o alvo. (Filêmon, 3:12-14)*
>
> *Por isso não desfalecemos; mas, ainda que o nosso homem exterior se corrompa, o interior, contudo, se renova de dia em dia. Não atentando nós nas coisas que se vêem, mas nas que se não vêem... (2 Coríntios, 4)*
>
> *E, na verdade, toda correção, ao presente, não parece ser de gozo, senão de tristeza, mas depois produz um fruto pacífico nos exercitados por ela. Portanto tornai a levantar as mãos cansadas, e os joelhos desconjuntados. (Hebreus, 12:11-12)*

O líder moderno pode não estar sujeito a danos corporais e a ameaças de morte, como o estavam os profetas e discípulos, mas não faltam obstáculos assustadores para um gerente de linha ou CEO. Sem a noção de propósito, é fácil ser superado por esses obstáculos.

Gordon Bethune assumiu a Continental Airlines quando esta precisava, sem dúvida, de um profeta e um salvador. A pontualidade da linha aérea estava entre as piores do setor. A organização não tinha propósito. Os pilotos estavam voando a velocidades mais lentas e desligando o ar condicionado para economizar combustível, tornando o registro de pontualidade ainda pior, e deixando os clientes "atrasados, com calor e furiosos".

Bethune restabeleceu o propósito com rapidez. Ofereceu aos funcionários um bônus de 65 dólares pela melhor pontualidade, todo mês. Parece ser um bônus meramente simbólico, mas é o que os funcionários precisavam — um símbolo de propósito, e não apenas "mais dinheiro". Os funcionários sabiam o que fazer para tornar a Continental uma linha aérea "pontual", eles só precisavam de uma orientação. Em poucos meses, a Continental estava com o melhor registro de pontualidade do setor.

Bethune sustentava que tudo se resumia em unidade de propósito. "Não existe piloto automático para o sucesso. Você não pode tirar o olho da bola. É bom saber que esta é uma coisa muito simples de continuar fazendo, contanto que você não se esqueça disso."[14] Pode ser "simples", mas nem sempre é fácil. Bethune teve de delegar a uma grande parte da equipe gerencial, superar uma quantidade imensa de negativismo e cinismo e dar uma guinada de 180 graus na cultura da Continental. A Continental tornou-se uma linha aérea próspera com um excelente registro de desempenho, em termos de pontualidade.

## LÍDERES SEM PROPÓSITO

A Bíblia nos dá vários exemplos de "líderes" cuja noção de propósito não se estendia além deles. Pode-se argumentar que, apesar de seus talentos e forças, essas pessoas não são realmente líderes. Suas contrapartes modernas são aqueles "líderes" cujo "propósito" principal é o ganho puramente material e o engrandecimento pessoal.

Esaú, filho de Isaque e Rebeca, é um exemplo de homem cujos apetites carnais e falta de propósito o desqualificaram como líder e deixaram o campo aberto para seu irmão gêmeo fisicamente mais fraco, mas com propósitos mais fortes, Jacó. Voltando faminto da caçada, ele negociou seu dote de nascimento com o filho mais velho por um pote de comida que seu irmão tinha preparado secretamente para ele. Nenhuma ira ou revanche poderia resgatar aquele direito de nascimento.

Sansão era um homem cujo principal propósito era o prazer. Eis uma pessoa de grande força física, mas de total egoísmo de propósito. Seus maiores prazeres eram a luxúria e a capacidade de superar os outros em combates físicos freqüentemente sem razão. A primeira ação de Sansão quando o conhecemos

*Propósito* 57

em Juízes, 14 é um ato de pura luxúria (um mal que desviou muitos líderes, tanto bíblicos quanto modernos). Sansão disse para seus pais: "Vi uma mulher filistina em Timnate, vá buscá-la agora para mim, e a terei como esposa". Esta não era a "bela garota judia" que os pais de Sansão tinham em mente, nem era essa uma união baseada em respeito mútuo e amor. Era o início de uma série de casos que levaram à traição e à morte de Sansão.

Sansão não foi líder de seu povo. A Bíblia não diz nada de suas habilidades organizacionais ou motivacionais. Não deixou legado algum exceto vingança e destruição. Matou mil homens com o osso da mandíbula de um asno, e depois de trair Dalila e a cegueira subseqüente, ele trouxe para o templo a cabeça de milhares de inimigos seus. Mesmo seu último ato foi de autodestruição, visto que ele também fez o templo cair sobre si.

Um Sansão dos tempos modernos é "Chainsaw Al"[1] Dunlap, que se especializou em "salvar" empresas destruindo-as. Na Sunbeam, Dunlap perseguiu um propósito e apenas um: a maximização do resultado financeiro. Para tanto, ele cortou pessoal com o mesmo entusiasmo que Sansão com um osso de jumento", tinha nocauteado mil homens. Como Sansão, Dunlap não deixou legado unificador de propósito sobre o qual a Sunbeam poderia ser edificada e continuar, e nenhuma equipe para executar seu trabalho. Simplesmente mudou de empresa para continuar atrás de sua própria glória e ganho individual.

Michael Milken tem um caráter muito mais complexo que Al Dunlap. Embora para muitos de nós o propósito da Drexel Burnham Lambert pareça se basear em grande parte no enriquecimento de Milken, ele foi sustentado pela crença de que estava aumentando a riqueza de todos que compraram as ações distribuídas por ele. E quando ele foi considerado culpado de negociação privilegiada, pagou o preço financeiro e cumpriu pena em prisão, enfrentando as conseqüências com mais graça e contrição que Al Dunlop ou Sansão. Ele também desenvolveu uma noção mais ampla de propósito que ia além de si mesmo. Ao sair da prisão, Milken montou uma fundação para combater o câncer de próstata e também fundou outra organização que se dedica a aprimorar a educação usando a internet.

---

[1] O apelido de Dunlap, "Chainsaw al" significa serra elétrica, uma referência clara e direta ao seu estilo gerencial agressivo. (N. do T.)

# A Busca de Propósito

Um grande gerente motiva os outros através de uma noção de propósito. Com freqüência, porém, um propósito toma forma ao longo de uma jornada; nem sempre ele é totalmente visível ou evidente desde o início. E freqüentemente, os atos individuais que levam à realização do propósito são bem mundanos.

Lembra-se de Neemias liderando o esforço para reconstruir a muralha em torno de Jerusalém? Ele não estava apenas reparando um muro. Ele convenceu os israelitas de que eles estavam fazendo uma nação reviver, preservando sua religião e cultura, e protegendo a vida e o bem-estar de suas famílias.

Todos nós estamos familiarizados com a história dos trabalhadores que estavam cortando pedra e lhes perguntaram o que eles estavam fazendo. Um deles respondeu: "Estou cortando pedra". O outro respondeu: "Estou construindo uma catedral". Um gerente que lembra constantemente seus funcionários de que eles estão construindo uma catedral e não apenas cortando pedra é William Pollard, CEO da ServiceMaster, uma empresa cujas atividades diárias "refinadas" consistem em limpar toaletes, matar insetos e limpar carpetes.

Mas Pollard vê essas atividades no contexto de um propósito maior e comunica constantemente esse propósito aos funcionários. "As pessoas querem contribuir para uma causa maior, e não apenas ganhar a vida", observa ele.

"Quando alinhamos a missão da empresa e a causa de seu povo... liberamos um poder criativo que resulta em serviço de qualidade... e o desenvolvimento das pessoas que fazem o serviço." A declaração de missão da ServiceMaster? "Honrar a Deus em tudo o que fazemos, ajudar as pessoas a se desenvolverem, perseguir a excelência e crescer lucrativamente."

Esta é uma declaração de missão bastante elevada para um grupo de domésticas e faxineiros. Mas eles estão fazendo a conexão entre essa declaração de missão e seu trabalho diário. Shirley Nelson, faxineira da ServiceMaster em um hospital de 250 leitos, ainda mantém uma noção de propósito depois de quinze anos no trabalho, porque se vê não como "varrendo o chão", mas contribuindo diretamente para a saúde dos pacientes. "Se não limpamos com um esforço de qualidade, não podemos manter os médicos e as enfermeiras nos negócios. Não podemos atender os pacientes. Este lugar seria fechado se não tivéssemos a limpeza."[15]

Brad Hill, um consultor sênior de Hay Group, estrutura programas de incentivo para as populações mais improváveis: trabalhadores horistas. De onde veio

*Propósito* 59

esta noção de propósito de Hill? De ver o sofrimento de seu avô, um mineiro de carvão que teve uma crise nervosa com a falta de propósito e que freqüentemente comentava: "Eu nunca serei alguma coisa além de um maldito mineiro de carvão". "Ele nunca teve noção de propósito", observa Hill, "uma noção que seu trabalho e sua vida valiam alguma coisa."

Hill concebe planos de divisão de lucros para medir e recompensar o desempenho dos funcionários no nível mais baixo da organização, pessoas como seu avô, que antes ficavam totalmente isoladas do propósito da organização e que raramente tinham alguma recompensa quando esse propósito era alcançado. Brad Hill está realizando seu propósito de ligar outros a um propósito. Diz um inspetor de segurança alimentar em uma de suas empresas clientes: "Agora eu sinto que esta empresa é minha também".[16]

Gary Heavin é o CEO de uma das franquias que mais crescem nos Estados Unidos, a Curves for Women, que foi classificada como a terceira melhor franquia na edição de janeiro de 2002 da revista *Entrepreneur*. Esta franquia de academia exclusiva para mulheres começou com uma locação apenas seis anos atrás, indo para 250 no ano seguinte. "Este ano [2002], terminaremos com 5 mil unidades", diz Heavin.

Ironicamente, Heavin diz, "Eu tinha quarenta anos quando percebi qual era meu propósito". Aos treze, Heavin entrou no quarto de sua mãe certa manhã e encontrou-a morta. Ela tinha pressão alta e outras doenças que podiam ter sido curadas com uma dieta melhor e um programa de exercícios. A Curves for Women foi fundada para que centenas de milhares de mulheres possam ter uma vida mais saudável e mais longa.

A Curves for Women expandiu tão rapidamente que agora é internacional. "Dei uma entrevista na Espanha, onde estamos construindo uma forte rede de franquias", diz Heavin. "Eu disse ao repórter: 'Nosso objetivo é alcançar o McDonald's — eles exportam alimentos com alto teor de gordura, vamos exportar saúde.'"[17]

Nenhum dos líderes discutidos neste capítulo, sejam bíblicos ou corporativos, tinha facilidade nisso. O propósito é tão importante porque dirigir um negócio ou liderar um grupo de pessoas é algo repleto de obstáculos e de dificuldades. Se o objetivo não for mapeado em termos claros, desejáveis, os obstáculos freqüentemente impedem que sejam vistos.

A Bíblia está repleta de exortações para se manter "o propósito":

*"De maneira que nós mesmos nos gloriamos de vós nas igrejas de Deus por causa da vossa paciência e fé, e em todas as vossas perseguições e aflições que suportais... Então, irmãos, mantenhais firmes e atentai aos ensinamentos que vos passamos, sejam pela palavra falada ou por carta." (Carta de Paulo aos fiéis em Tessalonicenses, que estavam se tornando tão impacientes pela segunda vinda de Cristo que pararam de trabalhar e ficaram simplesmente aguardando, 2 Tessalonicenses, 1:4)*

*"Corramos com paciência a carreira que nos está proposta..." (Hebreus, 12:1-3)*

*"E agora, eis que ligado eu pelo espírito Santo... Vou a Jerusalém, não sabendo o que lá me há de acontecer... em nada tenho minha vida por preciosa... contanto que cumpra com alegria a minha carreira."(Paulo citado em Atos dos Apóstolos, 20:22-24)*

Os modernos líderes de hoje, principalmente aqueles que atingiram Metas Audaciosas Cabeludas, todos têm uma noção própria de propósito com a qual são capazes de inspirar seus seguidores:

*Uma Coca ao alcance da mão de todos no planeta. (Roberto Goizueta, ex-*CEO, *Coca-Cola)*

*Tornar-se a empresa mais conhecida para mudar a fraca imagem de qualidade dos produtos japoneses do mundo. (Declaração de Missão da Sony)*

*Um computador em cada mesa em cada lar, com software da Microsoft. (Bill Gates)*

*Sinto todos os dias que... estou trabalhando para preservar as florestas tropicais. (Maureen Martin, coordenadora de comunicações, Ben & Jerry's)*

Nossos melhores *experts* modernos em gerenciamento têm enfatizado constantemente o papel contínuo do propósito (usando freqüentemente termos como visão e missão) para atingir o sucesso organizacional:

*A qualidade definidora dos líderes é sua capacidade de criar e perceber uma visão. (Warren Bennis)*

*Todos os líderes que eu conheço têm uma noção de propósito bem definida. E quando você tem uma organização onde as pessoas estão alinhadas por trás de uma visão ou propósito claramente definidos, você tem uma organização poderosa. (Rosabeth Moss Kanter)*

Quando lemos citações como essas, podemos pensar primeiro em Bill Gates, Steve Jobs, Ben Cohen e Jerry Greenfield, e Roberto Goizueta. Os líderes da Bíblia não tinham o benefício dos consultores da administração moderna e de teóricos da administração. Mas eles sabiam intuitivamente que a dedicação ao propósito era o segredo do sucesso organizacional e individual. As citações acima poderiam apenas ter sido escritas (em aramaico ou hebraico, evidentemente) por Moisés, Neemias, rainha Ester, rei Hezequias ou pelo apóstolo Paulo. Felizmente, suas mensagens originais de propósito e missão foram preservadas nas páginas da Bíblia. Você apenas precisa saber onde encontrá-las.

## LIÇÕES BÍBLICAS SOBRE PROPÓSITO

- ❖ O propósito pode dar poder às pessoas para alcançarem metas maiores que elas nunca pensaram ser possíveis.

- ❖ Grandes metas raramente são alcançadas sem se confrontar obstáculos internos e oposição externa.

- ❖ A adversidade pode barrar rapidamente um líder que não tem propósito, mas ela só "intensifica" a garra dos líderes com um forte propósito.

- ❖ Pense grande. Mesmo se você não conseguir, ainda assim terá realizado muito.

- ❖ Converse sobre propósito e as pessoas ouvirão, mas para que elas o sigam, você deve ter um propósito para agir.

- ❖ Organizações de propósito são lugares excitantes, inspiradores para se trabalhar. O propósito dá sentido até mesmo à tarefa mais mundana.

- ❖ Comunique constantemente seu propósito, sua dedicação a ele e as recompensas esperadas ao atingi-lo.

*CAPÍTULO TRÊS*

# Bondade e Compaixão

*Eu não chorei pelos aflitos?*

Jó, 29:16

*Ó rei, aceita o meu conselho, e põe fim aos teus pecados... usando de misericórdia com os pobres, pois, talvez, se prolongue a tua tranqüilidade.*

Daniel, 4:27

 generosidade e a compaixão nem sempre foram consideradas componentes necessárias da liderança empresarial. Até cerca de uma geração atrás, o paradigma para a empresa americana era "comando e controle", conhecido como Teoria X, cujas suposições incluíam:

❖ As pessoas são preguiçosas por natureza e a ameaça da punição é necessária para fazê-las trabalharem.

❖ A bondade com os funcionários será freqüentemente interpretada como um convite à condescendência com a realização de resultados importantes nos negócios.

Os líderes da Bíblia, particularmente do Velho Testamento, com freqüência parecem seguir a Teoria X. A Bíblia está repleta de episódios em que o mau

*Bondade e Compaixão* —————————————————————————— 63

comportamento ou a falta de atenção com a tarefa resultava em rápida punição, inclusive exílio, tortura e morte.

Mas a Bíblia também está repleta de exemplos da Teoria Y da administração. A Teoria Y propõe que as pessoas querem ter êxito naturalmente (se é que é possível determinar os objetivos almejados por elas), e esses líderes que demonstram bondade e compreensão não serão, necessariamente, ridicularizados e ignorados no momento em que virarem as costas. Eles podem até ser admirados e imitados, principalmente quando os funcionários testaram a compaixão e descobriram que ela é sincera e duradoura. Muitos líderes modernos foram capazes de impregnar seus locais de trabalho com generosidade e compreensão sem sacrificar a realização dos objetivos do negócio.

## A REGRA DE OURO

Os cínicos acreditam que as palavras de Jesus: "Aja com os outros como gostaria que os outros agissem com você", sejam um ideal seguido somente em um "ambiente ideal", como em uma escola dominical ou um monastério. Eles alegam que as verdadeiras "Regras de Ouro" dos negócios são "Aqueles que têm o ouro fazem as regras", e "Faça com os outros antes que eles possam fazer com você".

Ninguém pretenderia afirmar que combinar paixão e orientação para resultados seja algo fácil, principalmente se os resultados no curto prazo forem fundamentais. Mas muitos líderes empresariais da atualidade descobriram que sem compreensão e bondade com os funcionários, clientes, fornecedores e até concorrentes, os resultados a curto prazo não podem ser mantidos a longo prazo. E talvez o mais importante, sem bondade e consideração pessoal o local de trabalho se torna um ambiente mecanicista em que os funcionários (e gerentes) perdem o ânimo. O desempenho atrasa, muitos "se aposentam no emprego" ou se tornam amargos, e outros saem em busca de um ambiente mais "humano".

*Revesti-vos de misericórdia e de benignidade. (Apóstolo Paulo, Colossenses, 3:12)*

*Sede, uns para com os outros, benignos. (Efésios, 4:32)*

Inúmeros negócios e líderes estão atuando de acordo com essas diretrizes simples, mas poderosas, alguns deles por razões claramente "religiosas" ou "espirituais"; outros, por ser correto agir assim, ou por terem visto os efeitos negativos da crueldade e da frieza em seus negócios e vida pessoal. Mas todos parecem satisfeitos com resultados no longo prazo.

A indústria de seguros, com sua ênfase em procedimentos burocráticos, índices de risco e cláusulas excludentes, não parece ser um lar provável para a bondade e a compaixão. Mas a USAA, uma grande seguradora de automóveis e de residências, acredita tanto na Regra de Ouro que acrescentou uma "carona" a ela, criando as "Duas Regras de Ouro" da USAA:

1. Trate cada uma e todas as pessoas como você gostaria de ser tratado.
2. Trate cada um e todos os funcionários como a USAA espera que você trate o cliente.

O CEO Robert McDermott acrescenta: "A Regra de Ouro só pode ser vivida se, de fato, você amar primeiro a si mesmo e depois amar ao próximo".[1] Este amor estende-se, obviamente, aos funcionários. Alguns anos atrás, os empregos na USAA eram a versão moderna da construção das pirâmides, mas sem a variedade. Uma pessoa passava o dia todo abrindo envelopes, outra selecionando a correspondência, outra analisando um determinado tipo de pedido de indenização. Hoje, ninguém tem um cargo tão restrito; os cargos foram ampliados de modo que os funcionários se sintam mais como seres humanos cujo julgamento coletivo é importante, e menos parecidos com robôs executando tarefas repetitivas, mecânicas.

Com a rápida proliferação da Starbucks, o serviço e os produtos dessa franquia surpreendentemente bem-sucedida são bem conhecidos. O que não se conhece tão bem é o espírito solidário sobre o qual Howard Schultz, fundador da Starbucks, ergueu a empresa. Essa solidariedade baseou-se em sua própria experiência como jovem da classe operária de Brooklyn, cujo pai passou por uma série de empregos — motorista de caminhão, motorista de táxi, operário — onde raramente recebia benefícios e ainda mais raramente se sentia um membro valorizado pela organização.

Schultz escreve: "Acho que eu comecei realmente a perceber que havia muitas coisas às quais não tínhamos acesso em termos de privilégios. Ao ficar mais velho, percebi que havia coisas sobre minha infância que me davam... a visão singular de querer fazer algo pelos outros, o que nós não conseguimos

*Bondade e Compaixão* 65

ter". Em uma palavra, Schultz queria que houvesse mais compaixão em seu local de trabalho. "Eu sempre quis construir o tipo de empresa que meu pai nunca teve, para trabalharmos."

Que tipo de empresa é esta? A maioria de nós conhece a Starbucks só do lado do receptor: cafés e doces refinados, servidos em ambientes agradáveis por jovens funcionários sorridentes e motivados. O que torna esses funcionários tão motivados é o ambiente de trabalho e o pacote de benefícios que Schultz preparou. Ele tornou os funcionários proprietários, iniciando o plano de opção de compra de ações "Bean Stock". Considera que seu pacote de benefícios é "a maior vantagem que temos por causa do valor e da relação que nosso pessoal tem com a empresa, uns com os outros e, o mais importante, com nossos clientes e acionistas."[2] Um dos baristas de Schultz (um nome refinado dado ao atendente de balcão que tenha "Bean Stock") acrescenta: "Por sermos muito bem tratados... isso se reflete na maneira como tratamos nossos clientes."[3]

Tudo isso nasceu da própria versão da Regra de Ouro feita por Schultz: "Faça para seus funcionários o que não foi feito para seu pai".

A liderança de Gordon Bethune na guinada dada pela Continental Airlines se baseou em grande parte no foco e no propósito. Ele colocou a empresa aérea na linha. No entanto, não fez isso de modo eficiente, porém frio, da maneira como Mussolini fez os trens passarem a ser pontuais na Itália facista. Bethune, apesar do grande escopo de sua missão, nunca perdeu de vista o quanto vale "ser bom".

"Ser bom, mas como?", ele escreve em *From Worst to First*. "Simples! Seja correto. E insista para que todos sejam corretos. Eu tratei meus subordinados diretos como gostaria de ser tratado. Eles trataram os seus da mesma maneira, e assim em toda a hierarquia." Além disso, Bethune vinculava sua "correção" a uma variável muito importante de negócio, a remuneração. "Todos sabiam que parte de sua remuneração... se basearia no que as pessoas com quem trabalhavam diziam: se estavam satisfeitas e se trabalhavam como equipe."[4]

Herb Kelleher, da Southwest Airlines, um concorrente de Bethune no setor, tem uma versão própria da Regra de Ouro: "Eu sei que parece simples, mas continuo dizendo: siga a regra de ouro dos serviços. Atenda os outros como você gostaria de ser atendido". Em um setor que se refere às pessoas como "assentos", Kelleher exalta suas tropas: "Não tratem as pessoas como objetos. Vocês gostariam de ser tratados assim?... Não sejam hipócritas. Ofereçam os serviços que vocês gostariam de receber."[5]

Para não relegarmos esses princípios bíblicos de liderança a duas empresas peculiares do setor de transporte aéreo, que tal falar de uma das maiores companhias de energia do mundo? O CEO Dennis Bakke, da AES, fundou sua empresa claramente sobre princípios bíblicos. "A Bíblia nos ensina que cada indivíduo é sagrado, especial e singular... Trate todo mundo com respeito e dignidade... Adoraria que o local de trabalho fosse o mais parecido possível com o Jardim (do Éden). E não deveria parar de tentar."[6] Esta é uma declaração de missão ambiciosa!

Muitos foram os atributos dados à Ben & Jerry: extravagante, irreverente, desleixada, "riponga". Mas bíblica? Isso mesmo, principalmente no sentido de bondade e compreensão da empresa para com seus funcionários, fornecedores e clientes. Jerry Greenfield, cuja empresa é conhecida freqüentemente por ter "valores hippies", comenta: "Dizemos, 'São valores mais próximos dos bíblicos. Faça aos outros o que gostaria que eles fizessem a você...' Só porque a idéia de que o bem que você faz volta para você está escrito na Bíblia e não em algum livro-texto de administração isso não a torna menos válida... Há um aspecto espiritual na administração, embora a maioria das empresas tente conduzir seus negócios em um vácuo espiritual".[7]

Como a Ben & Jerry evita esse vácuo? Assumindo riscos em nome da compreensão e da bondade. A Ben & Jerry precisava comprar grandes quantidades de brownies para um novo sabor de sorvete. Muitos fabricantes de sorvete novos, em dificuldades, teriam procurado o fornecedor mais experiente, barato e eficiente. A Ben & Jerry não procurou nada disso. Foram atrás da escolha que envolvia mais solidariedade — a Greyston Bakeries, uma instituição sem fins lucrativos que treina e emprega os economicamente desprivilegiados. O resultado? Inicialmente — um desastre! Os trabalhadores e equipamentos não estavam à altura das demandas de fabricação de 3 mil a 3500 quilos de brownies por dia. Mas a Ben & Jerry manteve a parceria com a Greyston, com todas as dificuldades técnicas e de pessoal. Hoje a Greyston fabrica com facilidade o que a Ben & Jerry pedir e tem uma capacidade excedente para vender a outras empresas.

## GENEROSIDADE MATERIAL

A generosidade e a compreensão emocionais são sentidas profundamente pelo receptor. Como também o é a generosidade material, principalmente quando

*Bondade e Compaixão* 67

isto é o mais necessário. Quando uma pessoa precisa de alimento ou abrigo, seja temporária ou permanentemente, pouco ajuda falar de seu "grande apoio emocional" sem resolver aquela necessidade. Jesus sabia que as necessidades materiais das pessoas tinham de ser satisfeitas antes de elas se abrirem à mensagem espiritual, e é por isso que ele forneceu rapidamente pães e peixe a 4 mil pessoas quando seus recursos pareciam parcos (cinco pães e dois peixes). Talvez por ter nascido em uma humilde manjedoura por não haver quarto em uma hospedaria, ele podia considerar as necessidades materiais de seus seguidores.

Um homem que não afastaria Jesus e sua família de sua hospedaria é J. Willard Marriott, CEO e presidente do Marriott International. Marriott criou toda uma cultura em que o "estrangeiro" recebe uma cama confortável e, o mais importante, uma recepção calorosa. "Eles estão longe de casa", diz ele de seus clientes. "Estão cansados. Os pés doendo. E pode ser que tenham perdido o negócio que vieram fazer... Quando chegam ao balcão de recepção, estão acabados e temos que cuidar deles". (Maria e José deveriam ter conhecido um hospedeiro assim!)

Mas Willard Marriott sabe que as águas da compreensão não podem ser tiradas de um poço insalubre. Generosidade gera generosidade. Os funcionários que são maltratados não tratam os convidados com a hospitalidade calorosa que distingue o médio do excelente, nesse setor: "Temos de cuidar de nossos funcionários; caso contrário, como podemos esperar que eles cuidem de nossos clientes?", observa Marriott. "Se você tem um atendente de quarto mal-humorado ou... a garçonete não o cumprimenta, não terá uma boa estadia. E toda vez que falo em público, e eu digo toda vez mesmo, falo sobre essas coisas. Queremos ajudar as pessoas — não só nossos clientes, mas as pessoas que cuidam de nossos clientes."[8]

Marriott é um homem que criou um vasto império de hospitalidade baseado nas palavras solidárias de Paulo em Romanos 12:10: "Amai-vos cordialmente uns aos outros... não sejais vagarosos... Comunicai com os santos nas suas necessidades, segui a hospitalidade...".

Noé teria sido um gerente medíocre, se tivesse reagido com um mero "sentimento de simpatia" quando percebeu que uma enchente ameaçava varrer toda a população humana e animal do planeta. Ele organizou imediatamente uma equipe de trabalho para reagir à necessidade física de um hotel flutuante.

Outro gerente que reagiu, "praticando" sua solidariedade e generosidade diante de um desastre natural, foi M. Anthony Burns, CEO da Ryder Systems. Quando o furacão Andrew atingiu a Flórida, Burns sabia que teria de fazer algo além de continuar alugando caminhões. Em vez disso, tornou o lobby da sede corporativa da Ryder disponível à United Way. Doou alimentos e roupas a agências de caridade e emprestou caminhões da Ryder a pessoas que precisavam transportar seus pertences para lugares secos (um tipo de frota de arcas de Noé).

Enquanto muitos CEOs se contentam em "comandar" esses esforços de suas mesas na doca corporativa, enxuta, Burns foi à linha de frente e juntou-se aos trabalhadores que estavam consertando os telhados. Com a bênção de Burns, os funcionários da Ryder trabalharam meio dia na empresa e meio no esforço de resgate, muitos deles sete dias por semana. Burns foi eleito o "Humanitário do Ano", pela unidade local da Cruz Vermelha Americana, por ter dado recursos próprios e da empresa, e não a doação usual em dólar, "à distância". As pessoas sentiram esse tipo de generosidade e ação solidária diretamente, e era isso que ele queria:"Meu avô mórmon dizia:'a melhor coisa que se pode fazer é servir às outras pessoas'. E este é um bom negócio."[9]

## COMPAIXÃO PELOS QUE ESTÃO EM DIFICULDADES

A Bíblia tem muitos exemplos de líderes que aconselharam ou demonstraram solidariedade por aqueles em situações difíceis: o prisioneiro e o escravo oprimido; as vítimas de desastres naturais; refugiados de guerra; o aleijado, o cego e o manco (deficiente) e até mesmo os mortos que, com compaixão, poderiam voltar à vida. (E muitas corporações "mortas" têm sido ressuscitadas por líderes como Lou Gerstner da IBM e Lee Iacocca da Chrysler.)

Daniel profetizou corajosamente ao rei Nabucodonosor da Babilônia:"Portanto, ó rei, aceita o meu conselho, e põe fim aos teus pecados, praticando a justiça, e às tuas iniqüidades, usando de misericórdia com os pobres, pois, talvez se prolongue a tua tranqüilidade". (Daniel 4:27) Ele estava advertindo um poderoso (e decadente) regente de que uma nação fundada na injustiça e na falta de compaixão contém as sementes de sua própria destruição.

Inúmeros gerentes modernos (se não todos os reis) parecem ter ouvido e agido de acordo com a mensagem de Daniel. Isaac Tigrett, fundador do Hard Rock Café, contratou alguns excluídos da sociedade — moradores de rua, aqueles que fazem entregas de bicicleta e outros que estavam à margem da sociedade e provavelmente não teriam se encaixado em organizações mais tradicionais. Denominou sua organização de "Coalisão Arco-Íris", devido ao seu grupo diverso de grupos sociais e étnicos. Eliminou "reuniões de staff", chamando-as de "reuniões de família". Instituiu uma política de eqüidade de remuneração e participação nos lucros.

Diz Tigrett: "Eu só me importei com as pessoas, nada mais. Apenas dei-lhes amor, zelava por elas, me importava com a vida delas."[10] Um idealista inabalável cujo negócio estava fadado ao fracasso financeiro? Não, um homem de negócios bem-sucedido que vendeu sua empresa alguns anos depois por mais de 100 milhões de dólares.

Joseph Rebello, o CEO da Citizens Financial Group, sem dúvida não é um banqueiro típico. Embora perceba a importância do lucro, também tem demonstrado compaixão e generosidade consideráveis. Como Burns, da Ryder Systems, ele tem estado na linha de frente da filantropia, não apenas distribuindo dinheiro de seu escritório, na cobertura. Diz Rebello, "Quando só ganhamos dinheiro, fracassamos".

Como esse executivo evitou o fracasso? Primeiro ele doou a metade de seu salário de 2 milhões de dólares a sua *alma mater* (a universidade onde estudou). Então, antes de aceitar seu cargo de CEO no Citizens Financial Group, ele se ausentou para trabalhar em um abrigo para crianças vítimas de violência. Ele encoraja seus funcionários a fazerem trabalhos semelhantes de caridade e foi criticado por ter "coração mole" (uma crítica cabível a muitos dos gerentes e líderes mencionados neste livro). Ele aceita esse rótulo com alegria e responde: "No final, o que importa é o bem que fazemos".[11] Eis um banqueiro que conseguiu combinar compaixão e generosidade com sucesso financeiro.

Hal Rosenbluth, da Rosenbluth Travel, foi levado primeiro pela compaixão, e não pelo lucro, quando decidiu mudar seu centro de processamento de dados e de atendimento ao cliente para Linton, North Dakota. De seus escritórios corporativos em Filadélfia, Rosenbluth ouviu dizer que uma grande área da parte norte do Meio-Oeste tinha sofrido uma forte seca, o que afetou muito a colheita e causou execuções hipotecárias e hipotecas de fazendas.

Pesquisando mais, Rosenbluth descobriu que Linton foi a cidade mais afetada no estado mais devastado. Evitando outras análises de lucratividade, ele contratou rapidamente cerca de duzentas pessoas na área de Linton para desempenharem processamento de dados e atendimento ao cliente para sua empresa. Este foi um tremendo estímulo econômico e psicológico em uma área cuja principal fonte de renda — a agricultura — foi gravemente afetada pelo desastre natural.

O desastre traz freqüentemente generosidade e compaixão. Depois do ataque de 11 de setembro ao World Trade Center, inúmeros líderes corporativos deram assistência econômica para o esforço de resgate e limpeza. O novo CEO da GE, Jeffrey Immelt, fez uma doação corporativa de 10 milhões de dólares, uma quantia que logo se tornou o padrão corporativo para uma grande empresa.

Como consultor de uma importante empresa seguradora vários anos atrás, conheci um gerente que era extremamente compreensivo. A empresa estava realizando uma joint venture com outra empresa de serviços financeiros, e as operações não estavam efetuando uma boa fusão. A empresa "parceira", localizada a meio continente de distância, não estava familiarizada com as operações de seguro e tinha contratado pessoas muito inexperientes para processar indenizações. Como resultado, todo o processo de indenização ficou parado e a empresa que era minha cliente, que até então se orgulhava da resposta imediata e sensata a cada pedido de indenização, ficou totalmente desmoralizada.

Meu cargo como consultor era visitar cada filial, conversar com o diretor e com os funcionários para acertar exatamente o que tinha dado errado, e receber deles sugestões para remediar a situação. Fiquei extremamente impressionado com a solidariedade de um determinado gerente de agência em relação a seus funcionários. Antes de nos encontrarmos com o grupo todo de funcionários, ele insistiu em me levar para um almoço, onde me deu informações não tanto sobre questões operacionais, mas sobre o peso emocional que a fusão operacional teve para ele mesmo e para seus funcionários, que também foram ameaçados de corte. Confidenciou-me que ficou tão afetado que tinha dificuldade para dormir à noite e pediu a seu médico uma medicação contra ansiedade. A preocupação sincera desse gerente com seus funcionários me faz lembrar do lamento de Jeremias: "Oh! se a minha cabeça se tornasse em águas, e os meus olhos numa fonte de lágrimas! Então choraria de dia e de noite os mortos da filha do meu povo". (Jeremias, 9:1)

A história do rei Saul e Davi, que o sucedeu como rei, é um exemplo de compaixão diante da hostilidade. A ira de Saul foi engendrada interminavelmente quando ele ouviu pela primeira vez seu povo cantar: "Saul matou seus milhares, e Davi seus dez milhares". Daí em diante, ele perseguiu Davi em vingança, atirando-lhe uma lança no palácio real e perseguindo-o em todo o interior do país.

*Bondade e Compaixão* ———————————————————— 71

Felizmente para Davi, ele teve a amizade e a compaixão do próprio filho de Saul, Jônatas. Jônatas advertiu Davi para fugir de seu pai, e Davi retribuiu essa compaixão com a compaixão de Saul. Davi estava escondido em uma caverna quando Saul entrou. Davi podia ter matado seu adversário vingativo, mas em vez disso arrancou um pedaço da veste de Saul como sinal de que ele tinha o poder de matá-lo, mas não o fez.

A compaixão de Davi ao poupar Saul foi um passo importante em sua ascensão pacífica ao trono. Ele até enterrou Saul depois que este foi morto em batalha. Mas essa compaixão só estendeu-se até a geração seguinte.

Logo depois de assumir o reinado de toda Israel, Davi perguntou se haveria alguém na casa de Saul, que o tinha atormentado. Havia um homem chamado Mefibosete, neto de Saul e filho de Jônatas, "aleijado das duas pernas". Davi ordenou que Mefibosete se apresentasse; e ele, compreensivelmente, como membro da família de Saul, temia o pior. Afinal, ele era totalmente incapaz de correr e percebeu que como o único sobrevivente da família de Saul, podia ser o alvo de toda a vingança de Davi.

A compaixão de Davi, porém, era maior que seu desejo de vingança. Ele lembrou-se da generosidade de Jônatas e preferiu ignorar a traição de Saul: "E disse-lhe Davi: Não temas, porque decerto usarei contigo de benevolência por amor de Jônatas, teu pai, e te restituirei todas as terras de Saul, teu avô, e tu sempre comerás pão à minha mesa". (2 Samuel, 9:7)

## PARTILHANDO A RIQUEZA

Tanto em tempos bíblicos quanto modernos, temos tido injustiças em relação à riqueza. Jacó tinha um grande número de cabeças de gado bovino e ovino, enquanto muitos dos outros homens da tribo tinham poucas. Um banqueiro de investimento pode ganhar cinqüenta vezes mais que o operador interno que trata dos investimentos.

Talvez seja impossível eliminar todas as injustiças em qualquer sociedade, seja bíblica, feudal, comunista ou capitalista. Mas é bastante possível ter como atitude que a riqueza e os recursos deveriam ser partilhados (e agir de modo correspondente). João destaca a premissa em uma passagem muito direta de Lucas, 3:11: "Quem tiver duas túnicas, reparta com o que não tem, e quem tiver alimentos, faça da mesma maneira".

Nosso mundo moderno é mais complexo, mas os princípios da partilha permanecem os mesmos. Um setor que nunca foi particularmente conhecido por sua mentalidade de "partilhar" é o de investimento. Um amigo meu que trabalhou em "The Street" certa vez descreveu seus colegas de trabalho como "titãs monetários e anões espirituais". Uma exceção (pelo menos em sua liderança) é a Bear Stearns. Ace Greenberg, o presidente, exige que todos os seus trezentos diretores seniores abram mão pelo menos de 4% de sua renda bruta para causas de caridade todo ano, um tipo de dízimo corporativo. E surpreendentemente (talvez não seja tão espantoso, considerando a renda disponível que esses diretores têm), a maioria deles dá muito mais. Greenberg observa: "Não investigamos para quem eles dão, mas fazemos auditoria para termos certeza de que eles fazem isso".[12]

Gary Heavin, da Curves for Women, também acredita que quanto mais ele dá, mais recebe. "Tento, consistentemente, desdizer a Deus", diz ele, "Se você dá, receberá muito mais". Heavin acredita tanto em compartilhar e pagar o dízimo que inverteu a equação: 90% para os outros e apenas 10% para ele. Dos 10 milhões de dólares que ele ganhou em 2001, pagará 3 milhões em impostos, doará 3 milhões para organizações de caridade, usará 3 milhões para recapitalizar os negócios (muito disso vai para lançar novas franquias), e manterá cerca de um milhão para ele.

Diz Heavin: "Quando eu dou, dou muito; é porque estou respondendo ao espírito santo. Opero de uma posição de gratidão". E Heavin acha que sua missão não é tanto física quanto espiritual: "Jesus curou enfermidades físicas para ter acesso ao espiritual. É o que estou tentando fazer com a Curves. Não estou apenas criando corpos em boa condição física, estou ajudando as pessoas a corrigirem seus espíritos."[13]

## GENEROSIDADE AOS "ESTRANGEIROS" E AOS FRACOS

Segundo Levítico, 19:33: "E quando o estrangeiro peregrinar convosco na vossa terra, não o oprimireis. Como um natural entre vós, será o estrangeiro que peregrina convosco". Infelizmente, os líderes empresariais americanos nem sempre seguiram esse credo. Com muita freqüência, eles viram a mão-de-obra imigran-

*Bondade e Compaixão* ———————————————————————— 73

te ou estrangeira como uma maneira fácil de "vencer a concorrência", pagando baixos salários e fornecendo más condições de trabalho.

Aaron Feuerstein da Malden Mills, uma fábrica têxtil em Lawrence, Massachusetts, sempre foi generoso com todos os seus funcionários, muitos dos quais eram imigrantes recentes que podiam ser facilmente explorados por um empregador com menos compaixão e ética. Feuerstein, conhecido por suas práticas justas de negócio, manteve a fábrica em Lawrence por muito tempo depois que seus concorrentes mudaram-se para o Sul ou começaram a usar mão-de-obra barata de países do terceiro mundo.

Contudo, mesmo os funcionários que o conheciam bem ficavam surpresos com a enorme compaixão desse homem. Quando um incêndio atingiu a fábrica Malden Mills em 1995, estimou-se que levariam pelo menos três meses para se reconstruir e fazer a fábrica voltar a produzir. "A maioria das pessoas ficaria feliz ao fazer setenta anos, em pegar o dinheiro do seguro e ir para a Flórida", disse Feuerstein. Obviamente, ele não pertencia à "maioria".

Percebendo como tanta gente dependia dele para sobreviver, Feuerstein tomou a decisão de pagar aos 2.400 funcionários da empresa seus salários durante noventa dias, e seu seguro saúde durante 180 dias. Essa foi uma despesa de mais de 10 milhões de dólares quando não se sabia se a fábrica poderia recobrar sua capacidade de produção e posição de mercado.

As atitudes de Feuerstein foram engendradas por uma forte crença espiritual. Ao explicá-las, ele citou o rabino Hillel: "Nem todos que aumentam sua riqueza são sábios". Também descobriu que quando se demonstra solidariedade com as pessoas, os resultados são verdadeiramente miraculosos: "Nosso pessoal se tornou muito criativo. Eles queriam trabalhar 25 horas por dia". Não só a fábrica foi reconstruída e voltou quase à sua capacidade plena em noventa dias, mas disparou e os produtos "sem qualidade" foram reduzidos de 7% antes do incêndio para 2% depois dele.[14]

Quase todos nós conhecemos a história bíblica do "bom samaritano", que parou para ajudar um homem que tinha sido surrado e roubado por ladrões. O samaritano sentiu pena da vítima: "E... atou-lhe as feridas, deitando-lhes azeite e vinho; e pondo-o sobre a sua cavalgadura, levou-o para uma estalagem, e cuidou dele; E partindo no outro dia, tirou dois dinheiros, e deu-os ao hospedeiro, e disse-lhe: Cuida dele; e tudo o que de mais gastares eu to pagarei quando voltar". (Lucas, 10:34-35)

Aaron Feuerstein também cuidou dos "estrangeiros". Ele arriscou tudo o que tinha para poder fornecer aos seus trabalhadores predominantemente imigrantes um propósito e um meio de vida em um momento em que eles não sabiam a quem recorrer.

Muitas vezes, Jesus ergueu crianças e adultos dentre os mortos, não por necessidade de impressionar, mas por compaixão. Em um paralelo com o moderno mundo dos negócios, a Merck gastou mais de 3 milhões de dólares para construir o Children's Inn no *campus* do National Institute of Health. Essas crianças estavam passando por tratamento experimental de doenças raras. A Merck esperava erguê-las de seus leitos e resgatá-las da morte. Certamente, eles ganharam "capital político" com essa atitude nobre, mas a motivação principal foi ajudar as crianças. Roy Vagelos, ex-CEO da Merck, afirmou: "Remédios são para pacientes. Não para se ter lucro. Os lucros vêm, e se lembrarmos disso, eles nunca deixaram de aparecer."[15]

# PERDÃO

Todos nós sabemos como é difícil perdoar quem achamos ter agido mal conosco, e como nos sentimos bem em perdoar no final. Os irmãos de José o venderam para ser escravo egípcio e não sabiam que ele se tornaria um poderoso conselheiro do faraó. José podia ter se vingado facilmente quando seus irmãos vieram para o Egito comprar grãos pois a terra deles fora afligida pela fome. Em vez disso, José teve compaixão por seus irmãos, perdoando-os e convidando-os a viver com ele como convidados de honra no Egito.

Davi teve pena de Saul, e foi recompensado com o reino. Paulo exortou os primeiros cristãos: "Revesti-vos de entranhas de misericórdia, de benignidade". (Colossenses, 3:12) O que você faria se fosse Esaú e você e seus quatrocentos homens avançassem contra seu irmão, Jacó, que lhe roubara seu direito nato, cortando-o efetivamente do testamento de seu pai? Você correria para atacá-lo com uma lança ou o perdoaria? "Então Esaú correu-lhe ao encontro, e abraçou-o, e lançou-se sobre o seu pescoço, e beijou-o; e choraram." (Gênesis, 33:4)

Você poderia ser perdoado se reagisse cinicamente a um melodrama como este: isso poderia acontecer na Bíblia, mas certamente não no mundo moderno e insensível dos negócios. Pense novamente. O perdão e a compaixão são forças poderosas, sem fronteiras, e pertencem ao mundo dos negócios tanto quanto às

*Bondade e Compaixão*

relações familiares, sejam bíblicas ou modernas. Podem ser encontrados ainda em ramos cruéis, como a publicidade.

Na agência Leo Burnett, o executivo Jerry Reitman narrou um incidente em que perdeu um argumento com o chefe da produção, Al Lira. "E eu não perdi com elegância. Al percebeu isso. Finalmente, um dia estávamos andando um em direção ao outro, vindos de lados opostos do corredor, ele me agarrou e me deu um abraço, me deu um beijo no rosto e foi embora. Aprendi um pequeno ato humanitário naquele dia."[16] Jacó e Isaías não poderiam ter uma reconciliação mais pungente.

"Amai a vossos inimigos, e fazei bem... e será grande o vosso galardão". (Lucas, 6:35) Esse comando poderia se aplicar a indivíduos como Reitman e Lira, mas igualmente a empresas como a Nissan e a Smucker's. A Nissan enfrentou um conflito sindical no final da década de 1980, o sindicato perdeu. Assim que a votação terminou, Jerry Benefield, presidente da empresa, foi à televisão pregar uma mensagem de perdão e compaixão. "Pedi às pessoas que eram favoráveis à empresa para não se regozijarem... e pedi às pessoas do lado do sindicato para, por favor, continuarem a serem bons membros de equipe e para não haver mais nenhuma animosidade, de qualquer lado, e não houve mais."[17]

Na Smucker's, o sindicato acha fácil ter uma atitude de perdão com o gerenciamento por causa da bondade demonstrada pela direção aos funcionários, em grande parte, baseada nos princípios amish/menonita* dos fundadores da empresa. Quando uma funcionária perdeu tudo em um incêndio, os outros fizeram uma coleta para ela. Mas o chefe da empresa, Tim Smucker, também lhe deu um "cheque extra". "Seis ou sete meses depois eles ainda estão dizendo: 'Você precisa de alguma coisa?'", diz a funcionária surpresa.

É de admirar que a compaixão e o perdão também se estendam às relações de trabalho? O representante sindical da Smucker os descreve como a empresa que você "odeia odiar": "É realmente uma honra representar o sindicato contra eles porque é muito fácil trabalhar com eles... Eles realmente se importam com seus funcionários."[18]

## ATENÇÃO E EMPATIA

Os líderes da Bíblia demonstram seu interesse pelos outros. Jesus foi um dos líderes mais atenciosos de todos os tempos. Ele chorou ao ver que Lázaro tinha

---

\* Amish é um grupo religioso cristão anabatista.

Menonita é uma doutrina religiosa surgida no século XVI de uma corrente moderada dos anabatistas holandeses. (N. do E.)

morrido (João, 11:25-36), embora tivesse poder para trazê-lo de volta à vida! Em outro ponto de suas viagens, ele "veio e viu uma multidão, teve compaixão deles porque eram como ovelhas sem pastor". Pregou a palavra renovadora a eles, e quando descobriu que estavam com fome e não tinham nada para comer, transformou cinco pães e dois peixes em uma refeição para milhares. (Marcos, 6:34-44) Atos como este praticados por Jesus não eram para impressionar as pessoas com sua capacidade mágica de multiplicar recursos, mas por compaixão e bondade. A Ben & Jerry oferece o "dia da casquinha grátis" com o mesmo espírito de dar, e descobriu que boas ações freqüentemente são benéficas para a imagem da empresa e também para os lucros.

Em tempos bíblicos e em corporações modernas, as pessoas têm seguido com entusiasmo os líderes que se importam com elas. "Eles não ligam para quanto você sabe até saberem quanto você se importa com eles" não é um clichê vazio. Novamente, tem sido mostrado que o interesse sincero torna o funcionário mais leal e (ironicamente) produz resultados mais objetivos que exortações frias para se fazer e produzir mais.

Morgan McCall e Michael Lombardo têm feito pesquisas extensas sobre "fatores de sucesso" e "descarrilhadores" do sucesso gerencial. Os dois descarrilhadores principais são:

1. Insensibilidade em relação aos outros, estilo agressivo, intimidante e pressionador;
2. Frieza, distanciamento e arrogância.

Herb Kelleher, da Southwest Airlines, é famoso por sua atitude solidária, compreensiva, ele diz: "Estou com você nas trincheiras". Herb carrega bagagem junto com os carregadores e serve amendoim com os atendentes de vôo. Observa que um verdadeiro líder precisa "de uma atitude de espiritualidade... Sinto que é preciso estar com os funcionários em todos os momentos difíceis, que é necessário ter interesse pessoal por eles". Não é incomum para Kelleher sair depois do trabalho com um carregador ou outro funcionário e passar horas ouvindo-os e resolvendo problemas. Ele acrescenta, "Valorizamos nossos funcionários primeiro... Se você os trata corretamente, eles tratam os clientes corretamente, e se você trata os clientes corretamente, eles continuam voltando".[19]

*Bondade e Compaixão* 77

Não é fácil reter profissionais técnicos na economia de hoje, onde falta lealdade. Sandy Weill, presidente e CEO do Citigroup, aumentou a retenção deste grupo de funcionários de sua empresa, por agir de acordo com o que fala. "Acho que é o compromisso do gerenciamento sênior com essa área", observa ele. "Eles precisam saber que o gerenciamento sênior se importa com eles. Dormi muitas noites na sala de computadores, enquanto eles tentavam resolver alguma coisa."[20]

Diz Dave Konansky, CEO da Merrill Lynch: "É essencial que as pessoas saibam que você se interessa por elas. Isso não significa que você seja indulgente com elas, ou que não chama a atenção para coisas que estão erradas, ou que tenha medo de dizer não. Mas elas precisam saber que você se importa com elas como indivíduos".[21]

Com muita freqüência, nossos líderes corporativos modernos sacrificaram apressadamente alguns indivíduos (ou um grande número deles) em nome do "bem maior" ou da sobrevivência corporativa. Os cortes corporativos de anos recentes têm sido justificados freqüentemente porque "se não jogarmos fora o excesso de bagagem deste barco, afundaremos todos" (isso se parece um pouco com a história de Jonas, que foi "tirado" de uma forma muito dramática quando os marinheiros o jogaram fora do barco).

Os líderes que têm mais compaixão pelo menos dão salva-vidas aos funcionários demitidos. Por exemplo, Randall Tobias, da Eli Lilly, decidiu oferecer a um grupo selecionado de funcionários a aposentadoria antecipada com o pagamento de um ano, em vez de se engajar em demissões por atacado com pacotes menores para cada funcionário. O líder compadecido percebe que quando qualquer funcionário é maltratado ou suas necessidades são ignoradas, todos notarão, e a liderança está maculada.

Jesus acreditava na compaixão por todo o seu bando de seguidores potenciais e reais: "Se algum homem tiver cem ovelhas, e uma delas se desgarrar, não irá pelos montes, deixando as 99, em busca da que se desgarrou? E, se porventura achá-la, em verdade vos digo que maior prazer tem por aquela do que pelas 99 que se não desgarraram". (Mateus, 18:12-13)

Para Gary Heavin, da Curves for Women, essa preocupação com todas as "ovelhas" se estende não apenas aos funcionários, mas aos clientes também. Ele faz uma observação: "Qualquer franqueado me liga, e eu tenho mais de 3 mil. Tive um franqueado que me ligou para falar sobre um membro (e eu tenho mais de meio milhão de membros). Ela perdeu peso e tinha deixado o programa. Gastei um tempo para escrever a ela e lhe enviar uma cópia autografada de meu livro."[22] Ali há um líder que procura cada ovelha.

Morrison and Forster é um escritório de advocacia com uma estranha noção de prioridades — eles alegam se importar mais com seus funcionários do que com as horas faturáveis ou o resultado financeiro. Diz uma recrutadora da empresa: "Não toleramos abuso de nossos funcionários por parte dos sócios, não importa quanto sejam 'importantes' ou o seu tempo de casa". Ela deixa claro aos advogados recém-formados que estão ingressando e aos estagiários que "nossa equipe é como ouro para nós e não serão tratados como menos preciosos...Aquele que for pego falando mal do outro ou tratando-o mal verbalmente... estará fora".[23]

Na Fel-Pro, fabricante em Skokie, Illinois, importar-se com os outros é uma forma de vida. Todo funcionário recebe um pacote extenso de benefícios, o pagamento de um dia extra no seu aniversário (e um almoço), um peru de Natal e uma caixa de chocolates no Dia dos Namorados. Talvez o mais importante seja o sentimento por trás desses gestos. "Você dá mais naturalmente, e não porque se sente obrigado... Sente que eles se importam com você, então também se importa com eles", comenta um funcionário.

Em muitas empresas, aqueles que trabalham sessenta horas por semana são "encorajados" até ficarem esgotados. Uma funcionária na Fel-Pro ficou surpresa quando sua chefe puxou-a de lado e lhe disse: "Você está trabalhando demais. Nós a valorizamos muito. Você está ficando esgotada. Você não pode levar trabalho para casa este fim de semana". Ela acrescenta, "eles falam sério!"[24]

# Amor

O amor certamente tem um lugar proeminente na Bíblia. Sem amor para sustentá-los, os hebreus nunca poderiam ter sobrevivido aos vários exílios e sustentado seu compromisso com seu deus, sua terra e uns com os outros. Sem o amor para sedimentar, os discípulos teriam sido um grupo com pouca coesão e um senso diluído de missão. De fato, esse amor poderia ajudá-los a transcender a aparente morte de seu líder através do comportamento perigoso de um membro de seu círculo interno, Judas Iscariote.

*Bondade e Compaixão*  79

O que a Bíblia tem a dizer sobre o amor?

*O amor é sofredor, é benigno; o amor não é invejoso; o amor não trata com leviandade, não se ensoberbece. (1 Coríntios, 13:4)*

*Antes fomos brandos entre vós, como a ama que cria seus filhos. Assim nós, sendo-vos tão afeiçoados, de boa vontade quiséramos comunicar-vos, não somente o evangelho de Deus, mas ainda as nossas próprias almas. (1 Tessalônica, 2:7-9)*

*Revesti-vos, pois, como eleitos de Deus, santos e amados, de entranhas de misericórdia, de benignidade, humildade, mansidão, longanimidade; E, sobre todas essas virtudes, revesti-vos de amor, que é o vínculo da perfeição. (Colossenses, 3:12-14)*

*Ainda que eu falasse as línguas dos homens e dos anjos, e não tivesse amor, seria como o metal que soa ou como o sino que tine... E ainda que tivesse o dom de profecia, e conhecesse todos os mistérios e toda a ciência, e ainda que tivesse toda a fé, de maneira tal que transportasse os montes, e não tivesse amor, nada seria. E ainda que distribuísse toda a minha fortuna para sustento dos pobres, e ainda que entregasse o meu corpo para ser queimado, e não tivesse amor, nada disso me aproveitaria. (1 Coríntios, 13:1-3)*

Estes são sentimentos nobres que certamente pertencem a um livro santo ou a um lugar sagrado. Mas o amor pertence realmente ao mundo insensível, interesseiro, ganancioso dos negócios? Ou todos nós nos tornamos fariseus outra vez? Vamos perguntar a alguns dos bem-sucedidos gerentes e executivos da atualidade.

Herb Kelleher, da Southwest Airlines, talvez seja o CEO mais evangélico na causa do amor. Ele afirma francamente: "Preferia ter uma empresa dirigida pelo amor, e não pelo medo", parafraseando, consciente ou inconscientemente, 1 João, 4:18: "O amor perfeito afasta o medo". A linha aérea parte de Love Field, em Dallas, o símbolo de suas ações é "Luv", o jornal da empresa é chamado Luv Line, e seu slogan de vigésimo aniversário foi "Vinte Anos Amando Você".

Retórica vazia? Meros sons ocos de um gongo ressoando e de um sino tinindo? Pergunte aos funcionários. Diz um deles: "Herb nos ama. Nós amamos Herb. Amamos uns aos outros. Amamos a empresa [parece a versão da linha aérea do festival de Woodstock, só que com um pouco mais de lucro]. Um dos principais beneficiários de nossa atenção coletiva são os passageiros."[25]

Outro exemplo é a empresa do "tecido milagroso", Gore-Tex, fundada no amor, tanto quanto na inovação científica. Diz o diretor financeiro, Shanti Mehta: "Bill Gore nunca me chamou em sua sala. Ele sempre veio até minha mesa, sentava-se... Ele era uma verdadeira fonte da qual o amor [novamente esta palavra não técnica] fluía para toda a organização... Depois de sua morte, a responsabilidade de fazer isso recaiu diretamente nos ombros de todos nós."[26]

Ben Cohen da Ben & Jerry sente que o amor é um fator tão importante em seu sorvete quanto o creme de leite ou o brownie de fudge de chocolate: "Quando você dá amor, recebe amor... há uma dimensão espiritual nos negócios assim como na vida dos indivíduos."[27]

Pamela Coker, CEO da Acucobol, uma empresa de software bem-sucedida, é outro proponente do amor universal: "Ame a seus clientes, funcionários, acionistas, fornecedores e a comunidade... e os lucros virão". Um representante de empresa liga para todo cliente uma vez por mês e duas vezes por ano o cliente recebe um presente. A família e os amigos, e não apenas os funcionários, são convidados a todos os eventos da empresa. Diz Coker: "Estou comprometida a ajudar todo funcionário da Acucobol a ater-se a seus sonhos."[28]

O setor de telecomunicações nem sempre tem sido conhecido como um ninho de amor e de compaixão. Mas ouça dois de seus titãs falarem sobre a necessidade desses traços:

> *Se enfrentamos uma recessão, não deveríamos demitir funcionários, a empresa deveria sacrificar o lucro. É um risco e uma responsabilidade do gerenciamento. Os funcionários não são culpados, por que eles deveriam sofrer? (Akio Morita, CEO da Sony)*
>
> *Minha filosofia de negócio? Duas palavras: amar e realizar. E a segunda nunca acontecerá sem a primeira. (Robert Galvin, ex-CEO da Motorola, dirigindo-se para seu sucessor e filho, Chris, que tentará colocar esses princípios em ação na próxima geração)*

Compaixão, Pena, Perdão, Amor. Essas qualidades eternas estão voltando gradualmente a nossas salas de diretoria, nossos escritórios, nossas fábricas e, espera-se, a nossos lares, que com tanta freqüência são influenciados pelo clima no local de trabalho. O progresso pode ser desigual às vezes, mas como tendência geral, essas palavras de Ezequiel, 11:19 estão sendo manifestadas mais freqüentemente e com mais convicção e intensidade: "Eu tirarei o coração de pedra deles e lhes darei corações ternos".

## LIÇÕES BÍBLICAS SOBRE BONDADE E COMPAIXÃO

- ❖ Seguir a Regra de Ouro não apenas faz as pessoas "se sentirem melhor". Também constrói o resultado financeiro, aumentando a lealdade e a produtividade dos funcionários.

- ❖ Recompense atos de bondade com incentivos monetários e reconhecimento não-monetário.

- ❖ Você não pode esperar que os funcionários tratem uns aos outros e aos clientes com consideração se os seus líderes os estão tratando mal.

- ❖ "Dividir a riqueza" geralmente compensa em termos do maior compromisso e da criação de uma "torta maior".

- ❖ O perdão é uma das ações mais poderosas que um líder pode receber.

- ❖ Na pressão para atingir os objetivos do grupo, não se esqueça das necessidades emocionais dos indivíduos; vigie cada ovelha, e não apenas "o bando".

- ❖ Fazer as pessoas manterem padrões altos e mostrar a elas que você se importa com elas não são coisas mutuamente exclusivas; na verdade, podem ser mutuamente reforçadoras.

*CAPÍTULO QUATRO*

# Humildade

*Comer mel demais não é bom; assim, a busca da própria glória não é glória.*
— Provérbios, 25:27

*O coração do homem se exalta antes de ser abatido e diante da honra vai a humildade.*
— Provérbios, 18:12

Picles e sorvete. Humildade e liderança. Algumas coisas não parecem combinar bem, à primeira vista. Certa vez, ouvi uma secretária experiente de uma grande firma de contabilidade comentar sobre o estilo pessoal de um jovem contador modesto, primeiro de uma forma aprovadora, porque era "muito fácil trabalhar com ele", mas então acrescentando, aos cochichos: "Mas ele nunca fará uma parceria se não perder um pouco da humildade e adquirir certa arrogância".

A questão toda do "orgulho *versus* humildade" é um paradoxo permanente para líderes de todos os tipos de organizações, e de todos os níveis. Como alguém chega a uma posição de liderança, principalmente em organizações altamente competitivas, se não tem uma ambição pessoal? Como as pessoas verdadeiramente humildes podem atingir uma posição de influência e autoridade? E o que acontecerá quando chegarem lá? Os pacatos podem herdar a terra, mas podemos ter certeza de que continuarão pacatos quando a tiverem? Os líderes são "como nós", ou eles são "melhores" ou mais valiosos de algum modo indefinível?

*Humildade* 83

O consultor gerencial Patrick Lencioni trata deste aparente paradoxo: "Define humildade como a percepção de que um líder não é inerentemente melhor que as pessoas que ele lidera, e carisma como a percepção de que as ações do líder são mais importantes que aquelas das pessoas que ela lidera. Como líderes, devemos lutar para adotar a humildade e o carisma."[1]

Não precisamos ir além da Bíblia para encontrar exemplos de líderes que combinaram o poder da humildade e do carisma. Moisés foi um dos líderes mais influentes e poderosos de seu tempo. Ele superou a resistência de um dos mais poderosos soberanos de seu tempo, o faraó, para assegurar a liberdade de seu povo. Ele os guiou pelo mar Vermelho e o deserto, e destruiu as tábuas contendo os Dez Mandamentos ao encontrar as pessoas adorando uma cabra dourada.

Esses são tipos de ações que poderiam "subir à cabeça". Depois de seus feitos, teria sido fácil para Moisés dizer: "Faremos isso porque eu sou o CEO, e disse para fazer! Sem mim, nada disso poderia ter acontecido. Se você quer falar comigo, marque uma hora com meu assistente, Aarão. E se for alguém que me faça alguma oposição, esqueça a visita!"

Surpreendentemente, a Bíblia nos diz exatamente o oposto: "E era o homem Moisés mui manso, mais do que todos os homens que havia sobre a terra". (Números, 12:3) Várias vezes no Antigo Testamento, Moisés se desaponta e protesta dizendo que "não merece ser seguido". Mas ele é sempre convocado a agir.

Moisés não é o único líder relutante da Bíblia. Um grande líder deve colocar sua própria estatura e a dimensão da tarefa em uma relação adequada, e esses "líderes humildes" abundam. Pode-se até dizer que quando um grande líder foi necessário, uma pessoa de grande humildade apareceu:

*Quem sou eu, e qual é a minha... família de meu pai em Israel, para vir a ser genro do rei? (Davi logo se tornou um dos maiores reis de Israel, ao se casar com a filha de Saul, em 1 Samuel, 18)*
*E sou apenas um menino pequeno... porque quem poderia julgar a este teu tão grande povo? (Salomão, filho de Davi, ao ascender ao trono, em 1 Reis, 3:7-9)*
*Portanto, aquele que se tornar humilde como este menino, esse é o maior no reino dos céus. (Jesus, em Mateus, 18:4)*

Há sentimentos maravilhosamente inspiradores. Mas eles têm alguma aplicação no moderno mundo de negócios? Alguns dos executivos mais bem-sucedidos, determinados, ambiciosos e voltados para objetivos temperaram esses traços com a humildade. Seus estilos de liderança podem não ser cópias exatas daqueles de Moisés ou de Jesus (o estilo de quem será?); no entanto, eles demonstram humildade.

## UMA PERSPECTIVA HUMILDE

Jamie Bonini soube ser humilde o suficiente quando foi nomeado gerente de uma grande fábrica da Chrysler perto de Windsor, Ontário. Ele tinha mais anos na carreira acadêmica que em manufatura e em vez de fingir "saber tudo", admitiu seus pontos fracos e pediu ajuda. Ele fazia algo que nenhum diretor de fábrica anterior fez — visitava a fábrica freqüentemente. Quando as coisas davam errado, culpava o processo e não os trabalhadores, e pedia ajuda daqueles trabalhadores para acertar o processo.[2]

O estilo gerencial humilde de Bonini era muito parecido com o do rei Davi. No calor da batalha, Davi sentiu muita sede. Alguns de seus "homens poderosos", imbuídos da lealdade que só pode ser inspirada por um líder como Davi, ofereceram-se para atravessar as linhas inimigas, arriscando a vida para levar algo para o líder tomar! Davi se recusou a deixá-los fazerem esse sacrifício. Ele acreditava que deveria estar na linha de frente com seus homens e não achava que qualquer homem deveria sacrificar sua vida para dar mais conforto ao líder.

O ex-CEO Don Tyson, da Tyson Foods, foi outro líder cuja humildade aumentou sua efetividade e a lealdade que obteve de suas "tropas". Todos os dias, o chefe dessa enorme fabricante de produtos alimentícios aparecia com um uniforme marrom com "Don" bordado no bolso da camisa.[3] E há também o exemplo de Andy Grove da Intel, que trabalha em um pequeno cubículo aberto, praticamente indistinguível daquele de um auxiliar administrativo.

O atletismo costuma ser considerado um esporte onde "só os arrogantes sobrevivem". Hoje, com um número cada vez maior de atletas ganhando milhões de dólares e exibindo atitudes fortes "de desacato", muitos treinadores têm tido que desenvolver atitudes ainda mais enérgicas. Tem havido muita animosidade e agressividade quando os treinadores mais velhos tentam colocar seus jovens na linha, discipliná-los dentro e fora de campo e fazê-los colocar os objetivos da equipe antes de sua glória pessoal.

*Humildade* ——————————————————————————— 85

Às vezes, esses conflitos de ego têm resultado em violência. Bobby Knight, ex-treinador de basquetebol na Universidade de Indiana, era bem conhecido por intimidar e insultar seus jogadores e finalmente foi demitido depois de agredir fisicamente um estudante. Do lado dos jogadores, Latrell Sprewell, da National Basketball Association, teve de mudar de equipe depois de ter agredido fisicamente seu treinador.

A arrogância e a agressão tanto dos treinadores quanto dos jogadores foram toleradas durante anos enquanto suas equipes estavam ganhando. Mas, provavelmente o treinador mais bem-sucedido de todos os tempos, John Wooden, da UCLA, teve um número recorde de campeonatos NCAA com base na humildade, e não no ego, na agressão ou na ganância.

"A fé de Wooden em Deus era completa", escreve Brian De Biro, seu biógrafo. "Isso lhe permitiu equilibrar a humildade genuína com a sólida crença em si mesmo." (Nunca ninguém se referiu a Wooden como o Moisés de seu programa atlético, mas a comparação seria apropriada.) "Ele nunca foi atrás da perfeição porque acreditava que esta fosse domínio exclusivo de Deus." (Esta é a verdadeira humildade.) "Ele nunca perdeu de vista a própria falibilidade e em conseqüência foi capaz de ver seus erros como equívocos esporádicos de julgamento, e não como falhas permanentes de caráter."[4]

Uma figura da Bíblia que nunca perdeu de vista a própria falibilidade foi o discípulo Pedro. Certa vez, ele se aproximou do centurião romano, Cornélio, que estava tão ansioso para ouvir a palavra de Cristo que caiu aos pés de Pedro, em reverência. Esta teria sido a ocasião perfeita para um homem menos humilde "dominar" Cornélio e se colocar como um "grande homem" ou representante do próprio Deus. A resposta de Pedro foi de grande humildade: "Mas Pedro o fez levantar-se, dizendo: Levanta-te, que eu também sou homem." (Atos dos Apóstolos, 10:25-26)

Um exemplo moderno da humildade é Larry Brossidy, ex-CEO da Allied Signal, que sabe bem do potencial negativo da glorificação do CEO, nossa versão moderna da adoração de um ídolo. "Ser CEO significava que a gente sabia tudo," comenta. "Mas esses cargos exigem humildade. E quanto mais você procura, mais reconhece a razão para ser humilde, porque há muito mais a fazer o tempo todo."[5]

Eu costumava trabalhar para uma empresa de consultoria cujo líder possuía muito carisma. Para o pessoal mais descrente, às vezes, isso significava que fazíamos todo o trabalho, enquanto ele recebia todas as glórias, como aparecer na rede de televisão, assinar contratos lucrativos para escrever livros, e ser entrevistado e citado freqüentemente pela imprensa nacional. O presidente geralmente não era conhecido por sua humildade ou tendência a dar crédito às tropas.

É por isso que a apresentação dele em uma de nossas reuniões anuais teve tamanho impacto. O PowerPoint estava começando a ser usado. O presidente fez um discurso inflamado em que destacava os enormes objetivos de receita e serviços para a empresa. "E vocês sabem quem vai atingi-los, não sabem?", ele perguntou à equipe reunida. Imediatamente, o agora famoso dedo "PowerPoint" apontou para nós da tela gigante. Houve alguns grunhidos abafados. Mais uma vez, faríamos todo o trabalho e o presidente receberia todas as glórias.

Mas então ele acrescentou: "Ah, esqueci quem mais iria atingir esses objetivos". O "dedo" apontou diretamente para ele. A risada convulsionou o público. Talvez tenha sido apenas uma declaração simbólica, mas nosso líder destemido estava dizendo que estava pronto para confrontar o que alguns de nós considerávamos ser o que ele mais temia: penetrar nas trincheiras com suas tropas humildes e suar a camisa conosco, e não apenas colher a glória, a fama e as grandes recompensas. Embora nenhum de nós na época dissesse que isso era reminiscência do rei Davi indo às frentes de batalha com seus "homens corajosos", sem dúvida este era um lado humilde de nosso líder que não tínhamos visto antes.

Quanto à verdadeira humildade e à falta de ego, no entanto, poucos modernos podem se equiparar aos discípulos de Jesus. Eles acreditavam tão profundamente em sua mensagem que se exporem em sua defesa não era um problema. Esses homens podiam ter usado seu *status* como parte do "círculo interno" para promover a própria reputação. Em vez disso, eles subordinaram seus egos a serviço da palavra do homem a quem consideraram seu senhor e salvador. João Batista foi provavelmente o mais eloqüente em sua subordinação do ego:

> *Mas o amigo do esposo, que lhe assiste e o ouve, alegra-se muito com a voz do esposo. Assim, pois, já este meu gozo está cumprido. (João referindo-se a Jesus, em João, 3:30)*
>
> *Mas eis que vem aquele que é mais poderoso do que eu, do qual não sou digno de desatar a correia das alparcas. (Lucas, 3:15)*
>
> *Eu não sou o Cristo, mas sou enviado adiante dele... É necessário que ele cresça e que eu diminua. (João, 3:28)*

Evidentemente, o que inspirou tal humildade nos discípulos foi a humildade extraordinária do "CEO" — o próprio Jesus. Ele foi um mestre em humilhar-se e dar crédito a sua "equipe". Quando tentaram lavar seus pés, ele também insistiu em lavar os deles. Há inúmeros líderes modernos que também percebem que sem os seus seguidores, suas realizações teriam sido muito modestas.

## HUMILDADE E TRABALHO DE EQUIPE

Os líderes empresariais de outra era (os Rockefellers e os Goulds) não eram conhecidos por seu espírito de humildade e trabalho de equipe. Mas, líderes mais recentes começaram a perceber que ninguém — não importa o quanto seja inovador, bem-informado ou rico — pode ser totalmente responsável pelo sucesso de uma empresa inteira. A humildade está traçando um caminho nas fileiras executivas. Por exemplo, os pesquisadores Kouzes e Posner pediram a Bill Flanagan, vice-presidente de operações da Amdahl Corporation, para descrever seu melhor desempenho pessoal. "Depois de alguns segundos, Flanagan disse que não podia fazer isso. Espantados, perguntamos por quê. 'Porque não foi o meu melhor desempenho pessoal. Não fui eu... Fomos nós."[6]

Walter Shipley, do Citibank, diz: "Temos 68 mil funcionários. Com uma empresa desse tamanho, não estou 'dirigindo a empresa'... Minha função é criar o ambiente que permita às pessoas se incentivarem mutuamente para irem além de suas próprias capacidades individuais... Recebo crédito por oferecer a liderança que nos trouxe até aqui. Mas foi nosso pessoal que fez isso".[7]

Bob Tillman, CEO das empresas Lowe's, varejista de produtos e artigos para casa, nem gosta de dar entrevistas porque não acha que o sucesso de sua empresa seja "pessoal". "Eu não teria feito isso (a entrevista) se nosso pessoal de RP não tivesse me pressionado. E a razão é que... não concordo em destacar nossa liderança quando... falo sobre nosso sucesso. Uma única pessoa nem constrói nem gerencia um negócio... quanto mais você destaca uma pessoa, mais a distancia da equipe."[8]

Ray Gilmartin, CEO da Merck, vai mais adiante: "Se eu tivesse que colocar alguém na capa da *Business Week* ou da *Fortune*, seria... a pessoa que chefia nossa organização de pesquisa, e não eu. Ou colocaria uma equipe de pessoas na capa".[9]

Lou Gerstner é conhecido por seu estilo gerencial duro, voltado para metas, determinado, e não por sua humildade. Mas até Gerstner, quando colocado contra a parede, pode se tornar humilde: "Não fui eu que fiz isso", diz ele, referindo-se à surpreendente guinada dada na IBM desde que se tornou CEO. "Foram os 280 mil funcionários. Mudamos o foco, fizemos uma mudança no interesse, pegamos um grupo muito talentoso de pessoas... e mudamos a empresa".[10]

Diz Dan Tully, da Merrill Lynch: "É surpreendente o que você consegue fazer quando não busca todos os créditos. Descubro que nada é realmente idéia de uma só pessoa".[11]

Bernie Ebbers, CEO da MCI WorldCom, não se vê como o chefe, mas como o "servente". "Vejo toda ação administrativa desta empresa como uma oportunidade que o Senhor me deu. E o princípio fundamental em minha vida é servir a Ele e às pessoas através das oportunidades que Ele me tem dado... Esquecemos que são as pessoas que estão trabalhando conosco que realmente nos tornam o que somos."[12]

A Bíblia nos lembra que todas as partes do corpo, sejam elas enaltecidas ou esquecidas, são igualmente importantes para seu funcionamento. "O olho não pode dizer para a mão: 'Não tenho necessidade de ti'; nem ainda a cabeça aos pés: 'Não tenho necessidade de vós'. Antes, os membros do corpo que parecem ser os mais fracos são necessários. E os que reputamos serem menos honrosos no corpo, a esses honramos muito mais; e aos que em nós são menos decorosos damos muito mais honra... Para que não haja divisão no corpo, mas antes tenham os membros igual cuidado uns dos outros." (1 Coríntios, 12:21-26)

A mensagem por trás desta analogia? Todas as pessoas têm dons, todas podem contribuir para uma missão, e faz parte da função do líder assegurar que cada "parte do corpo" seja valorizada e dê sua contribuição. A "cabeça", ou a predidência, não pode existir sem o "coração" (recursos humanos ou atendimento ao cliente) ou os "pés" (o serviço de correspondência, a frota de caminhões, por exemplo). E o líder humilde percebe que nenhuma parte deveria ser exaltada acima das outras, já que não pode existir sem as demais.

Uma equipe funciona melhor quando todos os membros (até os líderes) são devidamente humildes uns diante dos outros. Isso é expresso com beleza em 1 Pedro, 5:5: "Revesti-vos de humildade, porque Deus resiste aos soberbos, mas dá graça aos humildes...".

# Humildade Diante dos Erros

Uma coisa que torna a liderança muito difícil é que quanto mais alguém ascende em uma organização, mais visíveis se tornam seus erros e influem um número crescente de pessoas. É por isso que aqueles nos níveis mais altos passam freqüentemente um tempo considerável encobrindo, apagando ou justificando seus erros para a imprensa e para aqueles afetados pelos erros.

Os grandes líderes têm a capacidade de ser humildes no fracasso e no erro, se não for habitualmente, pelo menos parte do tempo. Ironicamente, essa capacidade, em vez de destruir sua imagem, credibilidade e poder, freqüentemente os fortalece.

Jó tinha muitas forças. Entretanto, também era forte o suficiente para admitir sua imperfeição: "Eis que sou vil; que te responderia eu? A minha mão ponho à boca". (Jó, 40:4, 42:6) Esse ato de humildade não pôs fim à prosperidade de Jó só a fez aumentar. Ele emergiu das ruínas para adquirir 14 mil ovelhas, seiscentos camelos, mil juntas de boi e mil jumentas. Além disso, foi abençoado com mais dez crianças e viveu 140 anos de modo que pudesse aproveitar seus filhos e os filhos de seus filhos.

Jack Welch, presidente aposentado recentemente da General Electric, foi um dos empresários mais bem-sucedidos de todos os tempos, multiplicando os ativos, os lucros e o preço das ações da empresa muitas vezes durante sua gestão. Mas Welch também foi capaz de cometer erros. Qualquer CEO de uma empresa de vários bilhões de dólares está sujeito a cometer alguns, mesmo que representem "apenas" um desses bilhões.

Por exemplo, Welch arquitetou a compra desastrosa da GE de 80% da Kidder Peaboy por 600 milhões de dólares; o negócio fracassado custou 1,2 bilhão de dólares à GE. Welch não procurou minimizar seu erro, nem procurou colocar a culpa em outros, para se safar. "Tenho recompensado os fracassos distribuindo prêmios a pessoas quando elas fracassaram... Eu sempre digo, se o presidente pode comprar a Kidder Peabody e atrapalhar tudo, você pode fazer qualquer coisa... Agora, se o presidente pode fazer isso e ainda assim sobreviver, você deveria ser capaz de dar uma guinada em qualquer situação."[13]

A atitude humilde de Welch ao aceitar a responsabilidade por seu erro sem dúvida encorajou os outros na GE (e as várias outras empresas que estudam e tomam a GE como parâmetro) a assumirem riscos e a demonstrarem humildade quando estes nem sempre compensaram.

Lembra-se de Acabe, esposo de Jezabel? Ele tinha muitos vícios, inclusive ataques violentos de propriedade (a morte de Nabote por causa de seu orquidário) e a adoração de ídolos. Mas ele tinha uma graça que o salvava – a humildade. Quando Acabe percebeu como seu comportamento tinha sido desencorajado, rasgou suas roupas, colocou-as em um saco e fechou. Ele ajustou seu comportamento à mansidão e à bondade, fazendo Elijah, o profeta, comentar: "Não viste que Acabe se humilha perante mim? Por isso, porquanto se humilha perante mim, não trarei este mal nos seus dias...". (1 Reis, 21:29). É claro que, muitos dos pecados de Acabe foram infligidos por seu filho, mas pelo menos os cães não sorveram o sangue dele.

Em tempos modernos, a Procter & Gamble portou-se inicialmente de uma maneira arrogante e vingativa quando informações delicadas sobre a empresa vazaram para o *Wall Street Journal,* em 1991. Eles iniciaram uma busca de mais de 800 mil linhas telefônicas na área de Cincinnati na tentativa de localizar o informante. Logo depois, perceberam que suas tentativas de resolver o problema só o agravaram. Houve fortes protestos dos advogados, da imprensa e até mesmo dos funcionários da Procter & Gamble.

Uma empresa realmente arrogante teria mantido sua reação inicial, equivocada. De fato, provavelmente eles teriam mantido sua posição à medida que os ataques piorassem. Mas a Procter & Gamble percebeu que eles tinham cometido um erro grave e que era hora de mostrar humildade. O CEO da empresa escreveu uma carta aos funcionários, pedindo desculpas por seu "erro de julgamento", que "criou um problema maior do que aquele que estávamos tentando resolver".[14]

Este episódio, em vez de enfraquecer a empresa, a fortaleceu. Ao admitir seu erro rapidamente e passar para questões mais importantes, a Procter & Gamble evitou o erro do orgulho excessivo, que freqüentemente prejudica e destrói pessoas e empresas. Eles evitaram o destino freqüente daqueles que são incapazes de serem humildes diante dos erros, o que é escrito de modo bem sucinto por Jeremias, 8:12:"Eles estão envergonhados de sua conduta repulsiva? Não, eles não se envergonham de nada; eles nem sabem como corar. Logo eles cairão entre os caídos; serão derrubados quando forem punidos".

A Procter & Gamble sabia como corar. Sua competência crítica em liderança a salvou de ficar entre os caídos, talvez permanentemente.

Um rei bíblico que também sabia como corar foi Roboão. Ele uniu o reinado por trás dele, mas negligenciou os mandamentos de Deus. Portanto, Deus

*Humildade* 91

abandonou a ele e aos seus inimigos como uma conseqüência lógica dessa desleal-dade. À luz dessa conseqüência, Roboão poderia ter se tornado mais arrogante, rejeitando sua religião, e afastando-se mais na adoração do ídolo. Entretanto, "En-tão se humilharam os príncipes de Israel e o rei, e disseram: O SENHOR é justo". A resposta do Senhor? "Humilharam-se, não os destruirei; antes em breve lhes darei algum socorro." (2 Crônicas, 12:6-7)

Talvez o líder político mais humilde do século XX tenha sido Mahatma Gandhi. Como Moisés, ele subordinou totalmente seu ego e necessidades de conforto à sua missão superior, a libertação de seu povo da escravidão. Gandhi sempre se vestiu com simplicidade, viveu frugalmente e absteve-se dos emblemas do po-der e do prestígio.

A humildade de Gandhi transcendeu as grandes forças políticas e sociais que ele estava tentando aproveitar para a libertação de seu povo; isso se estendeu ao pessoal. Em uma ocasião, uma mãe trouxe seu filho para o "grande Mahatma". "Ele insiste em comer doces, o que é ruim para ele", ela se queixou. Certamente o grande homem poderia influenciar o filho dela a parar. Surpreendente-mente, Gandhi mandou-a embora e lhe pediu para voltar depois de um mês. Ao retornar, ele instruiu imediatamente o filho dela a parar de comer doce. "E por-que você não pôde dizer isso a meu filho quando viemos vê-lo um mês atrás?", perguntou a mulher. "Porque eu mesmo não tinha parado de comer doce na-quela época", respondeu o grande estadista. Este é o tipo de humildade que pode mover uma pessoa ou um milhão.

O presidente Roger Sant e o CEO Dennis Bakke da AES são dois líderes que perdoam prontamente os erros sinceros de seus funcionários. Por que eles têm uma atitude tão tolerante? "Talvez por causa da humildade que diz: 'Estivemos nas linhas de frente, tomamos decisões importantes e cometemos grandes erros... Em nossos dois ou três primeiros projetos, [nós] realmente estragamos tudo... Devería-mos ter sido deixados no banco de reserva'".

A primeira usina de Sant & Bakke perdeu 20 milhões de dólares por ano durante seis anos. Eles compraram um campo de petróleo que os fez perder mais 20 milhões. E também compraram protótipos de turbinas que quebraram. "Todo aquele investimento causou a perda de dinheiro durante anos, até que o pessoal da fábrica imaginou como corrigir isso. Agora está indo muito bem, muito pouco graças a nós", observam esses altos executivos que aprenderam a ter humildade com experiências difíceis. "O bom de assumir seus erros de

92 — LIDERANÇA NA BÍBLIA

imediato é que é muito mais fácil agir rapidamente e encontrar uma solução criativa. Você não pode ficar sentado e perder tempo tentando imaginar a quem irá culpar."[15]

## A Humildade "Compensa"

Outro oximoro[*] ridículo? Ironicamente, dos tempos antigos até a modernidade, a humildade tem compensado em termos práticos. Não é um processo fácil de confiar, mas freqüentemente funciona.

A humildade do rei Salomão foi testada quando Deus veio a ele em um sonho e disse: "Peça-me o que quiser e eu lhe darei". Salomão poderia ter sido como o rei Midas que pedira que tudo o que tocasse se tornasse ouro. Mas, em vez disso, ele pediu humildemente sabedoria: "Sou apenas uma criança e não sei como executar meus deveres. Então, dê a seu servo um coração discernente... Pois quem é capaz de governar este grande povo seu?".

A resposta de Deus a esse pedido humilde foi conceder a Salomão tudo o que ele poderia ter desejado: não apenas um coração sábio e discernente, mas também riquezas, honra e vida longa. (1 Reis, 3:7-14)

A humildade tem compensado para líderes modernos bem como para reis bíblicos. Robert Townsend, quando se tornou CEO da Avis na década de 1970, virou o mundo corporativo de cabeça para baixo ao eliminar salas de jantar para executivos, vagas no estacionamento e outros emblemas da realeza corporativa. Levando a humildade um passo adiante, Townsend mostrou uma vulnerabilidade imensa ao admitir seus erros com muito mais franqueza do que os CEOs costumavam fazer na época.

"Admita seus erros abertamente, e talvez até com alegria", escreveu ele em *Up the Organization* [Levantar a empresa], cujo título é bastante apropriado. "Encoraje seus associados a agirem do mesmo modo, mostrando compreensão para com eles." Townsend admitiu que sua "média de acerto" provavelmente não fosse maior que 0,333. "Mas meus erros eram discutidos abertamente e a maior parte deles era corrigida com uma pequena ajuda de meus amigos."[16] Ele e o rei Salomão teriam agido bem em um grupo de apoio a executivos.

Outro que poderíamos acrescentar a esse "grupo de apoio à humildade" seria Steve Chaddick, SVP de sistemas e tecnologia da Ciena Corporation. A aquisição feita por ele da Omnia Communications prometia ajudá-la a oferecer mais

---

[*] Oximoro - trata-se de uma engenhosa aliança de palavras contraditórias, mas que, no contexto, reforçam a expressão. (N. do E.)

*Humildade* 93

banda larga às empresas e residências. Foi uma mudança corajosa, mas no final, a arquitetura se revelou falha e teve que ser cortada. O preço das ações caiu de 51 para 8 dólares em alguns meses. Mas a Ciena conseguiu admitir que errou, permitindo que a empresa mudasse a direção em vez de manter o mesmo curso desastroso. Chaddick observa: "A maioria das culturas de negócio é incapaz de aceitar erros. Ensinamos a todos os níveis que, às vezes, erramos".[17]

Jack Stack, da Springfield Re, também descobriu que a humildade compensa. Muitos líderes, quando confrontados em uma guerra de sindicalização, supõem imediatamente que a via agressiva e arrogante seja a estratégia indicada. Stack escolheu outro método, que talvez lhe tenha vindo de forma muito natural, visto que ele começou como um humilde funcionário da sala de correspondências. "Nós nos ajoelhamos e lhes pedimos um voto de confiança. Nós nos rebaixamos." Talvez tenha sido a sua sinceridade, talvez a humildade, mas os esforços de Stack resultaram em três votos a um contra o sindicato.

A gigante farmacêutica Pfizer poderia (e, às vezes, faz isso) ostentar seus vários bilhões de dólares diante dos seus fornecedores, concorrentes e funcionários. Mas o CEO William Steere quer acabar com a arrogância clara. "Detesto arrogância", declara Steere. "Quando eu a encontro em um gerente de produto ou em um cientista de pesquisa, me pronuncio contra ela... A arrogância é o início do fim, quando se trata de manter a agilidade. Empresas — e líderes — arrogantes não vêem nem reagem a ameaças. Eles também perdem oportunidades de fazer parceria porque querem fazer tudo sozinhos."[18]

Imagine se o faraó tivesse sido mais ágil e sugerido uma aliança de iguais com os hebreus, ou se Haman tivesse formado equipe com Mordecai para criar um reino ecumênico na Pérsia antiga. Com muita freqüência, a falta de humildade cega os líderes para o poder tremendo das alianças e os efeitos destrutivos da ambição arrogante.

Se esses líderes fracassados dos tempos bíblicos (e aqueles de tempos modernos) tivessem prestado mais atenção a advertências como estas:

*Porque o dia do Senhor dos Exércitos será contra todo o soberbo e altivo, e contra todo o que se exalta, para que seja abatido. (Isaías, 2:12)*
*... corrompeste a tua sabedoria por causa do teu resplendor; por terra te lancei, diante dos reis te pus, para que olhem para ti. (Ezequiel ao Rei de Tira, em Ezequiel, 28:17)*

*Que dizem: Fica onde estás, e não te chegues a mim, porque sou mais santo do que tu. Estes são fumaça no meu nariz, um fogo que arde todo o dia. (Isaías, 65:5)*

## O Líder como Servo

Nos últimos anos, muito se tem escrito sobre o "líder servil" que inspira os outros e atinge grandes metas não por "mandar nos outros" mas por servi-los. Mas o "líder servil" não é um fenômeno novo; suas origens datam da Bíblia.

Enquanto Jesus é o líder servil mais conhecido, o conceito data de antes dele em quase mil anos. Em 1 Reis 12:4, o rei Roboão, que ascendeu ao trono de Israel, enfrenta um dilema — como motivar o povo de Israel a segui-lo de modo que ele possa continuar o grande legado da realização de seu pai, Salomão. Seus seguidores lhe pedem: "Teu pai agravou o nosso jugo; agora, pois, alivia tu a dura servidão de teu pai, e o pesado jugo que nos impôs, e nós te serviremos".

Como qualquer executivo sensato, Roboão recorre ao auxílio de uma equipe de consultoria. Ele pergunta aos mais velhos que serviram a seu pai como deveria responder à petição. O conselho deles: "Se hoje vós sois um servo dessas pessoas e as serve... elas sempre serão vossos servos".

Em sua arrogância, Roboão decide ignorar esse conselho. Em vez disso, ele responde: "Assim que, se meu pai vos carregou de um jugo pesado, ainda eu aumentarei o vosso jugo; meu pai vos castigou com açoites, porém eu vos castigarei com escorpiões". O orgulho teimoso de Roboão e sua crueldade o fizeram o gerente típico da "Teoria X", mesmo nos tempos bíblicos. Os resultados dele? O povo de Israel matou a pedradas o gerente indicado por Roboão para supervisionar seu trabalho forçado, e o próprio Roboão teve de fugir de Jerusalém em sua carruagem para escapar da morte. As pessoas o repudiaram e tornaram seu rival, Jeroboão, o rei de toda Israel.

Talvez seja necessário alguém não nascido na realeza para adotar plenamente a liderança servil. Tal homem era Jesus, que nascera em uma manjedoura e cuja coroa foi de espinhos. Esse homem podia não apenas pregar a liderança servil, mas praticá-la, e sua prática inspirou os seguidores a fazerem o mesmo.

Por exemplo, a mãe de dois discípulos de Jesus veio a ele e lhe pediu que eles recebessem um "lugar privilegiado" na sua mesa: "Conceda que um desses dois filhos meus se sente à sua direita e o outro à sua esquerda". Não é preciso dizer que isso causou certa consternação e inveja entre os outros discípulos. Jesus estabeleceu prioridades rápida e objetivamente: O mais importante não eram as armadilhas de poder (o lugar à mesa), mas o serviço dos outros: "Bem sabeis que pelos príncipes dos gentios são estes dominados... Não será assim entre vós; mas todo aquele que quiser entre vós fazer-se grande seja vosso serviçal. E, qualquer que entre vós quiser ser o primeiro, seja vosso servo; Bem como o Filho de Deus não veio para ser servido, mas para servir". (Mateus, 20:20-28)

Jesus "esvaziou-se a si mesmo, tomando a forma de servo" (Filemon, 2:7), e ao fazer isso provavelmente afetou a vida de mais pessoas que qualquer outro. O exemplo notável da humildade de Jesus foi ter lavado os pés dos discípulos. É difícil imaginar um líder moderno agir com tanta humildade; foi o grande dom de Jesus nunca perder seu poder de inspirar, mesmo no ato mais humilde. "... deitou água numa bacia, e começou a lavar os pés aos discípulos, e a enxugar-lhos com a toalha com que estava cingido. Aproximou-se, pois, de Simão Pedro... Disse-lhe Pedro: Nunca me lavarás os pés. Respondeu-lhe Jesus: Se eu te não lavar, não tens parte comigo. Disse-lhe Simão Pedro: Senhor, não só os meus pés, mas também as mãos e a cabeça". (João, 13:3-9)

Herb Kelleher, da Southwest Airlines, foi um verdadeiro crente na liderança servil. "Eu descreveria liderança como o ato de servir... Os melhores líderes... precisam ser bons seguidores também. Você tem de estar disposto a sujeitar seu próprio ego às necessidades de seu negócio." Como notamos, esta não era apenas retórica vazia. Kelleher literalmente "serviu aos servidores", ajudando os carregadores de bagagem a erguer as malas e os atendentes de vôo a servir amendoins.[19]

O que fez tudo isso funcionar foi a sua sincera humildade. Se a humildade não é um traço forte em uma pessoa, ou se simplesmente não for seu estilo, ela não deve usar um "traje de Herb Kelleher". É preciso haver uma humildade verdadeira para funcionar e se desenvolver; a maioria dos funcionários enxerga facilmente a falsa humildade. Se, depois de lavar os pés dos discípulos Jesus tivesse se dirigido para um jantar farto com dignatários locais no qual ele reivindicasse todo o crédito pelo sucesso de "sua organização", a lavagem dos pés teria sido reduzida a um ritual insignificante e hipócrita.

Humildade significa admitir que mesmo o líder mais poderoso não tem o controle total, e que o que torna os líderes poderosos não é seu carisma pessoal, mas algo mais profundo. Como Steven Covey escreve:

*A humildade diz: "Não tenho o controle; os princípios é que governam e controlam". Requer humildade porque a mentalidade tradicional é "Eu estou no controle"... Essa mentalidade leva à arrogância o tipo de orgulho que vem antes da queda. [Isso lembra personagens como o rei Saul, Sansão e Haman aqui. As pessoas devem servir. A vida é uma missão, e não uma carreira.[20]*

Os grandes líderes da Bíblia como Moisés e Jesus perceberam que sua missão na Terra era servir a uma causa muito maior que qualquer líder ou pessoa. Como um exemplo moderno, Gary Heavin da Curves for Women sente que um "chamado à grandeza" é o ponto fundamental de seu sucesso. Ironicamente, essa grandeza pode ser atingida somente com a humildade. "Se você quer realmente ser um grande líder, deve ser um líder servil", diz ele. "Nossa empresa é uma pirâmide invertida; eu estou na base — é minha função servir". Heavin tem "servido" para se tornar a terceira franquia que cresce mais rápido no mundo.[21]

A ServiceMaster é uma empresa fundada literalmente na liderança servil. Seus 200 mil funcionários trabalham servindo aos outros (varrendo e encerando o chão, removendo o lixo), e sua liderança consiste em atender aos funcionários. Charles Pollard, CEO há muito tempo, cita o servilismo como o ponto central de sua liderança: "É muito comum os líderes se sentarem em escritórios grandes... e acharem que conhecem e entendem as pessoas a quem lideram... Os líderes servis ouvem e aprendem com quem lideram. Eles... evitam a armadilha em que tantos líderes bem-sucedidos são pegos — a arrogância da ignorância".[22]

Não faltam pés para lavar. As toalhas e a água estão disponíveis. A limitação, se houver, é nossa capacidade de ajoelharmos e nos prepararmos para fazer o que pedimos para os outros fazerem.

## LIÇÕES BÍBLICAS SOBRE HUMILDADE

❖ Um líder não é, intrinsecamente, mais importante que seus funcionários, mas suas ações são.

❖ Não importa quanto você atinja ou quanto seja aclamado, você ainda é humano, e não um deus.

*Humildade* ────────────────────────────────────────── 97

- ❖ Expresse apreciação sincera (e não falsa) por seus seguidores. Onde você estaria e quem você seria sem eles?

- ❖ Reconheça a interdependência entre você e todos os seus seguidores; a cabeça é inútil sem os braços e os pés.

- ❖ Honre os dons exclusivos de cada membro de sua equipe.

- ❖ À medida que você ascende, seus erros têm mais impacto e sua necessidade de adotar uma perspectiva humilde cresce realmente.

- ❖ Não prenda as pessoas a padrões que você mesmo não está atingindo.

- ❖ Sujeitar-se é arriscado, mas geralmente compensa o aumento da credibilidade.

- ❖ Um líder é "maior" que outros somente na proporção em que serve a eles.

CAPÍTULO CINCO

# *Comunicação*

*Os ouvidos não põem as palavras à prova como a língua prova o alimento?*
— Provérbios, 18:13

*Os pés corta, e o dano sorve, aquele que manda mensagem pela mão dum tolo.*
— Provérbios, 26:6

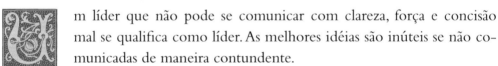

m líder que não pode se comunicar com clareza, força e concisão mal se qualifica como líder. As melhores idéias são inúteis se não comunicadas de maneira contundente.

Os líderes da Bíblia não tinham e-mail, aparelhos de fax, telefones ou mesmo microfones. A imprensa escrita não existia na época do Velho e de Novo Testamentos, forçando-os a contar com rolos de pergaminho escritos à mão que também tinham de ser reproduzidos à mão. Talvez por lhes faltarem tecnologias complexas para se apoiarem, eles se tornaram mestres da palavra escrita e falada, ficando muito atentos para assegurar que suas mensagens fossem comunicadas com exatidão de tempos em tempos e de um lugar a outro. Considere os exemplos a seguir da comunicação descrita na Bíblia:

❖ O Sermão da Montanha.

❖ Os protestos dos profetas contra a adoração a ídolos e a corrupção de seus próprios governantes e de governantes estrangeiros.

Comunicação ——————————————————————————— 99

❖ As exortações de Moisés a Israelitas quando ele os guiou através do deserto, para fora do Egito.

❖ A entrega dos Dez Mandamentos.


Essas comunicações se classificam como algumas das mensagens mais fortes, efetivas e duradouras já realizadas na história da humanidade. Ninguém poderia ignorá-las como "o memorando da semana passada", ou o "Discurso usual de plataforma". Elas eram apaixonadas, inspiradas e memoráveis.

Apesar da falta de equipamento complexo de telecomunicações, os líderes da Bíblia se certificavam de que houvesse muita comunicação de duas vias também. Moisés, Jesus e Davi foram mestres em gerenciar reuniões de grupo e processos de grupo (e alguns dos grupos chegavam a milhares de pessoas). Particularmente durante a época de Jesus, as cartas (epístolas) iam e vinham pelo Oriente Médio, Grécia e Roma e eram o meio básico de comunicação e coordenação entre aqueles que estavam tentando disseminar o evangelho em um ambiente freqüentemente hostil.

Os líderes de hoje, com a mídia moderna à sua disposição, são capazes de atingir muito mais pessoas instantaneamente. Mas os princípios de comunicação permanecem os mesmos. Ironicamente, devido ao "excesso" de comunicação eletrônica (muitos de nós recebemos várias dúzias de e-mails por dia, a maioria deles de pessoas que estão a um corredor de distância!), a comunicação face a face assumiu importância e impacto adicionais. Os líderes inteligentes de hoje complementam as formas de comunicação "de alta tecnologia" com o contato de "baixa tecnologia", face a face, para preservarem o poder pessoal da comunicação.


## A IMPORTÂNCIA DA COMUNICAÇÃO

Sem a comunicação freqüente e adequada de idéias gerais, da missão e da visão, o judaísmo ou o cristianismo não existiriam atualmente. Os líderes e profetas da Bíblia tiveram enorme cuidado para assegurar que suas idéias fossem comunicadas com força e exatidão, de modo que o significado não se diluísse nem se alterasse. As pessoas nem sempre entendiam a mensagem, às vezes, elas não gostavam dela e, às vezes, não a seguiam, degenerando periodicamente em adoração a ídolos e no desvio do caminho moral. Mas sempre surgiu um "grande comunicador" para fazer a mensagem reviver e colocar as pessoas de volta no caminho.

Quando Samuel ungiu Saul como o primeiro rei para governar toda Israel, ele estava ciente de que poderia haver abuso de poder, e cuidou para assegurar que as pessoas entendessem essa possibilidade, bem como o enorme potencial para o bem que ter um monarca forte prometia. Ele também zelou para que toda a nação de Israel estivesse presente quando expressou sua mensagem.

"Samuel disse a todo o seu povo:'Vedes já a quem o SENHOR escolheu? Pois em todo o povo não há nenhum semelhante a ele. Então jubilou todo o povo, e disse:Viva o rei!" Este poderia ter sido um momento perfeito para Samuel inflar a si e ao novo rei, agitando ainda mais a multidão. Mas, em vez disso, ele comunicou a necessidade de moderação e cautela. O poder teria de ser equilibrado pela responsabilidade e controle:" E declarou Samuel ao povo o direito do reino, e escreveu-o num livro, e pô-lo perante ao SENHOR; então despediu Samuel a todo o povo, cada um para sua casa". (1 Samuel, 10)

Um comunicador hábil sente-se à vontade em diversos foros de comunicação. Jesus utilizava pequenas reuniões de força-tarefa com seus discípulos, falas ao público geral e confrontações com os religiosos governantes e autoridades seculares. Cada uma era conduzida de uma forma diferente. Da mesma maneira, Moisés reunia-se com cada faraó, em pequenos grupos com seus oficiais e em grandes grupos com toda a nação de Israel.

Os melhores líderes de hoje precisam sentir-se bem com grupos de todos os tamanhos e com vários métodos de comunicação. Comunicar-se com cada pessoa, individualmente, em pequenos grupos e em grandes grupos, envolve um tipo diferente de poder, e o líder perspicaz desenvolve um nível confortável com cada um, misturando e combinando esses métodos num esforço de comunicação efetiva que mova a organização para seus objetivos.

## COMUNICAÇÃO INDIVIDUAL

Os líderes mais sensatos, de Franklin Delano Roosevelt com seus "papos junto à lareira" a Hal Rosenbluth, da Rosenbluth Travel, com sua "Linha Direta Hal", sabem que é importante fazer cada pessoa sentir que tem conexão e comunicação diretas com o líder. Os "chats" de rádio da FCR faziam cada ouvinte sentir que estava sendo atendido individualmente.

Rosenbluth criou um link de voice-mail onde qualquer associado (funcionário) em qualquer nível pode deixar uma mensagem, e responde pessoalmente a todas as mensagens. "É uma via para eu manter meu dedo no pulso da empresa, que é realmente o pulso de milhares de pessoas", observa ele. (Rosenbluth, no entanto, não ignora a necessidade de foros de grupo. Ele tem, freqüentemente, grupos de discussão durante dois dias com funcionários de todos os níveis, quando ele lhes pede para desenharem figuras que representem seus sentimentos sobre a empresa e procura desvendar áreas de frustração e de satisfação.[1] Como o ex-prefeito da cidade de Nova York, Ed Koch, ele também pede a seus seguidores uma avaliação sincera sobre "Como estou indo?").

Martha Ingram, da Ingram Industries, não negligenciou as comunicações pessoais quando assumiu essa imensa empresa distribuidora de livros e atacadista de vídeos, após a morte repentina de seu marido. Percebendo o poder da conexão individual — principalmente em uma época de transição da liderança — ela instalou uma linha direta gratuita que toca em seu escritório. Qualquer funcionário que tenha um problema e ache que não possa ir pelos canais normais, pode ligar diretamente à CEO. A linha direta não é usada com tanta freqüência quanto se poderia pensar (as pessoas ainda pensam duas vezes antes de ligar para um CEO), mas a própria existência dela serve como uma força de humanização e atração.[2]

Os líderes da Bíblia também sabiam da importância da comunicação individual. Moisés tinha reuniões freqüentes com seu jovem auxiliar e sucessor, Josué. Jesus dava atenção individual a cada um de seus discípulos. A comunicação um-a-um era particularmente importante entre a rainha Ester, que estava dentro do poder, e seu primo Mordecai, que podia comunicar as mensagens e ações sugeridas por ela aos judeus em perigo, que aguardavam ansiosamente cada despacho dela.

## COMUNICAÇÃO DE GRUPO

Os líderes sábios alavancam o poder da comunicação individual com o poder acrescido de uma comunicação de grupo. Andy Grove, da Intel, realizava seis "foros abertos" por ano com grupos de funcionários. Como muitos executivos,

Grove gastava muito de seu tempo comunicando-se com o equivalente moderno da corte do rei e com autoridades eclesiásticas de seu setor.

Mas, como Davi reunindo-se com seus "cavaleiros corajosos", Grove apreciava a oportunidade de falar com suas tropas e fazer comícios. "Acho que esses foros abertos são muito mais estimulantes, em termos da variedade e objetividade das perguntas, que reuniões com analistas de títulos", diz Grove.[3] E ao se engajar na comunicação honesta de duas vias com seus encarregados, Grove ganhava ainda mais "estímulo". Ele ganhou cada vez mais lealdade e o maior fluxo de idéias que são geradas em um ambiente não ameaçador.

Na Land's End, a fabricante de roupas vendidas por correio em Wisconsin, também se conhece o poder da comunicação de grupo. Altos executivos da empresa se reúnem regularmente com sete funcionários de nível mais baixo (empacotadores, arrematadores, bordadores de monogramas, vendedoras e atendentes) para um "almoço de trabalho". Como essas pessoas estão próximas da ação, têm as melhores idéias para aprimorar as operações. Não há dúvida de que a lealdade, o desempenho e a retenção do funcionário também são reforçados por essa comunicação freqüente.[4]

Outro grupo reminiscente dos "homens corajosos" de Davi é a OpenAir.com, uma provedora de software de serviços de negócio com sede em Boston. Diariamente às 9h30, eles se reúnem para um " ajuntamento matinal", realizado ao lado do bebedouro. Diz o CEO Bill O'Farrell, "Estamos de pé (é improvável que os "homens corajosos" de Davi se sentassem no calor da batalha), fazemos uma rápida reunião, e não é um exercício burocrático... É reenfatizado que nossa empresa se funda sobre a colaboração". Não são permitidas cadeiras nesta reunião (um forte lembrete não-verbal de que esta é uma empresa e uma reunião voltadas para a ação), e todos devem contribuir.[5]

Josué foi um líder que conhecia o poder da comunicação de grupo e como usá-la para manter a credibilidade e o propósito. Uma vez que ele acabara de suceder Moisés, o mais poderoso dos líderes judeus daquela época, era importante que sua mensagem fosse coerente e também que invocasse o poder de seu predecessor. Ele fazia isso com uma combinação magistral de técnicas verbais e não-verbais.

Primeiro, Josué "preparou o cenário" dramaticamente, construindo um altar no topo de uma montanha exatamente como Moisés mandara. Ele também repetiu exatamente a mensagem de Moisés, o que lembrou ainda mais os seguidores do poder confiado diretamente a ele por Moisés, e ele dispôs as pessoas exa-

*Comunicação* — 103

tamente como Moisés mandara. "Também escreveu ali, em pedras, uma cópia da lei de Moisés... que este havia escrito diante dos filhos de Israel. E todo o Israel, com os seus anciãos, e os seus príncipes, e os seus juízes, estavam de um e de outro lado da arca... como Moisés, servo do SENHOR, ordenara. E depois leu em alta voz todas as palavras da lei, a bênção e a maldição, conforme a tudo o que está escrito no livro da lei. Palavra nenhuma houve, de tudo o que Moisés ordenara, que Josué não lesse." (Josué, 8:32-35)

Outro mestre em comunicação bíblica foi Esdras. Ele entendia o poder da comunicação verbal, de atos não verbais e da repetição para apoiá-la, particularmente quando estes recursos eram reforçados pelo poder da comunicação de grupo.

> *E Esdras, o sacerdote, trouxe a lei perante a congregação... E leu no livro diante da praça, que está diante da porta das águas, desde a alva até ao meio dia; e os ouvidos de todo o povo estavam atentos... E Esdras abriu o livro perante à vista de todo o povo; porque estava acima de todo o povo; e, abrindo-o ele, todo o povo se pôs em pé. (Neemias, 8:2-8:5)*

Qual CEO ou líder político não invejaria o poder de comunicação que Esdras possuía? Além disso, este não era um único evento, mas uma campanha permanente. "E, de dia em dia, Esdras leu no livro da lei de Deus, desde o primeiro dia até ao derradeiro." (Neemias, 8:18)

Um líder moderno que aprecia o poder negativo ou positivo da comunicação é Eric Schmidt, CEO da Novell, ele notou que a empresa que tinha assumido exibia freqüentemente padrões de comunicação disfuncionais. Ele observa que em uma cultura do medo, as pessoas suprimem freqüentemente seus sentimentos. Elas não reclamam a seus chefes por medo de serem advertidas ou demitidas, mas reclamarão indignadas aos seus colegas, resultando em uma cultura de "cinismo e dor de estômago generalizados".

Schmidt escreve sobre o "consentimento Novell", em que todos os presentes em uma reunião concordavam publicamente com uma questão. Porém, assim que a reunião terminava, as pessoas diziam àquelas com quem se sentiam à vontade: "Esta foi a coisa mais estúpida que eu já ouvi". Schmidt percebeu o perigo desse tipo de padrão de comunicação, então agiu conscientemente da maneira inversa. Ele criou um sistema de advertência precoce. "Tenho dito ao meu pessoal para reunir-se todo dia com todos os seus subordinados e lhes perguntar com franqueza como estão indo e se estão felizes... A maioria deles será honesta, se você lhes der oportunidade."

Ironicamente, para um executivo da área de alta tecnologia, Schmidt também é um forte defensor da comunicação face a face: "Os políticos usam um aperto de mão, e os melhores líderes da indústria também... Desde que estou aqui, passo muito tempo no jato corporativo. Costumo ir a cinco cidades por dia. Esse estilo de vida é cruel, mas extremamente necessário."[6]

Um líder bíblico que adotou um padrão de viagens cruel, mas absolutamente necessário, visando à melhoria da comunicação foi o apóstolo Paulo. Ele tinha uma mensagem a comunicar, e nada o impediria de fazer isso! Nem mares turbulentos nem multidões hostis. Paulo atravessou o Oriente Médio, Roma e Grécia inúmeras vezes ao fundar igrejas e espalhar a mensagem de Jesus Cristo. Com sabedoria, Paulo suplementou essas viagens com cartas a colegas e subordinados importantes quando não podia estar fisicamente presente. Ele também usou seus "oficiais" de confiança para ajudá-lo a se comunicar. Em uma carta enviada de Roma aos seguidores em Colosso, ele escreve: "Tíquico, irmão amado... vos fará saber o meu estado.... [Eu] vos enviei para o mesmo fim, para que saiba do vosso estado e console os vossos corações". (Colossenses, 4:7-8)

Reminiscente das viagens de Paulo é Peter Brabeck-Letmathe, CEO da Nestlé. Embora não haja dúvida de que ele tenha alguns representantes (como Tíquico), que possa enviar, ele visita pessoalmente quase 4 mil funcionários por ano. "Saio em campo o tempo todo... Raramente fico em Vevey (sede da empresa) — talvez uma semana por mês. Caso contrário, eu viajo para nossas instalações e reúno a direção local. Conversamos bastante, eu explico a eles o que estamos fazendo e eles me questionam."[7]

No início da empresa, Sam Walton, da gigante varejista Wal Mart, instituiu reuniões aos sábados de manhã com os altos executivos. Esse tipo de comunicação focada tornou-se até mais essencial quando a empresa cresceu (como ocorreu com os filhos de Israel que de um minúsculo bando passaram a um conglomerado de doze grandes tribos). "É na reunião de sábado de manhã que discutimos e debatemos muito de nossa filosofia e nossa estratégia gerencial", escreve Walton em sua autobiografia, *Made in America* [Produzido na América]. Como Josué e Esdras com suas apresentações bem elaboradas, Walton era mestre

*Comunicação* — 105

em tornar a comunicação mais dramática. A reunião aos sábados de manhã raramente era uma discussão objetiva de negócio. Como os velhos hebreus e os japoneses modernos, Walton costumava encorajar seus executivos a cantarem nessas reuniões. Ele também levava um executivo de outra empresa, um atleta ou mesmo um animador ou comediante. Achava que quanto maior o número de maneiras de comunicar uma mensagem, mais poderosa ela se tornaria.[8]

## COMUNICANDO A MENSAGEM

Uma coisa é entender a importância da comunicação, outra é comunicar uma mensagem de forma efetiva. Uma mensagem deve ser comunicada em linguagem compreensível pelo público. Este deve acreditar que é capaz de atingir os objetivos que estão sendo comunicados. A mensagem precisa ser repetida, mas não com as mesmas palavras toda vez, e não com tanta freqüência que se torne cansativa em vez de motivadora. E muitas vezes as mensagens mais poderosas são comunicadas indiretamente, usando-se alegoria, símbolos e histórias.

Não importa todo o cuidado com que tenha sido elaborada, não se acreditará na mensagem se faltar credibilidade à fonte. Isso era verdadeiro na época dos faraós e continua sendo nos assuntos de cidadania, política ou de negócios da modernidade.

## COMUNICAÇÃO ABERTA

Recentemente, muito se comentou a respeito da "gestão de livro aberto", "da total transparência", e outros termos que indicam uma troca mais completa de informações entre funcionários de todos os níveis (freqüentemente referidos agora como parceiros ou associados). Na prática, essa abertura é realizada em graus diferentes, dependendo do setor e da cultura organizacional.

Mas há empresas em que o compromisso com os fluxos livres de informação entre os funcionários e a direção é mais a regra que a exceção. Cientes ou não, essas empresas dão continuidade à herança de líderes bíblicos como Lucas, que prefaciaram o Livro de Lucas com a declaração de que "Pareceu-me também a mim conveniente descrevê-los a ti... por sua ordem, havendo-me já informado minuciosamente de tudo desde o princípio... para que conheças a certeza das coisas de que já estás informado" (Lucas, 1:3-4). Ou, em termos modernos, "Esta é a verdade, a plena verdade, que eu estou lhes comunicando porque confio que vocês a empregarão com sabedoria".

A Hewitt Associates é uma empresa de consultoria de benefícios que tem sido citada freqüentemente como uma das melhores para se trabalhar nos Estados Unidos. Uma razão para isso é a abertura da comunicação que é o ponto máximo de sua cultura. Como observa um funcionário: "Uma vez que a empresa diz a todos o que está acontecendo e irá responder, literalmente, a qualquer pergunta de modo franco e honesto... as pessoas não precisam perder tempo para se sintonizar com os rumores, elas simplesmente perguntam".[9] Um modelo simples, mas raramente implementado.

Jack Stack, da Springfield Re, uma divisão da International Harvester, praticamente "escreveu um livro" sobre a gestão de livro aberto. Ele a instituiu porque sentiu, literalmente, que não tinha opção. A empresa estava em dificuldades financeiras e complicações operacionais e tinha sido "desligada" de sua empresa-mãe. Stack não podia recorrer à "corporação" para tirar a Springfield do deserto. Em vez disso, decidiu confiar a seus funcionários informações financeiras e operacionais fundamentais, às quais nunca tiveram acesso antes. Muitos observadores duvidavam que pudessem entender, muito menos tomar iniciativas com base nelas.

"Estava acontecendo muita coisa para que a direção não revelasse a verdade aos funcionários", comenta Stack. Nas estações de trabalho de toda a fábrica, placares sujos de graxa mostravam as metas numéricas e um registro contínuo do desempenho real. Era uma estratégia de comunicação de total confiança, que poderia facilmente ter tido o resultado contrário, devido à falta de compromisso de uma força de trabalho que tinha todas as razões para estar desanimada.

O resultado? A Springfield Re não só atingiu e superou a maioria de suas metas de produção, mas também se tornou um modelo para outras empresas sobre como se comunicar abertamente e engajar os funcionários nas metas de produção. A Springfield Re até desenvolveu uma fonte adicional de receita: eles cobram uma taxa dos visitantes de outras empresas que desejam "tomar emprestado" e aprender seus métodos de produção e comunicação!"[10]

Outra empresa que valoriza o fluxo livre e freqüente de informação é a AES. Diz seu alto executivo, Dennis Bakke: "Temos muito poucos segredos aqui na

AES... Além das faixas salariais, todas as informações financeiras e de mercado circulam amplamente... Algumas pessoas preocupam-se com o fato de nossas informações se tornem públicas; receiam vazamento de informação aos concorrentes. Mas achamos que este é um risco que vale a pena correr porque, caso contrário, como nossos funcionários se tornariam homens de negócio?"[11]

## Foco na Mensagem

Outro fator-chave na comunicação efetiva é dirigir a comunicação diretamente às necessidades e aos desejos do público, falando uma linguagem que eles entendam e que "tenha efeito" em um nível emocional e também cognitivo.

Com freqüência, estabelecer um alvo envolve o uso de metáforas, analogias, mitos e histórias, porque a comunicação direta (dados, cifras) nem sempre é a maneira mais inspiradora de fazer as pessoas verem a urgência ou como uma mensagem ou curso de ação se aplicaria.

Jesus, por exemplo, sabia que seu público-alvo estava extremamente familiarizado com a analogia do pastor e as ovelhas para simbolizar um líder e os seguidores. Em João 10, ele se empenha em discorrer dentro dessa estrutura, tornando sua mensagem mais acessível aos convertidos potenciais e menos sujeita a objeções de seus inimigos que se a tivesse comunicado diretamente:

> *Eu sou um bom pastor. O bom pastor renuncia à sua vida pelas ovelhas... Tenho outras ovelhas que não pertencem a este rebanho. Devo trazê-las para este rebanho. Elas também ouvirão minha voz, e haverá um único bando e um só pastor. Recebi esta incumbência de meu Pai.*

Esta era muito mais acessível que se ele dissesse diretamente que planejava afastar seus seguidores judeus do judaísmo tradicional, que recrutaria outros seguidores dos gentis, morreria sobre uma cruz por perseguir seus esforços e que era filho de Deus.

Poderia parecer incongruente que o líder irreverente de uma empresa de cosméticos para mulheres se apoiasse em alegoria bíblica para comunicar sua missão ao vasto exército feminino de representantes de vendas, mas Mary Kay

Ash não era uma líder comum, nem uma comunicadora típica. Falando em uma convenção de vendas, ela incitou as tropas, ressaltando que os antigos romanos tinham conquistado o mundo, mas nunca foram capazes de conquistar totalmente "os seguidores do grande mestre de Bethlehem". A razão? Os seguidores de Jesus se reuniam semanalmente e falavam sobre suas dificuldades.

"Isto não nos faz lembrar de algo?", perguntou Ash. "A maneira como nos posicionamos lado a lado e trocamos nossos conhecimentos e dificuldades em nossas reuniões semanais de unidade?"[12] Com uma comparação simples, emocionante, Ash desafia seus seguidores a repetirem os feitos heróicos dos heróis e heroínas bíblicos, compara-os a pessoas que têm que superar grandes adversidades para atingir o sucesso e os inspira a alcançarem sua própria missão heróica.

Compare esse tipo de comunicação com o memorando informativo ou o e-mail que poderia emanar dos líderes de uma empresa menos motivada (minhas desculpas se isto lembra a comunicação de sua empresa):

- ❖ Reuniões semanais de unidade são obrigatórias para todos os executivos.

- ❖ Por favor, tragam todos os relatórios e planilhas de vendas.

- ❖ A pauta está anexada: queiram apresentar itens para discussão com pelo menos três dias de antecedência.

- ❖ Entraremos em contato com o supervisor de quem não comparecer à reunião.

Robert Marcell, chefe da equipe de projeto de carros compactos da Chrysler no início da década de 1990, enfrentou uma comunicação e um problema moral graves. Ele achava que, apesar da crescente dominação japonesa do mercado de veículos pequenos, a Chrysler tinha a capacidade de fabricar e comercializar um carro pequeno, de fabricação nacional. O problema dele? Muitos outros dentro da Chrysler, inclusive sua própria equipe, duvidavam que a Chrysler fosse capaz de fazer isso sozinha e queriam fazer parceria com um fabricante estrangeiro.

Marcell podia ter feito um estudo estatístico ou um relatório sucinto sobre as tendências no mercado doméstico e internacional de veículos compactos. Em vez disso, decidiu fazer uma comunicação mais ousada e objetiva. Considerando que teria de atingir as pessoas "onde moravam" (emocional e geograficamente), ele preparou uma apresentação de slides de quinze minutos que mostrava fotos de sua cidade natal, uma comunidade de mineração de Michigan devastada pela concorrência de empresas estrangeiras.

Depois de cada slide de escolas fechadas, as ruínas das minas de ferro da cidade e igrejas fechadas, Marcell anunciava em tom solene e simples: "Não podíamos competir". Então observou que a mesma coisa poderia acontecer com Detroit, a não ser que pelo menos uma empresa estivesse disposta a entrar novamente no mercado de subcompactos. Depois, desafiou o grupo a desenvolver um subcompacto americano e procurou diretamente o CEO Lee Iacocca para fazer um apelo emocional semelhante: "Se ousássemos ser diferentes, poderíamos ser a razão da sobrevivência da indústria automobilística americana. Poderíamos ser a razão para nossos filhos e netos não acabarem trabalhando em redes de fast-food".[13]

Iacocca também reagiu com coragem (apoiado em dados estatísticos, é claro) ao apelo inflamado de Marcell. Ele autorizou o início do design e da manufatura do Dodge Neon.

Séculos antes, Paulo foi um mestre em focar nas necessidades de seu público; ele tinha de ser, visto que fugia com tanta freqüência de uma cidade ou se defendia desesperadamente da morte nos tribunais. Em Atos 22, ele se vê preso e cercado por uma multidão exaltada em Jerusalém, exigindo que os soldados acabassem com ele por desafiar a ortodoxia religiosa prevalente na cidade.

Um homem menos forte poderia ter ficado sem fala, mas Paulo recobrou rapidamente seu público. Primeiro, ele se dirigiu a eles usando sua própria língua, o aramaico, e implorou: "Irmãos e pais, ouvi agora a minha defesa". Quando eles o ouviram falando em aramaico, ficaram calados. Paulo então estabeleceu suas credenciais como sendo um homem da multidão, um judeu, embora tivesse passado por uma experiência espiritual muito estranha e excitante. Ele desafiou o direito do comandante de açoitá-lo, visto que ele (Paulo) era um cidadão romano. Surpreendentemente, o comandante ficou atrapalhado, sem saber o que fazer.

Paulo foi solto e teve seu "dia de defesa". Dirigindo-se aos sanedrin*, ele seguiu a regra cardinal das boas apresentações: Estabeleceu o contato do olhar. "Paulo olhou diretamente para os sanedrin e disse: 'Meus irmãos, cumpri meu dever a Deus em boa consciência até hoje'". (Tony Burns, CEO da Ryder Systems, diz: "Você olha para alguém nos olhos. Pode dizer pelo olhar ou pela inflexão de voz qual é o verdadeiro problema ou questão, ou resposta".)[14]

E uma vez que Paulo conhecia sua audiência, ele também sabia como dividi-la.

---

* Sanedrin - assembléia judia de anciões da classe dominante à qual diversas funões políticas, religiosas, legislativas, juduciárias e educacionais foram atribuídas.

"Meus irmãos, sou um fariseu, o filho de um fariseu. Estou sendo julgado por causa de minha esperança na ressurreição dos mortos." Os saduceus* não acreditavam em ressurreição, espíritos ou anjos, mas os fariseus sim. Paulo criou tal debate entre esses dois lados da corte e seu caso foi transferido para a corte em Roma, onde ele foi julgado em uma sucessão de cortes, cada vez defendendo-se mais eloqüentemente e com sucesso. Usando suas excelentes habilidades de comunicação em cada corte, ele até tentou converter seus captores ao cristianismo! Em toda parte para aonde Paulo ia, ele comunicava sua mensagem destemidamente.

# REPETIÇÃO

A Bíblia e os heróis que falam suas palavras são notoriamente repetitivos. Repetições sem arte são cansativas, desinteressantes e não funcionam. Idéias repetidas com maneiras e palavras diferentes, nos intervalos certos, constituem uma comunicação efetiva. Isso ocorre principalmente se as idéias são novas ou se representam um novo paradigma que o público acha difícil de entender ou que representa alguma mudança radical.

Paulo, que representou realmente um paradima novo e "estrangeiro" (o cristianismo), esteve na sinagoga em Tessalônia não apenas para fazer o sermão do convidado, e sim durante três sabás sucessivos. Embora ele conseguisse alguns convertidos, muitos que o ouviam mantinham as antigas crenças. Ele precisava repetir sua mensagem muitas outras vezes e de maneiras diferentes até recrutar grandes números de convertidos.

Os líderes modernos de negócio, principalmente aqueles que também estão introduzindo ou explicando paradigmas novos, também precisam usar a técnica da repetição. Em *Fast Company* [Empresa eficiente], Tom Peters observou:

> *A liderança exige um suprimento infindável de energia verbal: trabalhar ao telefone, ficar focado em sua mensagem, repetir o mesmo mantra até que você não suporte mais ouvir o som da própria voz — e então repetir mais, porque quando você começa a ficar entediado com a mensagem, provavelmente ela está começando a penetrar na organização.*[15]

---

* Saduceus - designação da segunda escola filosófica dos judeus, ao lado dos fariseus.

*Comunicação* —————————————————————————— 111

Não sabemos se líderes como Jan Carlzon, da Scandinavian Airlines, e Percy Barnevik, da Asa Brown Boveri, um dia ficaram "entediados" com suas mensagens. Certamente sabemos que eles tiveram de repeti-las muitas vezes e em muitos foros; se eles não ficaram entendiados, este é um testemunho da força de dedicação e visão de cada um deles.

Embora a Bíblia seja altamente repetitiva, e os líderes nela tenham que se repetir com freqüência, uma busca pelas palavras *enfadado* e *enfadonho* na concordância da maioria das Bíblias gera poucas referências. As instruções de Paulo a seu jovem subordinado Timóteo mostram muita perseverança e nenhum fastio: "Que pregues a palavra, instes a tempo e fora de tempo, redarguas, repreendas, exortes, com toda a longanimidade e doutrina."(2 Timóteo, 4:2-3)

Os líderes inspirados, bíblicos ou modernos, acham a repetição uma ferramenta de comunicação indispensável, e muitos podem até vir a achar essa repetição parte de sua inspiração, porque ela infunde progresso em direção ao objetivo. E o exagero, contanto que não seja em excesso, freqüentemente funciona bem em conjunto com a repetição. Jack Welch da General Electric observou:

> *Em liderança, você precisa exagerar cada afirmação que faz. Você precisa repeti-la mil vezes e exagerá-la. Por isso eu direi coisas como: "Ninguém pode ser promovido se não for faixa verde no Six Sigma". Tais declarações são necessárias para mover uma grande organização. E então você precisa apoiá-las com iniciativas do pessoal para mostrar às pessoas que você é sério.*[16]

## HABILIDADES DE ESCUTA

Os liderados ouvirão realmente e responderão às exortações dos líderes, mesmo quando estas parecem ser irrealistas, assustadoras ou repetitivas? A resposta a isso depende em parte da resposta à outra pergunta: Quanto o líder está ouvindo os seguidores? O líder quer ouvir somente boas notícias, ignorando tentativas de achar tachinhas em uma rodovia (ou escorpiões no deserto)? Ou o líder está realmente disposto a ouvir críticas construtivas ou maneiras de as operações poderem ser aprimoradas? Quando os seguidores olham para o líder, eles vêem um par de orelhas na frente deles ou apenas uma grande boca sempre se mexendo?

A Bíblia está repleta de líderes que não conseguiram ouvir. A mulher de Ló não ouviu a advertência para não olhar para trás, para as cidades em chamas de Sodoma e Gomorra, e acabou como uma coluna de sal. O faraó não ouviu Moisés, nem mesmo depois de sua nação ser atingida com dez pragas catastróficas.

Noé, por outro lado, foi um homem que viu e entendeu o valor de ouvir. Vendo o estado corrupto do mundo à volta dele, não teve razão para duvidar que Deus (a direção) ia destruí-lo com uma inundação e começar outra vez. Como alguém que nunca construiu um barco, ele estava pronto para ouvir e obedecer quando Deus lhe deu as medidas exatas (139 metros de comprimento, 24 metros de largura e 14 metros de altura). Ele até ouviu quando Deus lhe disse que ele poderia acomodar a família inteira em sua arca, juntamente com dois de cada espécie de animal na face da terra.

Um exemplo moderno de alguém com habilidades excepcionais de escuta é J. Kermit Campbell, o CEO de Herman Miller, uma fabricante de móveis com mais de 5 mil funcionários. Campbell jurou reunir-se com cada um deles e ouvir suas preocupações. Ele fez isso (e ainda era capaz de dirigir a empresa!) indo diretamente à estação de trabalho de cada funcionário, fazendo visitas ininterruptas a todos os turnos.[17]

Outro grande ouvinte foi Sam Walton, da Wal-Mart. Ele montou uma linha direta através da qual qualquer funcionário poderia ligar para a sede em Bentonville, Arkansas, se eles não estivessem contentes com o inventário que estavam recebendo ou com o que estivesse acontecendo na loja. Walton também não era uma pessoa que mantivesse seus líderes em "cabanas", na sede corporativa. Em vez disso, de segunda a quinta, ele mandava seus altos executivos para trabalharem em campo, voando de uma loja a outra. Qual era a missão desses executivos muito bem pagos? Ouvir os funcionários que freqüentemente ganhavam salário mínimo.

O vice-presidente regional Andy Wilson adorava essas viagens porque "as melhores idéias" vinham desses funcionários da linha da frente, mantendo a Wal-Mart ágil e atendendo rapidamente aos seus clientes.[18] Como se observa em Provérbios, 18:13, "Aquele que responde antes de ouvir — isto é loucura e sua vergonha". Sam Walton sabia que qualquer resposta da corporação sem ouvir as tropas nas lojas tendia a resultar na versão de varejo da loucura e da vergonha — serviço ruim e receita perdida.

Richard Teer Link, da Harley-Davidson, era um líder que foi forçado a ouvir. As vendas da famosa motocicleta estavam caindo, e ele não tinha nenhuma idéia da razão disso. A resposta dele foi ouvir não apenas os funcionários, mas (glória seja!) aos clientes. Ele organizou o Harley Owners' Groups (HOGS) e fazia perguntas investigativas para determinar por que alguém comprava suas motos. Ao ouvir atentamente, ele descobriu que os clientes não estavam apenas comprando um modo de transporte, ou mesmo uma bela máquina. Eles estavam comprando liberdade, independência e escape do estresse e da rotina da vida diária. Isso resultava em uma abordagem de marketing totalmente diferente. As vendas dispararam, como o número de afiliados do Harley Owners' Group que Teer Link tinha iniciado como um grupo que expressaria opiniões aos clientes.

Pitney Bowes realiza reuniões anuais dos empregados, quando o gerenciamento ouve literalmente todas as preocupações de qualquer funcionário. Uma reclamação de um funcionário de que havia óleo demais na salada recebeu tanta consideração (e, talvez, o mesmo tempo), quanto preocupações com as condições de trabalho, a moral do staff e a estratégia global.[19]

Evidentemente, é mais fácil ouvir quando as coisas vão bem. Mas é necessário ser um verdadeiro líder para ouvir de modo atento e educado quando os funcionários estão apontando, com irritação, sérios erros do gerenciamento ou questionando a estratégia básica da empresa. James, discípulo de Jesus e meio-irmão, deu excelente "consultoria gerencial" quando disse, "Todos deveriam estar prontos para ouvir, falar devagar e demorar para se irritarem". (Tiago, 1:19)

Nem sempre isto é fácil, mas alguns líderes são capazes de ouvir tanto aos bons quanto aos maus sem ficarem defensivos quanto ao que eles fizeram ou sem sentirem que se trata de um ataque pessoal. Aqueles que são capazes de fazer isso geralmente obtêm uma operação mais lucrativa ao estabelecer um relacionamento melhor com quem revelou uma falha que precisava ser corrigida.

Andy Grove, da Intel, entendeu que havia Pontos de Inflexão Estratégica, eventos que são tão significativos que podem mudar toda a sua estratégia de negócio. Ele afirmou corajosamente: "É importante em tais momentos ouvir quem lhe traz notícias desagradáveis, e saber que essas pessoas estão freqüentemente nos níveis mais baixos da organização. Se você não receber bem suas concepções contraditórias — e se acostumar com o medo do que essas visões podem trazer — você nunca aprenderá com essas úteis Cassandras*"[20].

Gordon Bethune, CEO da Continental Airlines, também vê o valor de ouvir aqueles que têm críticas às operações. De fato, ele foi chamado na diretoria para

---

\* Na mitologia grega, as profecias de Cassandra não eram ouvidas, pois essa foi a maldição que lhe lançou o deus Apolo. (N. do E.)

corrigir o prejuízo que um regime anterior de "vacas de presépio", homens e mulheres, tinham fomentado com sua falta de ação e incapacidade de desafiar um conjunto de práticas gerenciais improdutivas. Bethune insiste:

> *Contrate apenas pessoas que estarão dispostas a abrir a porta se você perder o rumo e fechá-la. Talvez você consiga ignorar a opinião de alguém se ela não o agradar, mas se a pessoa tiver os dados para fundamentá-la, sua inteligência deverá ser capaz de superar sua vaidade.* [21]

A Bíblia nos diz que deveríamos estar atentos a mensagens de qualquer fonte que nos advirta que podemos estar seguindo o caminho errado. Balaão era um homem que não sabia como ouvir ou a quem ouvir. Balak, o rei de Moabe, tentou contratá-lo para infligir uma maldição contra o povo de Israel. Balaão inicialmente reclamou porque temia a Deus, mas sua ganância venceu-o, e ele foi visitar Balak e rogar uma maldição sobre seu próprio país mais uma vez.

A mula de Balaão deve ter tido uma visão mais clara que seu dono (afinal, ele ficou cego por ganância), pois ela viu o anjo do Senhor no meio do caminho para frustrar sua jornada imoral. A mula primeiro virou-se, saindo do caminho, então encostou-se contra um muro (esmagando o pé de Balaão) e finalmente deitou-se e recusou-se a se mexer. Ela até falou com ele. Em vez de "ouvir" os sinais que algo poderia dar errado em sua estratégia, Balão bateu com raiva na mula até que ele viu o anjo no caminho. O anjo informou-o que se a mula não tivesse desviado da jornada três vezes, Balão já teria sido morto!

Situações em que é adequado ouvir os tolos são, generosamente, raras. Mas com freqüência, os líderes devem ouvir muitos pontos de vista humanos divergentes. William Steere, CEO da Pfizer, comenta: "Permanecer aberto a conflitos ou mesmo a informações desagradáveis o impede de ser complacente e incomunicável... o sucesso é atingido quando você tem pessoas muito espertas propondo diferentes pontos de vista... Nosso objetivo é que todos sejam ouvidos e todo ponto de vista seja examinado". [22] Os profetas eram considerados freqüentemente aqueles que traziam "as más notícias" porque logo identificavam quando os líderes e o povo de Israel tinham se desviado de sua missão, tinham se tornado corruptos ou estavam sendo ameaçados por um inimigo externo. No entanto, eram muitas vezes rejeitados ou aprisionados pelos próprios líderes que podiam ter se beneficiado de seus conselhos e advertências.

Jeremias era um profeta assim, que arriscou a própria vida para enviar uma advertência ao rei de Judá. Jeremias tinha recebido uma profecia de todos os desastres que cairiam sobre Judá, por isso ele ditou a informação e viu que o rolo tinha sido levado para o rei. A resposta do rei? Sempre que seu servo lia três ou quatro colunas do rolo, "cortou-as com um canivete de escrivão, e lançou-as no fogo que havia no braseiro, até que todo o rolo se consumiu no fogo que estava sobre o braseiro... E não temeram, nem rasgaram as suas vestes, nem o rei, nem nenhum dos seus servos que ouviram todas aquelas palavras". (Jeremias, 36:23-24)

Eis um líder que ignorou o conselho bem-intencionado que poderia ter poupado seu país e as pessoas de enorme sofrimento se tivesse ouvido a ele (para não mencionar que o conselho era gratuito). Em contrapartida, John Gigerich, diretor de informação da Union Carbide, buscava realmente más notícias e coisas desagradáveis na organização. Ele sabia que havia sérios conflitos sobre o uso de tecnologia e a direção estratégica da empresa, e achava que essas feridas abertas só se tornariam mais infectadas se não fossem cuidadas. A vacina de Gigerich? Grandes doses de comunicação, particularmente de escuta. Ele fez os problemas virem à tona, reagiu à resistência que encontrara e passou meses discutindo, explicando e respondendo a preocupações dos funcionários antes de determinar e instituir as mudanças adequadas em cada departamento.

Roya Zammanzadeh é CEO da Pear Transmedia, uma empresa de design e desenvolvimento de treze pessoas, cujos clientes incluem a Bugle Boy e a Mattel. Quando lhe perguntam o que a tornava "pronta para o trabalho", ela não menciona qualquer coisa sobre experiência técnica ou de marketing. Em vez disso, ela foca suas habilidades de escuta. "Passei anos trabalhando em corporações tradicionais e aprendi que é fundamental que as necessidades dos funcionários sejam respondidas... Um bom ouvido é importante."[23]

É preciso ser um líder forte para ouvir as preocupações de um funcionário de linha, particularmente quando este tem um rígido ponto de vista e uma personalidade forte. Quando Elaine Frankowski, uma bioquímica que trabalha na Cray Research, foi criticada por John Rollwagen, o CEO, ela reagiu dizendo: "Não choramingue comigo, não é culpa minha". Para seu espanto, "dois dias depois ele conversou com um grupo de pessoas e tinha ouvido o que eu dissera". A altercação foi desagradável, mas a comunicação tinha sido franca e deu bons resultados. Na antiga empresa de Frankowski, ninguém da alta gerência provavelmente teria se dado o trabalho de falar com ela: "Se você não está na direção (daquela empresa), não é ninguém", comenta ela. [24]

## Habilidades de Comunicação — Inatas ou Aprendidas?

Há um debate amplo sobre a qualidade inata ou "aprendida" das habilidades de comunicação efetiva e a natureza do "carisma". As habilidades de comunicação podem ser aprendidas e aprovadas, ou um líder precisa ser naturalmente carismático para se comunicar efetivamente e ganhar o apoio entusiasmado dos outros?

Para ajudar na resposta a esta questão, podemos primeiro recorrer à Bíblia e depois a alguns líderes modernos. Moisés foi um líder bastante eficaz, mas não um orador particularmente dinâmico. Quando lhe pediram para fazer uma "apresentação" importante, em nome de seu povo aos egípcios, Moisés protestou: "Ó, Senhor, eu nunca fui eloqüente, nem no passado nem desde que tenho falado com um servo. Sou lento para falar". A maioria dos estudiosos da Bíblia interpreta isso como se Moisés tivesse algum impedimento de fala, ou, em termos modernos, "um distúrbio de comunicação", que hoje o levaria a uma aula de educação especial.

A sugestão de Deus a Moisés foi que ele se juntasse ao seu irmão Aarão, que falava melhor. Mas foi Moisés, e não Aarão, que falou ao faraó e conduziu seu povo para fora do Egito. O que Moisés não tinha em capacidade para falar, possuía em convicção, coragem e compaixão por seu povo. Esses traços eram comunicados com correção a todos os que se viam diante dele, tanto seguidores quanto inimigos.

Outro líder que tinha dificuldade de fala, uma gagueira infantil, foi Jack Welch. Ele conta como sua mãe se recusou até em aceitar sua gagueira. Ele e sua mãe iam à estação de trem à noite buscar o pai em seu emprego de condutor. Eles sentavam-se no escuro e conversavam, e Welch acabou parando de gaguejar. Ele se tornou um excelente orador, particularmente quando se dirigia aos gerentes da General Electric no famoso Centro de Desenvolvimento Gerencial da empresa, em Crotonville, Nova York.[25]

Embora o carisma natural e o treinamento de comunicação possam, certamente, ajudar um líder a se comunicar mais efetivamente, esses não são fatores fundamentais para o sucesso nessa área. A maioria das pessoas reage com sinceridade e conhecimento, o que não pode ser prontamente adquirido ou ensaiado. Herb Kelleher afirmou que a melhor comunicação vem diretamente do coração. A Bíblia o apóia com entusiasmo:

*Os lábios do justo sabem o que agrada. (Provérbios, 10:32)*

*Porque penso que em nada fui inferior aos mais excelentes apóstolos. E, se sou rude na palavra, não o sou contudo na ciência; mas já em todas as coisas nos temos feito conhecer totalmente entre vós. (Paulo, em 2 Coríntios, 11:5-6)*

## Lições Bíblicas sobre Comunicação

❖ Para motivar os outros a alcançarem seus objetivos, você deve comunicar sua mensagem constantemente.

❖ Use uma variedade de métodos de comunicação. Não despreze o poder da comunicação face a face; é um método apreciado, freqüentemente esquecido na barragem atual de mensagens eletrônicas impessoais.

❖ Líderes efetivos sentem-se igualmente à vontade comunicando-se com indivíduos, pequenos grupos e grandes reuniões, adequando suas abordagens a cada audiência. A repetição é uma ferramenta importante, mas use palavras e mídia variáveis para que sua mensagem não se torne ineficaz.

❖ Compartilhe informações; as pessoas provavelmente as descobrirão de qualquer modo, mas de uma fonte menos desejável.

❖ Use linguagem, imagens e metáforas que toquem profundamente seu interlocutor.

❖ Ouça atentamente e mostre que você ouviu, respondendo verbalmente ou tomando atitudes.

❖ Reconheça más notícias e agradeça àqueles "profetas" que tiveram coragem para as transmitir a você.

❖ Você não precisa ser um orador nato. As habilidades de comunicação podem ser aprendidas.

❖ Lembre-se: Jack Welch gaguejava quando criança, e Moisés tinha dificuldade para falar.

CAPÍTULO SEIS

# Gerenciamento do Desempenho

*Aquele que leva a disciplina em consideração mostra como viver... mas quem ignora a correção faz os outros se desencaminharem.*

— Provérbios, 12:1

*Eu não hesitei pregar nada que lhes possa ser útil.*

— Salmos, 20:18

e alguém mencionasse o termo "gerenciamento do desempenho" a qualquer um na Bíblia (mesmo que tentasse traduzi-la para o hebraico ou aramaico), provavelmente seria acusado de estar falando "grego". De fato, poderia ser acusado de estar falando "grego" se usasse essas palavras em uma corporação americana uma ou duas décadas atrás.

O gerenciamento do desempenho inclui os três seguintes estágios: primeiro, estabelecimento de metas e motivação (geralmente feito no início, antes da ação ocorrer); segundo, incentivo (aplicado enquanto a tarefa está sendo realizada); e terceiro, recompensas e conseqüências (aplicadas depois que a tarefa foi completada). Quando aplicado corretamente, o gerenciamento do desempenho estimula as pessoas a uma realização ainda maior em sua tarefa ou projeto, desenvolvendo simultaneamente suas habilidades e aumentando seu interesse.

*Gerenciamento do Desempenho* 119

Embora o termo "gerenciamento do desempenho" não seja encontrado na Bíblia, os elementos dessa técnica são encontrados em quase todos os seus livros. A expulsão de Adão e Eva do ambiente mais agradável já concebido, o Jardim do Éden, foi resultado de não agirem de acordo com as diretrizes de desempenho que seu superior tinha lhes comunicado. (Também poderia ajudar se eles tivessem tido alguma experiência com consultores enroladores ou mesmo com o "fruto proibido".)

Noé, por outro lado, reagiu de forma positiva ao encorajamento de seu líder para atingir metas de desempenho aparentemente inatingíveis. Percebendo as conseqüências do não desempenho, ele prestou atenção ao plano do chefe, tanto para um plano de escape como para o barco que iria levá-lo a atravessar a pior crise ambiental (e moral) que o mundo já experimentou. Enquanto Adão e Eva conseguiram arruinar o ambiente mais ideal do mundo, Noé conseguiu sobreviver ao mais adverso. Ironicamente, eles tinham o mesmo chefe! Até o melhor líder precisa de funcionários competentes, responsivos, para atingir o desempenho máximo.

Os antigos hebreus e os primeiros cristãos não saíram exatamente para darem uma volta no parque (ou mesmo uma breve "excursão" no deserto). Moisés teve, constantemente, que encorajar seu povo durante os quarenta anos no deserto, quando a Terra Prometida parecia tão distante quanto Plutão poderia parecer para nós hoje. Percebendo a magnitude assustadora de construir o Primeiro Templo, Davi deu a seu filho Salomão grandes doses de encorajamento. Jesus prometeu a seus discípulos, que tinham abandonado uma vida boa como pescadores, que ele os tornaria "pescadores de homens", o que teria uma compensação menos imediata, porém mais duradoura.

As conseqüências figuram bastante na Bíblia. Na maioria dos casos, os "participantes" são muito bem informados do que lhes acontecerá se eles aderirem ou desviarem da "política da empresa". Jacó sabia que teria de precipitar uma fuga se tomasse de seu irmão fisicamente mais forte, Esaú, o que era de seu pai. Cristo profetizou que seria traído por Pedro três vezes; com sabedoria, também deixou Pedro arcar com as conseqüências de suas ações em vez de puni-lo diretamente. E as ações positivas geralmente resultam na recompensa final, seja Jacó labutando mais sete anos para ganhar a mão de Raquel ou Davi poupando a vida de Saul na caverna e eventualmente ascendendo ao trono.

O gerenciamento do desempenho excelente requer a paciência de Jó, a coragem de Davi, a sabedoria de Salomão e a compaixão de Jesus. Mas isso não sig-

120 — LIDERANÇA NA BÍBLIA

nifica que os líderes "meramente humanos" de hoje não possam aspirar a gerenciar o desempenho de maneiras que rivalizem seus precursores bíblicos. Muitos
deles já estão fazendo isso.

## Motivação e Estabelecimento de Metas

O primeiro estágio do gerenciamento por desempenho consiste em ajudar as
pessoas a estabelecerem metas realistas ambiciosas e motivá-las a alcançarem essas
metas. Em 1 Tessalonicenses, Paulo escreve aos convertidos em Tessalônica que,
"E não buscamos glória dos homens, nem de vós, nem de outros, ainda que podíamos, como apóstolos de Cristo, ser-vos pesados. Antes fomos brandos entre
vós, como a ama que cria seus filhos... encorajávamos, exortávamos, consolává-
mos a cada um de vós..." (1 Tessalonicenses, 6-11). Paulo era mestre da motivação,
adaptando sua urgência e tom emocional à prontidão dos "funcionários".

Jack Stack, da Springfield Re, também adaptou sua mensagem motivacional para a prontidão das "tropas" quando assumiu a fábrica de Melrose Park em
International Harvester. Ele tinha centenas de operários sindicalizados, a maioria
deles operava em uma cultura de fraca qualidade e baixa moral. Stack lhes disse:
"Se vocês tiverem a maior alta de todos os tempos, eu lhes pagarei um café".

Esta não parece ser uma grande motivação (ou um incentivo muitíssimo
valorizado). Lembremos, porém, que os níveis de produção estavam tão baixos
que a comparação com a alta de todos os tempos só *valia* um café. Qualquer coisa mais seria exagero, elogio inflado por um ganho modesto. Também era uma
motivação simbólica. Como Paulo, Stack estava alimentando e cuidando de seus
"filhos". Provavelmente, foi o maior cuidado que alguém lhes ofereceu durante
anos. E Stack conseguiu. Ele "teve" que pagar um café a todos da fábrica quando
eles excederam o parâmetro anterior.

Na segunda semana, Stack subiu a aposta, oferecendo aos operários café com
pão, se eles pudessem bater a marca da semana anterior. Estava aumentando as metas de forma gradual, enquanto oferecia, consistentemente, mais recompensas. Na
semana seguinte, ele ofereceu aos funcionários um bônus dobrado: não apenas café
com pão, mas pizza e cerveja. Além disso, estes seriam servidos na própria casa de
Stack. Os funcionários excederam sua marca anterior, e Stack serviu pizza e cerveja em sua casa, para duzentas pessoas. "Foi a primeira vez que alguém da direção

*Gerenciamento do Desempenho* ———————————————— 121

tinha lhes dito realmente como eles estavam sendo valorizados", refletiu Stack.[1] Nem sempre é preciso estabelecer metas baixas e aumentá-las gradualmente para que sejam motivadoras. Quando Charles Heimbold, CEO da Bristol-Meyers Squibb, teve seu primeiro encontro com seus gerentes em 1994, a empresa estava indo razoavelmente bem. Enquanto o maior perigo de Stack na Springfield Re era o desespero, o de Heimbold era a complacência. "Reuni todos e disse, 'Teremos que dobrar nossas vendas e ganhos por ação até o final do ano 2000'", relembra. Essa era uma taxa de crescimento muito maior do que já fora alcançada antes. "Quando você repete essas expectativas com freqüência, pode fazer as pessoas entenderem e aderirem. As pessoas começam a dizer: 'Sim, talvez possamos fazer isso'. Este é o sentimento que eu quis criar. Eu queria que nosso pessoal acreditasse."[2]

Tanto os primeiros hebreus como os cristãos eram grupos religiosos rivais que lutavam para manter a própria existência. Ganhos numéricos em membros eram pequenos. Mas ambos os grupos se motivavam com metas de prazo mais longo. Os hebreus acreditaram na promessa de Deus de que eles um dia seriam tão numerosos quanto as estrelas no céu. Os apóstolos acreditavam que um dia sua "seita" minúscula teria mais adeptos que qualquer religião no mundo. A repetição constante dessas expectativas por uma sucessão de fortes líderes explica seu sucesso no longo prazo.

Mas mesmo na Bíblia (e certamente no mundo corporativo), recompensas espirituais, intrínsecas, nem sempre são suficientes para motivarem o desempenho. Davi era um homem corajoso e um grande líder, mas ele também ofereceu material e outros incentivos para matar Golias. "Ao homem que o ferir, o rei o enriquecerá de grandes riquezas, e lhe dará a sua filha, e fará livre a casa de seu pai em Israel." (1 Samuel, 17:25)

Os chefes das corporações modernas não dão suas filhas como incentivos de desempenho, nem podem isentar seus funcionários de impostos, mas eles usam recompensas monetárias. Bernie Ebbers, da MCI WorldCom, garante que todos na empresa tenham opções de compra de ações e assim sejam pagos como um proprietário, de forma semelhante a Davi, que reforçou a noção de propriedade em seus "homens poderosos", garantindo que todos recebessem uma parcela dos espólios de guerra. Diz Ebbers, "Você não consegue atravessar o edifício sem ver painéis... que mostram quanto estão valendo aquelas ações."[3]

Charles Heimbold, CEO da Clairol, também garante que todos em sua empresa tenham opções de compra de ações. Ele raciocina que se der aos funcionários, propriedade, responsabilidade e conhecimento, eles contribuirão mais para o sucesso da empresa porque poderão ver a ligação entre seu desempenho e o desempenho da empresa. Um exemplo foi o Herbal Essences, da Clairol, um produto introduzido na década de 1970 e que foi muito mal na década de 1980. Todos na equipe da Clairol sabiam que precisavam reposicionar o produto ou desfazer-se dele. Em uma empresa onde o desempenho não estava intimamente ligado à recompensa, ele teria sido eliminado. Mas a equipe da Clairol viu o potencial do produto, e eles o reposicionaram para o mercado da Geração X, de trinta e poucos anos. As vendas dispararam, assim como o valor das opções de compra de ações de todos.

# INSPIRAÇÃO

Entretanto, as pessoas não respondem apenas ao "dinheiro vivo". A inspiração por um líder freqüentemente desempenha um papel importante para estimular as pessoas a terem um desempenho máximo. Moisés inspirou os hebreus a atravessarem um deserto em busca da "terra do leite e do mel". Neemias inspirou o povo não com dinheiro, mas com um objetivo maior que o dinheiro — a reconstrução da muralha de Jerusalém. E Jesus atraiu seus primeiros discípulos com um novo paradigma inspirador: "Eu os tornarei pescadores de homens". Eles foram transformados simplesmente unindo-se à sua organização, antes de executarem um trabalho.

Na Novell, Eric Schmidt oferece um jantar anual como parte do programa de Premiação do Presidente para honrar realizações individuais substanciais que se destacaram. As esposas são convidadas, são concedidas placas, e em boa medida, também as opções de compra de ações. "São gestos simples, mas é surpreendente o que fazem pelas pessoas. Essa forma de reconhecimento torna muito mais difícil para eles saírem do emprego."[4] Inspirando e reconhecendo pessoas por sua realização, Schmidt torna mais provável que esta não seja a última ceia dos funcionários com a Novell. Como os discípulos de Jesus, encontros como estes aumentam a coesão e a motivação do grupo e lembram a todos da missão inspiradora da qual fazem parte. E aqueles que ainda não ganharam o prêmio são inspirados também.

Ray Gilmartin, CEO da Merck, aponta rapidamente a necessidade da inspiração para que um líder (e a empresa) tenha sucesso. Ao escolher sua equipe de

*Gerenciamento do Desempenho*

liderança em 1994, Gilmartin selecionou pessoas com habilidades equilibradas. Sim, eles tinham que ter as habilidades certas. Mas também tinham que ser "pessoas que demonstravam os valores essenciais da empresa, pessoas que inspirariam nossos funcionários".[5]

Uma forma de inspirar é estabelecer grandes metas, segundo Dave Komansky, presidente e CEO da Merrill Lynch, é "Você sempre precisa pedir mais de si mesmo e de seu pessoal do que você ou eles acham que pode ser realizado. Se você pedir a alguém para subir um muro de 1,20 m, eles vão subir e se sentirão os maiorais. Mas, se você tivesse pedido a eles para subirem um muro de 2,40 m, provavelmente eles subiriam aquele muro também, porém você nunca pediu e eles não pensaram nisso."[6]

Josué teve uma vantagem quando se aproximou das muralhas de Jericó. Seu povo pôde ver a muralha e saber, exatamente, qual era sua altura — impossível de ser transposta. A única forma de derrubá-la era através de um método novo — um novo paradigma que não tinha sido tentado antes. Felizmente, a motivação de Josué era muito forte, e ele comunicou aquela decisão ao resto do povo. Ele também deve ter recrutado alguns trompetistas bem legais!

A inspiração não é necessária apenas quando obstáculos consideráveis (como muros, reis, desertos e fome) assomam-se à frente. Às vezes, as pessoas estão se sentindo impotentes e desmotivadas por erros cometidos no passado. Os melhores líderes se comprometem com a meta final mesmo quando eles ou seus seguidores deram "passos em falso" enquanto buscavam atingir a meta.

Quando o rei Davi instruiu seu filho Salomão a construir o templo em Jerusalém, ele o advertiu: "não te desanimes com o tamanho da tarefa". (1 Crônicas, 28:20) Salomão sabia que era um jovem inexperiente e provavelmente cometeria erros ao agir. As palavras sábias de seu pai incluíam o encorajamento implícito que não desapareceria com os erros.

Em uma empreitada do tamanho do templo de Salomão, os erros são inevitáveis. Afinal, ele tinha 70 mil transportadores, 80 mil cortadores de pedras e 3.600 contramestres. Ele "também na casa revestiu, com ouro, as traves, os umbrais, as suas paredes e as suas portas; e o interior do Lugar Mais Sagrado com talentos de fino ouro. O peso dos pregos era de cinqüenta siclos de ouro... ele fez um par de querubins esculpidos e os cobriu de ouro. E quanto às asas dos querubins, o seu comprimento era de vinte côvados" (2 Crônicas, 3). Qual você acha que seria o efeito nesse projeto e na equipe que o completou se Salomão tivesse se preocupado com erros e "desperdícios" em vez do sucesso da missão geral?

Nos primeiros dias da W. L. Gore and Associates, quando o Gore-Tex ainda estava na prancheta (e a empresa tinha recursos escassos para "experimentação"), um grupo de engenheiros gastou mil dólares em materiais. "Estávamos com a moral baixa", lamenta um dos engenheiros, "e Bill Gore aparece e diz: 'O que aconteceu, pessoal?' e dissemos, 'Bem, acabamos de colocar mil dólares de sucata na oficina'. E ele disse: 'Tentem outra vez amanhã. Eu sei que vocês conseguem... E foi embora.'"[7]

Bill Gore teve a previdência de saber que algum dia uma despesa de mil dólares pareceria pequena na vida geral de sua empresa. Ele também conhecia o poder da motivação e da desmotivação. Confrontado com mil dólares de material desperdiçado, podia ter gritado, com a mesma facilidade: "Vocês não sabem que estamos trabalhando com escassez de material? Nunca conseguiremos, neste ritmo!". Podia ter aplicado conseqüências negativas. Mas, em vez disso, como Salomão e a edificação do templo, ele manteve o olhar na meta de longo prazo, o desenvolvimento do Gore-Tex e encorajou o progresso continuado para sua realização.

## ENCORAJAMENTO

O segundo estágio crítico do gerenciamento por desempenho é o encorajamento. Muitos projetos ousados foram lançados com grande entusiasmo, para depois serem "descartados" por falta de encorajamento contínuo. Em Hebreus 3:13, os primeiros cristãos são incentivados: "exortai-vos uns aos outros todos os dias, durante o tempo que se chama Hoje". Paulo lembrou seus seguidores que "Como nada, que útil seja, deixei de vos anunciar, e ensinar..." (Atos, 20:20). Quanto mais difícil a tarefa, mais importante se torna o incentivo permanente. Os líderes bíblicos mais sagazes sabiam disto instintivamente, e os melhores líderes modernos também são mestres em incentivar, não apenas no reconhecimento periódico, mas em suas ações diárias.

Denis Bakke e Roger Sant, da AES, percebem que seria realmente impossível executarem, ou mesmo liderarem, todas as tarefas necessárias para dirigir uma imensa empresa de energia. O principal papel deles? Diz Bakke, "Somos os principais incentivadores. Celebramos o pessoal da AES. Participamos de orientações e de aberturas de usinas. Damos palestras em festas de aniversário de cinco anos".

*Gerenciamento do Desempenho* 125

Sant logo acrescenta que o incentivo traz significado diário ao trabalho. "As pessoas sempre dizem que não têm tempo para comemorar porque estão ocupadas, mas parar e lembrar é realmente importante. O que é o trabalho se você não vê sentido nele? Você precisa comemorar esse sentido."[8]

Uma coisa é encorajar os funcionários quando tudo está indo bem. O líder precisa ser ainda mais forte para encorajar seu pessoal diante de adversidades físicas e emocionais. Quando tempestades de gelo atingiram Quebec, Charles Heimbold, da Bristol-Meyers Squibb, não ficou apenas tagarelando de seu escritório confortável nos Estados Unidos, mas "telefonou imediatamente para saber o que aconteceu com seu pessoal, e para ter certeza de que estavam recebendo suprimentos de emergência. Eles podem ver que estou tão comprometido com meus colegas de trabalho e com nosso sucesso tanto quanto eles".[9] Heimbold dizia, essencialmente, aos seus funcionários: "Vocês estão precisando de ajuda. Farei o que vocês quiserem". Para gerenciar o desempenho dos outros, um líder precisa ter um desempenho confiável.

Barnabas, um dos discípulos de Jesus, foi chamado originalmente de José, mas recebeu esse nome novo, que significava "filho de encorajamento". Uma "filha do encorajamento" de tempos modernos é Anita Roddick, da The Body Shop. Roddick encoraja seus funcionários não só a executarem suas tarefas diárias, mas a pensarem com uma perspectiva mais ampla: "Isto tem a ver com o espírito humano", diz ela. "Quando vem alguma coisa do coração — qualquer energia, qualquer ação — vem com uma paixão irrefreável. Minha equipe não vai para casa sonhando com cremes hidratantes. Eles vão para casa totalmente fascinados quando voltam de um projeto na Bósnia ou em Kosovo. A experiência tem mudado seus valores".[10] A referência de Roddick ao "coração" é fundamental; a palavra encorajamento realmente vem da raiz latina *coração*.

Moisés encorajou as tribos de Israel abençoando-as. Quase todos nós somos encorajados quando abençoados e desencorajados quando punidos ou ignorados. A bênção das tribos por Moisés foi eloqüente e genuína. Em vez de tornar as tribos complacentes, ela encorajou-as a atingir metas ainda mais altas que as já alcançadas: "Sobre José, ele disse: 'Bendita do Senhor seja a sua terra, com o mais excelente dos céus, com o orvalho e com o abismo que jaz abaixo... E com os mais excelentes frutos do sol, e com as mais excelentes produções das luas... com o mais excelente dos montes antigos e o mais excelente dos outeiros eternos... '". (Deuteronômio, 33:13-14)

Mary Kay Ash encorajou seus funcionários na Mary Kay com uma atitude semelhante de celebração e bênção. Ela assinou centenas de cartões de aniversário oferecendo almoço e sessões de cinema gratuitos. Comemorou "eventos abençoados" dos funcionários como casamentos e nascimentos de bebês com presentes pessoais. Colocou flores e toalhas de mesa brancas na cafeteria da empresa e perfume e maquiagem (da marca Mary Kay, é claro) nos banheiros. Uma placa fora de seu escritório diz: "Departamento de Luz do Sol e Arco-íris". Seu credo era "Apreciação é o óleo que faz as coisas funcionarem".[11] Ash percebeu que demonstrações constantes, verbais e físicas, de encorajamento são necessárias para a realização de metas ambíguas e para fazer os funcionários se sentirem realmente valorizados.

Moisés sabia do poder de encorajar que as metas gerais têm. Quando as areias do deserto pareciam sem fim, quando a comida ficou escassa, e quando dissidentes internos ameaçaram minar o propósito da organização ("Vamos voltar para o Egito!"), Moisés lembrou os israelitas de sua meta, uma "terra de leite e mel" que existia realmente, mesmo se eles nunca a tivessem visto.

Joe Liemandt, CEO da Trilogy, uma empresa de tecnologia em Austin, Texas, também acredita firmemente no encorajamento que uma meta geral pode oferecer: "Então, o que faz nosso pessoal vir trabalhar todo dia? É o nosso ambiente. Os funcionários são estimulados com a meta — e essa energia é contagiosa".[12] No mundo rápido da alta tecnologia, onde as metas podem mudar semanalmente, é importante manter essa energia. E a opção de "voltar para o Egito" pode não existir também, uma vez que é uma garantia certa de obsolescência tecnológica.

O Livro dos Hebreus lembrou os líderes bíblicos de "encorajar uns aos outros diariamente", (Hebreus, 3.13), e exortou os primeiros cristãos: consideremo-nos uns aos outros, para nos estimularmos (Hebreus,10:24). Gordon Bethune, da Continental Airlines, também sabe o valor do encorajamento. Ele pegou uma empresa aérea adoecida, com um dos piores atendimentos ao cliente e registros de pontualidade e a colocou novamente entre as melhores do setor. Fez isso com suas palavras e atos de encorajamento, tanto grandes quanto pequenos, a começar por um bônus de 65 dólares no contracheque de cada funcionário, por serem mais pontuais.

Este foi apenas o primeiro de uma longa série de palavras e atos encorajadores. Depois de uma guinada bem-sucedida, Bethune escreveu: "O maior e único critério para o sucesso como líder é reconhecer e apreciar abertamente seus su-

*Gerenciamento do Desempenho* ──────────────────────────────── 127

bordinados. Eles são capazes de matar por você, se fizer isso".[13] Se você tem dúvidas, pergunte às tropas que mataram Davi e Josué, ao cumprirem suas missões.

Outra empresa que percebe a importância do encorajamento diário é a Weyerhauser. Steve Hill, vice-presidente sênior de recursos humanos, observa que freqüentemente o uso e o encorajamento máximo dos recursos humanos de uma empresa podem render maior vantagem competitiva. "Não há muita diferença entre nossos produtos e os da Geórgia Pacific", ressalta ele. "Então precisamos estar atentos ao custo e criar um excelente ambiente de trabalho e realmente encorajar as pessoas."[14]

Os homens do rei Davi e o exército de Josué não entraram confiantes na batalha por saberem que tinham armas "superiores". Eles tinham confiança porque eram bem guiados e encorajados com mais freqüência que a oposição.

A sopa parece ser um produto bastante comum, que não inspiraria os funcionários a derrubarem muralhas ou a atravessarem rios turbulentos. Mas na Campbell Soup, o CEO David Johnson transformou encorajamento em religião. Em toda a sede da empresa há placares que comparam os aumentos no lucro líquido da empresa àqueles de outras empresas fabricantes de alimentos. E Johnson lembra constantemente seus executivos e funcionários da meta "20-20-20" da empresa: 20% de crescimento nos lucros, 20% de retorno sobre o patrimônio e 20% de retorno sobre o dinheiro investido.

Estas são metas ambiciosas, e quando atingidas, isso não é considerado algo normal. Quando um alvo importante é atingido, Johnson contrata uma banda de metais e faz uma comemoração que se compararia àquela feita após a edificação do templo por Salomão.

Mas, quando o desempenho é monitorado, resultados negativos também precisam ser reconhecidos e corrigidos. A Bíblia nos ensina que a melhor forma de corrigir é: "se algum homem chegar a ser surpreendido nalguma ofensa, vós... encaminhai o tal com espírito de mansidão" (Gálatas, 6:1). Charles Wang, chairman da Computer Associates, acredita que um líder que não corrige as pessoas está desperdiçando um recurso precioso.

"Acho que uma das coisas que os líderes se esquecem é que as pessoas olham para nós para que lhes digamos a verdade sobre como elas estão se saindo." Ele reconhece a dificuldade de fazer isso de um modo gentil e positivo, mas acrescenta que se a correção não for feita, "Você estará piorando a situação, porque não firma qual é sua posição... Como gerentes, devemos dizer às pessoas o que esperamos delas. E se elas não atenderem às expectativas, teremos de lhes dizer isso, e dizer por quê, para que possam se aprimorar... Se os gerentes não fazem isso, eles não estarão realmente assumindo sua responsabilidade".[15]

Carol Bartz, CEO da Autodesk, uma produtora de software CAD/CAM, também acredita no poder da correção gentil. "Digo freqüentemente: 'o que você não inspeciona, eles não respeitam'", observa Bartz. Então ela faz muita inspeção. "Faço isso com a lição de casa de minha filha e na empresa." Ela encoraja as pessoas a manterem seus compromissos, mas também as encoraja a ser avisada rapidamente se alguma coisa interferir na manutenção desses compromissos: "Seja o que for, espero ser informada... E eu sempre digo a eles que é melhor receber más notícias depressa. Quanto mais rápido pudermos perceber que alguma coisa mudou ou precisa mudar, mais rápido podemos reavaliar e fazer funcionar novamente".[16]

Podemos supor que tanto a filha quanto os funcionários de Bartz aprimoraram seu desempenho através do estilo gentil, mas direto, de correção. Embora as notas da filha dela não tenham sido publicadas, presumivelmente por ser informação pessoal, os resultados da empresa são bastante públicos: renda líquida de 100 milhões de dólares sobre receitas de 820 milhões de dólares em 1999, o ano em que ela foi entrevistada.

# Conseqüências

O terceiro estágio do gerenciamento do desempenho acontece depois que uma tarefa, projeto ou ano é completado. Embora as avaliações formais de desempenho tendam a ocorrer no final dos períodos predeterminados de tempo, os melhores líderes estão dando *feedback* informal permanente na forma de conseqüências positivas e negativas. O *feedback* do desempenho deve ser oportuno, relevante ao cargo, relacionado à meta, e atingível. Também deve ser comunicado de modo que faça o receptor se sentir motivado a se aprimorar, e não punido por um comportamento irrevogavelmente "ruim".

## Conseqüências Justas, Oportunas

A Bíblia observou a necessidade da correção oportuna de más ações quase 2 mil anos atrás: "Porquanto não se executa logo o juízo sobre a má obra, por isso o co-

*Gerenciamento do Desempenho* ————————————— 129

ração dos filhos dos homens está inteiramente disposto para fazer o mal" (Eclesiastes, 8:11). Não só estamos dando a mensagem errada quando não impomos conseqüências negativas com rapidez a um funcionário que não teve bom desempenho, mas também estamos dando um mau exemplo para o resto da equipe.

Dan Tully, presidente-emérito da Merrill Lynch and Company, é um forte proponente moderno do *feedback* ágil, honesto e devidas conseqüências. "Você deve dar às pessoas *feedback* honesto, sincero", observa ele. "Você deve isso a eles para que possam alcançar seu pleno potencial, e deve isso às pessoas à volta deles, aquelas acima e abaixo deles... Se o sujeito no meio for inflexível e eu o deixo ficar lá e destruir as pessoas à volta dele, será uma vergonha para mim."[17]

Parte da razão para o período em que John Akers ficou no comando da IBM ter sido tão agitado foi o costume de não se assumir responsabilidade e de se julgar no direito, que tinha se desenvolvido na empresa. A IBM se tornara uma empresa com "emprego para a vida toda", onde o desempenho medíocre, não agressivo se tornou não apenas tolerável, mas freqüentemente a norma. A avaliação de desempenho se tornou insípida e desconectada das futuras ações estratégicas que a empresa precisava tomar. Para ser despedido pela IBM, era preciso literalmente atirar em alguém ou surrupiar um equipamento valioso em plena luz do dia.

Essa falta de conseqüências estava tendo um efeito grave na produtividade e na moral da empresa. Em uma entrevista de 1991 para a revista *Fortune*, Akers disse: "Não temos... exigido o suficiente de nós mesmos, em relação àqueles camaradas que não estão fazendo seu serviço. Temos tido um nível muito baixo de dispensas por fraco desempenho. Esse nível vai subir — precisa subir".[18]

Infelizmente, o nível de responsabilidade subiu muito pouco e tarde demais. Na data da entrevista de Akers, a IBM já tinha começado sua primeira série de demissões. No processo, perdeu não só aqueles com fraco desempenho que estava procurando eliminar, mas também alguns com desempenho muito bom que concluíram que estariam melhor em outra empresa onde as conseqüências estivessem vinculadas mais diretamente ao desempenho. Aqueles que ficaram passaram por um duro período de transição, mas sob Lou Gerstner, a IBM agora se tornou uma empresa onde "se colhe o que se planta".

A maioria dos funcionários aceitará conseqüências negativas que sejam administradas devidamente — na proporção da ofensa — e justamente, sem favoritismo ou vingança. Jeremias rogou a Deus: "Castiga-me, ó SENHOR, porém com juízo, não na tua ira" (Jeremias, 10:24). Este é o desejo mais sincero de muitos funcionários do mundo moderno que têm sido disciplinados com muito pouca justiça e ira demais. Tal disciplina realmente mina a credibilidade do líder.

A maioria dos funcionários deseja líderes que sejam capazes e estejam dispostos a praticar as palavras de Jeremias 31:20: "Eu o disciplinarei, mas somente com justiça".

Dois líderes que aderem a essa filosofia são Bob Knowling, que trabalhou na US West, e Gordon Bethune, da Continental Airlines. Knowling achava que na empresa de telefonia, como existia anos atrás, o desempenho estava a desejar porque ninguém se responsabilizava por nada e nem arriscava seu emprego. "Era desmoralizante para aqueles que tinham alto desempenho e degradante para os que tinham desempenho ruim", observa ele. "No entanto, a maioria daqueles com desempenho ruim sabe disso. Se somos honestos nas avaliações deles e os tratamos com justiça e respeito, eles geralmente aceitam o fato de que não atingiram as metas."[19]

Gordon Bethune percebeu que uma medida para fazer a companhia aérea reviver em 1995 era a remoção da equipe com baixo desempenho ou que não apresentava desempenho. Essa tarefa foi, compreensivelmente, executada com certa trepidação; se mal conduzida, o resultado provavelmente seria a perda de produtividade, em vez de ganhos nela, conforme pretendido.

Bethune queria ter certeza de que as conseqüências seriam aplicadas com adequação e justiça. A classificação mais baixa de desempenho na Continental é "4". Diz Bethune: "Simplesmente pedimos a todos os 'quatro' para saírem... Ou por não desempenharem bem seus cargos... ou por não terem boa participação nas equipes... E sabe de uma coisa? O corte final não causou a menor decepção ou medo... entre os funcionários. 'Nossa, eles se livraram de Harry — aquele asno deveria ter sido demitido vinte anos atrás e alguém finalmente fez isto'".[20]

Os funcionários não citaram Eclesiastes ("Quando a sentença de um crime não é executada rapidamente, os corações das pessoas estão repletos de esquemas para se fazer o mal"), mas pensamentos semelhantes provavelmente estavam em suas mentes.

Contudo, as conseqüências aplicadas com rigor demais pelos líderes podem ter um efeito tão desmotivador quanto a não-aplicação delas. Rehoboam, filho de Salomão e sucessor dele no trono, obviamente não possuía a sabedoria nem o julgamento de seu pai. Este é o homem que disse: "Assim que, se meu pai vos carregou de um jugo pesado, eu ainda aumentarei o vosso jugo; meu pai vos castigou com açoites, porém eu vos castigarei com escorpiões". (2 Crônicas, 10). É

*Gerenciamento do Desempenho* — 131

compreensível que as pessoas se rebelassem contra um chefe que começara seu reino com tal declaração de severidade injustificável.

Outro exemplo de conseqüências duras é aquele de três homens — Coré, Datã e Abirão — que ousaram desafiar a autoridade de Moisés. Eles achavam que Moisés tinha se colocado muito acima do povo. Também se recusaram a vir quando Moisés os convocou: "Não subiremos! Porventura pouco é que nos fizeste subir de uma terra que mana leite e mel, para nos matares neste deserto, senão que também queres fazer-te príncipe sobre nós? Nem tampouco nos trouxeste a uma terra que mana leite e mel nem nos deste campo e vinhas em herança" (Números, 16:12-14).

A conseqüência para esses três homens foi rápida, certa e talvez um pouco dura demais para nosso gosto moderno: "A terra que estava debaixo deles se fendeu. E a terra abriu a sua boca, e os tragou ... E eles e tudo o que era seu desceram vivos ao abismo, e a terra os cobriu, e pereceram do meio da congregação" (Números 16:31-33).

Definitivamente, este era um exemplo da teoria X de administração, a versão do Velho Testamento. Lou Noto, vice-presidente da Exxon Corporation, achava que sua empresa também era vítima de uma cultura que punia qualquer tentativa de inovação ou risco. As metas eram estabelecidas artificialmente baixas porque aquele que não atingisse um objetivo importante era severamente punido: "Se alguém não a atingisse, era o fim do mundo", observou Noto. "Queremos encorajar o tipo certo de risco. Para tanto, temos que quebrar essa regra rigorosa que diz que se você não conseguir, vamos colocá-lo no paredão para ser executado".[21]

Qualquer que seja seu sentimento à punição dada a Coré, Datã e Abirão, é bom lembrar que mesmo o líder humano mais poderoso não é Deus. Quem somos nós para copiarmos uma punição tão severa? Os líderes de negócio de hoje precisam medir cuidadosamente como reagem aos dissidentes ou propõem inovações à ordem estabelecida. A pessoa que foi "tragada" ou exilada pode ser a mesma cujas idéias poderiam ter tirado a organização do marasmo.

Na Bíblia, algumas das conseqüências negativas mais fortes são realmente reservadas aos líderes que abusam de seu poder e não percebem o efeito desastroso que eles têm em seus seguidores: "Uivai, pastores, e clamai, e revolvei-vos na cinza, principais do rebanho, porque já se cumpriram os vossos dias para serdes mortos, e dispersos, e vós então caireis como um vaso precioso" (Jeremias, 25:34).

Um líder que provavelmente deveria ter lido esta passagem e a considerado foi Horst Schroeder. Era um alemão que batalhou para subir até a chefia das operações da Kellogg Corporation na Europa. Ele foi trazido aos Estados Unidos como o herdeiro do CEO Bill La Mothe. Era muito efetivo na realização das tarefas, mas sua aplicação das conseqüências era dura demais para a cultura Kellogg. Freqüentemente era grosseiro e arrogante, às vezes, fazendo críticas ferinas aos subordinados durante as reuniões.

Schroeder escapou do destino de ser tragado pela terra, mas seu fim também foi humilhante — ele foi "posto no chão". Ele estava voando no jato da corporação para uma viagem planejada de negócios e La Mothe, que ainda estava no comando, ordenou que o piloto pousasse na sede corporativa da Kellogg, onde Schroeder foi sumariamente demitido.[22]

## Recompensas

Freqüentemente, as conseqüências são pensadas no sentido negativo. Uma das tarefas mais importantes para um líder (e muitas vezes ignorada) é a aplicação de conseqüências positivas por um trabalho bem executado. Quando "nada dá errado", alguns líderes podem simplesmente suspirar de alívio e dar início à tarefa seguinte, sem reconhecer os esforços positivos empregados na tarefa que acabara de ser completada.

Os líderes da Bíblia não negligenciavam o importante papel de conseqüências positivas e recompensas. Milhares de anos antes de Ken Blanchard, eles pegavam seus funcionários "fazendo alguma coisa certa". O líder moderno perspicaz "vai e faz o mesmo".

Em 1 Coríntios 3:8, Paulo declara: "Ora, o [homem] que planta e o que rega são um; mas cada um receberá o seu galardão segundo o seu trabalho". Uma organização que leva isso à risca é a Starbucks, que instituiu o Bravo!, um programa de reconhecimento. Nesse programa, qualquer funcionário pode reconhecer outro funcionário por seu expediente no atendimento, em vendas ou em economias. Um dos ganhadores do prêmio foi um operário no Meio-Oeste que, ao receber um pedido de última hora no valor de 1.300 dólares em café, encontrou mão-de-obra extra, café e sacos necessários para embalar, em vez de recusar o pedido por falta de recursos. O gerente geral da loja Encino, Califórnia, também foi reconhecido por fornecer café para os postos de assistência da Cruz Vermelha depois do terremoto de 1994 em Los Angeles.[23]

*Gerenciamento do Desempenho* —————————————————————— 133

Outro exemplo de pessoas recompensadas de acordo com seu trabalho foi o bônus de 65 dólares de Gordon Bethune pela pontualidade dos funcionários na Continental Airlines. Até essa data, recompensas imediatas pelo desempenho desejado não faziam parte do arsenal de recompensas da Continental. Não só o efeito foi imediato e positivo, mas preparou o cenário para recompensas maiores, contínuas, pelo desempenho positivo em várias outras áreas. O efeito "dominó" dessas recompensas ajudou a Continental a dar uma guinada e se tornar a companhia aérea lucrativa e pontual que é hoje.

As recompensas figuram bastante no Livro de Ester, principalmente recompensas concedidas diretamente do comando da organização. Muito se tem pensado na pergunta: "O que deve ser feito para o homem que o rei tem o prazer de honrar?". Naquela história, Mardoqueu, um judeu a quem o ministro do rei Hamã tentou executar, é levado pelas ruas da cidade pelo próprio Hamã, trajado com uma veste magnificente e assentado em um cavalo poderoso. Além disso, Hamã é forçado a gritar: "Assim se fará ao homem a quem o rei deseja honrar!".

"Reis" modernos têm dispensado vestes e cavalos, mas o executivo sagaz sabe que as recompensas dadas diretamente do comando podem ter um grande efeito nas ações e na produtividade do funcionário. Na Custom Research, uma empresa de marketing com pouco mais de cem funcionários, os proprietários Jeff e Judy Pope tomaram uma boa parte de seus lucros para recompensar toda a equipe quando a empresa ganhou o cobiçado Prêmio Baldrige, em 1996. Em vez de conceder uma volta sobre um cavalo, com vestes nobres, eles levaram a equipe inteira para uma viagem de cinco dias a Londres, com todas as despesas pagas.

Uma extravagância e um exagero para uma pequena empresa? "De modo algum", diz Jeff Pope. "Foi um dinheiro bem gasto. Farei isso toda vez. Se a gente divide a torta, ela cresce mais."

Quando a Midwest Airlines abriu seu capital ao público em 1995, o CEO Tim Hoeksema queria dar um prêmio significativo e duradouro para os funcionários que os ajudaram a chegar lá. E assim, acima das objeções de seus banqueiros de investimento, ele insistiu que 1 milhão de dólares de ações fossem reservadas para os funcionários, e mesmo para aqueles que trabalhavam meio período. Essa decisão ecoa a decisão do rei Davi de dividir os espólios da guerra entre seus homens, inclusive aqueles que tinham "meramente" fornecido apoio por trás das linhas de batalha.

As ações de Hoeksema também espelham a generosidade de Josué para com seus seguidores — os rubenitas, os gaditas e a meia-tribo dos manassés — todos os quais o tinham ajudado a conquistar as tribos vizinhas: "Tudo quanto Moisés vos ordenou... guardastes; e à minha voz obedecestes em tudo quanto vos ordenei. A vossos irmãos por todo este tempo... não desamparastes; antes tivestes cuidado de guardar o mandamento do SENHOR vosso Deus... Voltai-vos às vossas tendas com grandes riquezas, e com muitíssimo gado, com prata, e com ouro, e com metal, e com ferro, e com muitíssimas roupas; e com vossos irmãos reparti o despojo dos vossos inimigos..." (Josué, 22). Tanto Josué quanto Tim Hoeksema perceberam que esta não seria a última vez que eles estariam contando com as "tropas" para alcançarem metas ambiciosas, e ambos reconheceram a recompensa positiva em desenvolver a fidelidade do funcionário e obter o compromisso com o desempenho futuro.

Jack Welch também conhecia o poder das recompensas, fossem bonificações ou um comentário que "levanta o astral". Em suas reuniões, Welch anotava visivelmente quem deveria fazer o quê, quais eram os resultados esperados e quando os resultados seriam esperados. Ele revisava essas expectativas no final de cada reunião.

Mas, ao contrário de muitos líderes que usam as expectativas apenas como ameaça, Welch recompensava rapidamente aqueles que as atendiam. Fazia um membro da equipe ligar toda vez que um agente conseguisse uma concessão de preço. Imediatamente, o agente ouvia o telefone tocar e a voz do presidente Welch anunciava: "Que notícia maravilhosa; você conseguiu abaixar um níquel do preço do aço". E alguns dias mais tarde, o agente recebia uma nota de cumprimentos diretamente do presidente.[24]

Outra empresa onde o "rei deseja honrar" e recompensar o desempenho excelente é a UNUM, uma seguradora com sede em Maine. Qualquer um na empresa pode indicar alguém para o Prêmio do Presidente, mas o vencedor deve estar abaixo do nível de vice-presidente. As equipes de funcionários analisam um grande conjunto de indicados, reduzindo-o para 25; o presidente então seleciona o grupo de cinco a dez vencedores finais.

Os ganhadores recebem 5 mil dólares cada um em ações, um vale-viagem de 2.500 dólares, um conjunto de lapiseira e caneta Mont Blanc. Além disso, os premiados são os convidados de honra para um banquete oferecido pelo presidente, com a presença da diretoria, do gerenciamento sênior e dos supervisores imediatos dos vencedores.[25] A mensagem aos homenageados, aos que os indicaram e a todo o resto da empresa é a mesma que a transmitida em 2 Timóteo, 2:6: "O lavrador que trabalha deve ser o primeiro a gozar dos frutos". Ou, em termos mais sucintos, "Você colhe aquilo que planta".

Em grande medida por necessidade, Jack Stack da Springfield Re teve que deixar bem claro para todos os funcionários a ligação entre plantar e colher. A divisão ficou solta, desvinculada da matriz International Harvester, e estava em situação de dívida altamente alavancada. Stack teve que tornar todos os funcionários cientes do efeito que sua produtividade individual (ou a falta dela) teria no resultado financeiro da empresa e, finalmente, em sua sobrevivência.

Como observa um trabalhador da Springfield Re: "Toda semana você se senta com seu supervisor e ele lhe dá números. Você pode ver como seu próprio trabalho afeta os demonstrativos. Primeiro eu não estava interessado e não pensava que isso nos traria benefício... Mas à medida que você sabe mais sobre ele, ele se torna mais benéfico... Se você não está trabalhando de acordo com o padrão, isso vai aparecer naquele papel".

Stack criou um ambiente onde os funcionários percebem a ligação entre suas ações e o resultado financeiro. Todos, até o operário de montagem mais raso, podem ver o impacto positivo de controlar custos e o impacto negativo de deixar de fazer isso. Os funcionários agora percebem que as bonificações não são arbitrárias, mas são contingentes para abaixar custos e maximizar a produtividade. Eles quase perderam suas bonificações quando os pagamentos de assistência médica foram 60 mil acima do orçamento. Comenta Stack: "Foi a primeira vez que os funcionários realmente entenderam que uma empresa de seguros não ia pagar suas indenizações; que isso sairia realmente de seu suor e de suas ações. As pessoas adquiriam uma noção de propriedade que podiam, de fato, controlar os custos com assistência médica e podiam fazer diferença".[26]

## Práticas Firmes, mas Justas

A frase "firme, mas justo" é um dos maiores clichês no mundo dos negócios (para não mencionar a educação e os esportes). Todo mundo quer um chefe (ou professor, ou treinador) que combine diretrizes de desempenho e comportamento exigentes e estruturados, com generosidade e imparcialidade. É difícil de atingir esse equilíbrio, mas aqueles líderes que são capazes de fazer isso recebem a fidelidade e a produtividade máximas de seu pessoal.

Um exemplo é Phil Myers, o gerente de contas da ServiceMaster mencionado anteriormente, que defende seu povo contra o tratamento insensível de qualquer um, mesmo o executivo mais poderoso. Mas Myers não é nenhum "sentimental". Ele exige a mesma responsabilidade de seus funcionários que de um executivo infeliz que ousa maltratá-los. Myers é o primeiro a reconhecer e recompensar funcionários: "Já passei por isso. Sei como é ser dona de casa". Mas ele também deixa claro que não aceita um trabalho menos que excelente. Se uma pessoa não está tendo um desempenho adequado ou está minando o espírito da equipe, Myers segue um processo de três etapas:

1. Confrontar os comportamentos negativos.
2. Dar ao funcionário uma chance de mudar.
3. Demiti-lo se não houver aprimoramento.[27]

Myers trabalha, apropriadamente, para uma empresa que se norteia em princípios bíblicos, porque sua abordagem disciplinar poderia se basear em três versos:

*Não peques mais, para que não te suceda alguma coisa pior. (João, 5:14)*
*Ainda assim não me arrependo, embora já me tivesse arrependido por ver que aquela carta vos contristou (2 Coríntios, 7:8)*
*Eu o disciplinarei, mas apenas com justiça. (Jeremias, 31:20)*

# LIÇÕES BÍBLICAS SOBRE
# GERENCIAMENTO DO DESEMPENHO

- ❖ Comunique constantemente expectativas de desempenho: antes, durante e depois.

- ❖ Estabeleça metas ambiciosas, mas realistas.

- ❖ Encoraje o alcance de metas com a promessa de recompensas significativas — extrínsecas e intrínsecas.

- ❖ Perdoe erros sinceros cometidos e riscos assumidos para se alcançar metas de desempenho.

- ❖ Celebre os esforços e as realizações de sua equipe, tanto no início quanto no fim de um processo.

*Gerenciamento do Desempenho*

- ❖ Ofereça conseqüências positivas e negativas de maneira justa e oportuna, com base no desempenho, não parcialmente.

- ❖ Como Davi e seus "homens poderosos", faça os membros da equipe se sentirem como proprietários e parceiros.

- ❖ Ajude os funcionários a perceberem a ligação entre suas ações e o sucesso organizacional financeiro.

*CAPÍTULO SETE*

# Desenvolvimento de Equipe

*...assim como o corpo é um, e tem muitos membros, e todos os membros, sendo muitos, são um só corpo.*

— 1 Coríntios, 12:12

*Como o ferro com ferro se aguça, assim o homem afia o rosto do seu amigo.*

— Provérbios, 27:17

esponda rápido: Você é capaz de identificar quem cunhou a frase: "As pessoas são nosso ativo mais importante?". Atualmente, isso é irrelevante. Qualquer que seja a empresa em que você trabalhe, você já deve ter ouvido essa frase antes. Independentemente de quem a tenha criado, a citação tornou-se tão comum que virou clichê, assim como as referências à "equipe". A medida em que diferentes empresas seguem esses conceitos na prática varia, mas todas usam eles.

Os líderes da Bíblia, porém, que raramente usaram a palavra *equipe*, eram mestres da prática de equipe. E tinham que ser. Sua infra-estrutura tecnológica era rudimentar e quando muito, inexistente. Não havia redes de computador e, muito menos existiam empresas "virtuais". As pessoas da Bíblia viviam em tendas na maior parte de sua história, sem moradia permanente. A única coisa tão "permanente" quanto às pessoas eram os bandos de ovelhas, cabras e o gado, e a terra em si, que eles nem sempre ocupavam.

*Desenvolvimento de Equipe* — 139

A vantagem distintiva tanto dos hebreus quanto dos cristãos era seu respeito pelos "recursos humanos" e o uso deles. Ao contrário das tribos saqueadoras contra as quais eles se defendiam freqüentemente, eles valorizavam muito os indivíduos. E eram capazes de atrair aqueles indivíduos para equipes fortes que subordinavam prontamente seus desejos individuais às necessidades do grupo.

Os melhores líderes modernos também valorizam muito as pessoas. Eles também percebem que as referências a uma "equipe" ficam vazias se os membros da equipe não se sentem tão valorizados como pessoas, ou se vêem o líder da equipe colhendo toda a glória enquanto fazem todo o trabalho.

## A Importância das Pessoas

"Porque a porção do SENHOR é o seu povo." (Deuteronômio, 32:9) Esta é a versão bíblica do ditado: "As pessoas são o ativo mais importante" — não as cabras, as ovelhas, os camelos, os ornamentos dourados do templo, nem mesmo o próprio templo!

Peter Senge, em *The Fifth Discipline* [A quinta disciplina], dá uma atualização moderna sobre esta passagem: "... a força ativa são as pessoas. E as pessoas têm sua vontade própria, sua mentalidade e sua forma de pensar. Se os funcionários não estão suficientemente motivados a desafiar os objetivos de crescimento e o desenvolvimento técnico... simplesmente não haverá crescimento, ganho em produtividade e nem desenvolvimento técnico".[1]

Vejamos como muitos líderes modernos, alguns dos quais vieram antes de Senge, refletem essa "perspectiva humana":

❖ "Que aspecto da direção de uma grande corporação é o mais assustador? Sem dúvida, é lidar diariamente com a equação humana — certificar-se de que os membros de nosso elenco [funcionários] estejam comprometidos e motivados, e que suas emoções estejam engajadas da maneira certa."[2] Essas palavras de Michael Eisner, presidente da The Disney Corporation, lembram as do rei Davi, quando ele assumiu o trono de Israel: "Pois quem pode governar este grande povo seu?".

❖ Fred Smith, da FedEx, dirige sua empresa seguindo as palavras: "Pessoas, Serviço, Lucro", nessa ordem. O *Manager's Guide* [Guia do Gerente] da FedEx afirma: "Cuide dos seus; eles, por sua vez, entregarão o serviço impecável exigido por nossos clientes que nos recompensarão com a lucratividade necessária para assegurar nosso futuro".[3]

❖ Dave Quade, vice-presidente da Forester Products Division da H.B. Fuller, entrou para a empresa em grande parte pela crença sincera nas pessoas, o que ele via acontecer na prática diária: "Ver que se acredita nas pessoas e ter as pessoas envolvidas em decisões, é como vir para o céu".[4] Sartre escreveu: "O inferno são os outros". Mas quando organizados e motivados corretamente, eles podem se tornar o paraíso também.

❖ Hal Rosenbluth, da Rosenbluth Travel, escreveu um livro chamado *The Customer Comes Second* [O cliente em segundo lugar]. De acordo com Rosenbluth, quem vem primeiro? Os funcionários. "Se nosso pessoal não vier primeiro, então eles não estarão tranqüilos para focar nos nossos clientes."[5]

❖ No *Associates' Handbook* [Manual dos Associados], da Wal Mart, o mantra mais repetido de Sam Walton é "Nosso *Pessoal* faz a diferença". Essa mensagem também é colocada nas traseiras dos caminhões da empresa e nas paredes dos depósitos. Qualquer gerente que seja repreendido por ignorar ou abusar das pessoas não pode dizer que ele não viu a frase escrita na parede.

❖ Larry Bossidy, ex-CEO da Allied Signal, percebe a importância de cada indivíduo: "Você precisa se certificar de que os funcionários entendam quanto eles são importantes. Como CEO, você precisa das pessoas, mais do que elas precisam de você".[6]

❖ Herb Kelleher sabe onde está sua vantagem competitiva: "A Southwest é tão boa quanto seus funcionários, e provavelmente empregue uma quantidade de tempo desproporcional com eles". Uma medida dessa "desproporção" é a análise da Southwest de 150 mil solicitações de emprego para 4 mil a 5 mil empregos. Kelleher, que acredita que "as pessoas fazem a diferença", diz que "qualquer um pode comprar um avião ou fazer um leasing de espaço para balcões de venda de passagens, ou comprar computadores, mas as coisas intangíveis — o *esprit de corps*... são a coisa mais difícil para as pessoas imitarem".[7] Colleen Marrett, "o segundo no comando" de Kelleher, durante muitos anos, tem o título "Gerente de Pessoas", que reflete a perspectiva da empresa.

*Desenvolvimento de Equipe*

❖ Jack Welch (conhecido como "Jack Nêutron" quando começou como CEO) foi se orientando cada vez mais para as pessoas, à medida que amadureceu em sua posição. Ele teve que fazer isso, uma vez que a GE estava assumindo muitos tipos diferentes de negócios. "Passava 60% de meu tempo com pessoal, e é assim que deve ser. Eu não seria capaz de produzir um show na NBC, não poderia construir um motor... Então meu envolvimento gira em torno das pessoas."[8] Welch colocou em prática suas palavras. Ele passa grande parte de seu tempo indo de helicóptero para o famoso Centro de Desenvolvimento Gerencial da GE, em Crotonville, para encontrar grupos de gerentes e ajudá-los a se desenvolverem como líderes melhores e, também, a desenvolverem suas equipes.

## A IMPORTÂNCIA DAS EQUIPES

Desde tempos bíblicos, as pessoas conseguem realizar mais quando trabalham cooperativamente, em equipes. Embora não usassem exetamente o termo *equipe*, os líderes da Bíblia percebiam que uma equipe é mais do que a soma de suas partes. Eles ainda não tinham ouvido a palavra *sinergia*, mas tinham visto o suficiente em ação para a descreverem: " Melhor é serem dois do que um, porque têm melhor paga do seu trabalho, e se um cair, o outro levanta o seu companheiro; mas ai do que estiver só; pois, caindo, não haverá outro que o levante... E se alguém prevalecer contra um, os dois lhe resistirão; e o cordão de três dobras não se quebra tão depressa". (Eclesiastes, 4)

Neemias percebeu isso ao montar equipes de hebreus para reconstruir o muro em torno de Jerusalém:

> *Então pus guardas nos lugares baixos por detrás do muro e nos altos; e pus ao povo pelas suas famílias com as suas espadas, com as suas lanças e com os seus arcos. .. desde aquele dia, metade dos meus servos trabalhava na obra, e metade deles tinha as lanças, os escudos, os arcos e as couraças...Assim trabalhávamos na obra; e metade deles tinha as lanças desde a subida da alva até ao sair das estrelas. (Neemias, 4)*

Neemias sabia do poder de uma equipe com forças complementares (construir e lutar) e de um propósito geral (a proteção de suas famílias e a construção de uma nação).

Um líder moderno que comparou a formação de uma equipe à construção de um muro é Akio Morita, CEO da Sony. Morita observou que as pessoas de uma empresa são como pedras de formatos variáveis em vez de "tijolos" padronizados, um fato que deveria ser comemorado, e não lamentado: "O gerente examina essas pedras irregulares, e precisa construir um muro combinando-as da melhor maneira possível, assim como um mestre de obras constrói um muro de pedras. As pedras, às vezes, são redondas, às vezes, quadradas, alongadas, grandes ou pequenas, mas de alguma forma a gerência deve imaginar como juntá-las... À medida que o negócio muda, torna-se necessário recolocar as pedras em lugares diferentes".

Quando Moisés guiou os hebreus pelo deserto, havia uma quantidade considerável de sacrifício individual a serviço do objetivo da equipe geral de atingir a Terra Prometida. O sucesso de Morita e da Sony foi obtido em grande parte com a subordinação das metas individuais às metas da equipe: "O problema com a pessoa que está habituada a trabalhar pelo dinheiro é que ela se esquece freqüentemente de que deve trabalhar para a entidade grupal, e essa atitude autocentrada... à exclusão das metas de seus colegas de trabalho não é saudável."[9]

Todos em uma equipe têm uma função distinta e importante. Jesus escolheu seus apóstolos com base em suas habilidades e formações diversas (alguns eram pescadores, um era coletor de impostos!). Romanos, 12 fala de pessoas com dons diferentes, ... professando, ... servindo, ... ensinando, ... encorajando a liderança". Efésio, 4:11 diz: "Foi Ele (Cristo) que deu a alguns serem apóstolos, profetas... evangelistas... pastores e professores". Todos da equipe possuíam "diferentes tipos de talentos e serviços, mas o mesmo espírito". A mensagem bíblica geral? Não importa o quanto pareça humilde, nenhuma parte da equipe é menos valiosa que outra.

Uma mensagem semelhante foi dada por Gordon Bethune em seus esforços para revitalizar a Continental Airlines, que estava adoecida. Em vez de usar o corpo ou um muro de pedras, Bethune usou um relógio como modelo. Em uma reunião, ele foi questionado por um funcionário que perguntou por que os agentes de reservas deveriam receber o bônus por uma performance pontual, visto que eles não afetavam a pontualidade da empresa aérea. Bethune coletou relógios e percebeu que, como o corpo humano, eles eram "milagres de colabora-

*Desenvolvimento de Equipe* 143

ção... centenas de peças se encaixando... cada peça do relógio com uma função... e qualquer parte que falhe pode prejudicar ou destruir a função de todo o relógio. Não lhe servirá se não tiver o ponteiro que marca a hora, mas ele é tão inútil sem o menor parafuso... que prende a mola principal..." Então, Bethune ergueu seu relógio e perguntou ao funcionário: "De que peça deste relógio você acha que não precisamos?". O funcionário não conseguiu responder e sentou-se.[10]

A lógica de Bethune era muito parecida com a do rei Davi, quando ele justificou dar parte dos espólios de guerra a homens que tinham meramente dado suporte logístico, mas que não tinham combatido na linha de frente. O rei Davi percebeu que toda a equipe tinha contribuído com o esforço, e ao dividir os espólios com todos, retoricamente ele estava perguntando: "De qual desses homens você acha que não precisamos?".

A ênfase de Bethune no trabalho de equipe tem sido um fator importante na revitalização bem-sucedida da Continental. Diz ele: "Uma linha aérea é a maior equipe esportiva que existe. São 40 mil pessoas trabalhando juntas... para um mesmo objetivo... Agora todos estão na mesma equipe e sabem disso... Todos sabem qual é a meta... Todos estamos trabalhando a partir das mesmas regras de jogo".[11]

Jack Stack, da Springfield Re, tem uma razão "individualista" para querer ser parte de uma equipe (ele decidiu limitar sua participação na empresa a 19%): "Eu não queria ficar só. Eu ia liderar a subida da montanha. Eu queria ter certeza de que quando chegasse ao topo da montanha e me virasse, haveria muitas pessoas atrás de mim. É fácil parar um sujeito, mas é muito difícil parar cem".[12] Esta foi a mesma filosofia que ajudou a assegurar a vitória de Joabe e Abisai, governadores bíblicos, cada um enfrentando um inimigo e sabendo que poderia precisar de ajuda. Eles aplicaram o conceito de "formação flexível de equipe": "Se os sírios forem mais fortes do que eu, tu me virás em socorro; e, se os filhos de Amom forem mais fortes do que tu, irei a socorrer-te". (2 Samuel, 10:12)

O nome Marc Andreesen não evoca necessariamente a imagem de um líder de equipe. Andreesen é o criador da Netscape, e ele poderia ser perdoado se tivesse um "ego inflado" como o de Sansão e pensasse que fizera tudo sozinho e poderia continuar fazendo isso (mas veja o que aconteceu com Sansão!). Contudo, as experiências de Andreesen, particularmente sua batalha pela participação de mercado contra a Microsoft, o convenceram do poder das equipes:

*Quando as pessoas saem, tendem a ir embora porque deixaram de acreditar em seu gerente. Uma equipe gerencial respeitada pode reter muito mais os funcionários e é por isso que uma empresa como a Microsoft, a Intel ou a Cisco poderia, de repente, fazer coisas radicalmente diferentes, e ainda assim fazer aquelas pessoas dizerem: "Tudo bem, nós o seguiremos".[13]*

## SELECIONANDO A EQUIPE

Quase todos nós nos lembramos da experiência de escolher lados para um batebola durante o recreio. A seleção das equipes ("escolher os lados") seria o previsor básico de como o jogo seguiria. Não importa quanto o "capitão" fosse bom, se ele ou ela tomasse fracas decisões quanto à seleção do time, o jogo estaria encerrado antes de iniciar. Todos sabiam o resultado, e a equipe que fosse vítima da má seleção só poderia esperar até que o sinal soasse para pôr fim ao massacre.

Todo ano, a National Basketball Association faz uma lista dos jogadores universitários. Há muito suspense em torno desse processo, porque todos sabem que a sorte de uma equipe, para o ano seguinte e os demais, depende dessa seleção. Não importa quanto alguém seja bom como treinador ou como líder, se não selecionar bem o time, estará em séria desvantagem. Red Auerbach, que durante anos foi treinador do bem-sucedido Boston Celtics, foi mestre em escolher os jogadores certos, principalmente um jovem chamado Bill Russell de uma escola desconhecida na Califórnia. Mas ele também escolheu um grupo de colegas de equipe para complementarem Russell, cada um com um papel específico a desempenhar.

"O modo como você seleciona as pessoas é mais importante que a maneira como você as gerencia quando estas estão no emprego", observa Auerbach. "Se você começa com as pessoas certas, não tem problemas mais tarde. Se você contrata as pessoas erradas... terá problemas sérios."[14] Auerbach sabia como selecionar a mistura certa de astros e os "jogadores comuns", e como fazê-los funcionar como equipe.

A Bíblia também é bem explícita quanto à importância de selecionar as pessoas certas para uma equipe. Antes de escolher doze apóstolos, Jesus foi para as montanhas e passou a noite orando a Deus. Ele sabia que tinha de ter a equipe certa para que sua mensagem se espalhasse pelo mundo. Quando Davi tornou-se rei, uma das primeiras coisas que ele fez foi selecionar um gabinete que era mui-

*Desenvolvimento de Equipe* — 145

to semelhante aos gabinetes apontados pelos chefes de estado hoje: pessoas experientes e sensatas que cumpram suas responsabilidades.

"Joabe... era do exército e Jeosafá era cronista; Zadoque... e Aimeleque eram sacerdotes; Seraías, escrivão... e os filhos de Davi eram ministros." (2 Samuel, 8:15-18). Presumivelmente, os filhos de Davi fossem jovens e inexperientes demais para assumir um posto dedicado no gabinete, mas ele queria prepará-los para maiores responsabilidades; um deles era Salomão, que se tornaria o mais sábio governante de Israel.

Um aspecto importante da formação de equipes é a complementaridade. O rei Davi selecionou suas equipes de guerreiros, em grande parte, com base em suas forças complementares: Um homem, Benaia, era hábil no manejo de um taco, que ele usou para combater um egípcio de mais de dois metros, brandindo uma lança. Aqueles da tribo de Benjamin eram arqueiros e "capazes de atirar flechas ou arremessar pedras com a mão direita e a esquerda". Os filhos de Gade "eram bravos guerreiros prontos para a batalha e capazes de manejar o escudo e a lança" (1 Crônicas, 11-12). Juntos, formaram uma equipe poderosa com forças complementares que podiam ser alavancadas em qualquer situação. A equipe de revitalização de Gordon Bethune na Continental Airlines também tinha forças complementares. E, como Jack Welch, sabia que não podia produzir um programa de TV, Bethune sabia que não podia defender um caso jurídico ou pilotar um avião. Ele precisava da melhor "equipe de gabinete" que conseguisse montar. Para ajudá-lo no financeiro, contratou Larry Kellner, que tinha trabalhado para um grande banco. Como EVP de operações, ele escolheu C. D. McLean, que tinha sido responsável pelo treinamento de pilotos na Piedmont Airlines. Para operações técnicas, escolheu um ex-diretor de operações técnicas na Piedmont. Para diretor operacional, escolheu Greg Brenneman, um consultor da Bain and Company que conhecia de perto os problemas da Continental, talvez até demais. Bethune lhe disse: "Greg, é uma oportunidade ser diretor operacional de uma empresa de 6 bilhões de dólares", e Brenneman replicou: "Sim, a pior empresa de 6 bilhões de dólares do mundo".

A nova "Equipe Continental" tinha habilidades diferentes, mas, como "os poderosos homens" de Davi, eles tinham uma atitude semelhante que os unia: abraçavam o desafio e o risco. "Eu queria pessoas que assumissem risco; queria realizadores", diz Bethune. "Queria pessoas capazes de ver a linha aérea que éramos e a que viríamos a ser."[15]

Um líder mais fraco teria selecionado homens mais fracos, que sem dúvida não teriam coragem de tomar as iniciativas corajosas necessárias para que a Continental revivesse. David Olgivy, o cabeça da Olgivy & Mather, costumava encorajar seus gerentes a contratarem pessoas *melhores* do que eles. Ogilvy dava a cada gerente novo um conjunto de bonecas russas, do tipo que ao se desenroscar a boneca maior vê-se uma menor dentro, até que a última boneca é um minúsculo pedaço de madeira." Se cada um de nós contratar pessoas menores que nós, nos tornaremos uma empresa de anões", explica ele. "Mas se cada um contratar pessoas maiores que nós, a Olgivy & Mather se tornará uma empresa de gigantes."[16]

De uma forma parecida, o apóstolo Paulo também aconselhou seus jovens protegidos a selecionarem suas equipes. Por exemplo, ele aconselhou Tito, seu discípulo na ilha de Creta, a selecionar alguém cujas qualidades superavam as suas:

> *Por esta causa te deixei em Creta, para que pudesses... de cidade em cidade estabelecesses presbíteros, como já te mandei. Aquele que for irrepreensível, marido de uma mulher, que tenha filhos fiéis, que não possam ser acusados de dissolução nem sejam desobedientes ou soberbos, nem iracundos, nem dados ao vinho, nem espancadores, nem cobiçosos de torpe ganância. (Tito, 1:5-7)*

Paulo teve critérios ainda mais rigorosos para a equipe de Timóteo em Éfeso. Além de todos os traços que ele mencionara a Tito, ele acrescentou que "seja irrepreensível, marido de uma mulher, vigilante, sóbrio, honesto, hospitaleiro, apto a ensinar... não briguento". O bispo tinha de ser "não dado ao vinho, não espancador, não cobiçoso de torpe ganância, mas moderado, não contencioso, não avarento. (1 Timóteo, 3) Sem dúvida, isto tornava a seleção um processo difícil para esses jovens "treinadores". Por outro lado, uma vez encontradas as pessoas que atendessem a esses critérios, sua função de dirigir a igreja se tornaria muito mais fácil.

À primeira vista, o chefe de uma importante empresa aérea, um treinador de basquete de charuto na boca, e um apóstolo e seus dois jovens protegidos pareceriam algo em comum. Mas todos percebiam a importância de selecionar as pessoas certas para a equipe.

# O PODER DAS EQUIPES

As pessoas que atuam em equipes podem alcançar objetivos surpreendentes que um indivíduo, ou mesmo um grupo de indivíduos, nunca poderia alcançar. E há uma grande diferença entre uma equipe e um grupo de indivíduos. De um grupo, Noé montou uma equipe que tinha pouca experiência em construir embarcações, mas uma forte dedicação uns aos outros e ao seu propósito. Moisés forjou um grupo de ex-escravos maltrapilhos em uma equipe forte (é claro, ajudou o fato de esses escravos anteriormente estarem divididos em tribos ou "grupos de trabalho"). Neemias construiu um muro com equipes. Josué derrubou muralhas com elas. E Jesus transformou um grupo pequeno e diverso de pescadores, coletores de impostos e trabalhadores em uma equipe que converteria a metade do mundo para sua missão.

O povo de Israel também passou por períodos de dissolução, falta de objetivos e egoísmo. Foi nesses tempos que eles degeneraram de uma equipe e se tornaram um mero "grupo". Eles se tornaram adoradores de ídolos e pararam de tratar uns aos outros com honra e ética. Como "ovelhas que se desencaminham do bando", em vez de se unirem com um propósito comum, "todos eles se tornam para o seu caminho" (Isaías, 56:11).

Esta era a situação do Chicago Bulls quando Phil Jackson assumiu como treinador. Os Bulls mais tarde venceram seis campeonatos NBA, mas só depois de serem capazes, orientados por Jackson, de funcionar como equipe. Na verdade, eles tinham o maior jogador da história do basquete em Michael Jordan, mas é fácil esquecer que Jordan já estava com os Bulls vários anos antes de eles se tornarem grandes e uma verdadeira equipe. De fato, durante os primeiros anos de Jordan com os Bulls, eles tinham dificuldade de ganhar qualquer temporada. A razão disso? Os Bulls eram um grupo, mas não uma equipe. O grupo era dominado por um jogador com imenso talento, mas que não era orientado para a equipe. Havia pouca sinergia entre os jogadores; a presença de Jordan realmente minimizou o potencial e o desenvolvimento dos outros. Em um "aperto" (o que era freqüente), os outros jogadores sabiam que sua função principal era passar a bola para Jordan. Se ele marcasse ponto, genial. Se não, eles não tinham nada a ver com isso.

Quando Phil Jackson assumiu como treinador, ele transformou um grupo medíocre com um jogador excelente em uma equipe campeã. Ele fez isso "deixando o *eu* se tornar o servo de *nós*". Encorajou Jordan a desenvolver suas habilidades orientadas para equipe (jogo defensivo e passe) para inspirar os outros jogadores a terem um desempenho melhor. Ele transformou Jordan em mais que um "astro"; ele o tornou líder. E, com o exemplo de Jordan, transformou os Bulls de um grupo sem objetivos em uma equipe em que todos (mesmo um substituto que jogou apenas alguns minutos em um jogo) tinham um papel a desempenhar e sabiam da importância que aquele papel tinha no esforço do campeonato. Como Neemias construindo o muro, Jackson entrou para o Bulls para "trabalhar com todo o empenho deles", de modo que o desempenho de todos fosse "como de um único homem".

Herb Kelleher também convocou a energia de sua equipe quando quis aprimorar a prevenção de acidentes na Southwest Airlines. Outras empresas aéreas teriam formado uma pequena força-tarefa e focado nas áreas mais diretamente responsáveis pela prevenção de acidentes, como tripulação de vôo e pilotos. O resto da "equipe" teria recebido um vago memorando sobre a "necessidade de segurança". Mas Kelleher convocou todos no esforço de prevenção de acidentes, mesmo que sua função parecesse ter pouco a ver com segurança. Sua mensagem a toda a organização foi que "somos uma equipe multifuncional, e toda a equipe trabalhará junto para que se fortaleçam mutuamente, de modo a prevenir acidentes". Ele fez os carregadores de bagagem observarem os pilotos em treinamento de simulação de vôo, e fez os pilotos observarem os carregadores de bagagem. Quando terminou, todos na equipe entenderam seu papel e o papel dos demais integrantes da equipe no aprimoramento da segurança e na redução de acidentes. Nas palavras de Romanos 12, Kelleher criou "um corpo" com "muitos membros" e "dons diferenciais", todos dedicados a um objetivo mais abrangente.

Outra organização onde um líder forte foca em "deixar o *eu* se tornar servo de *nós*" é a Disney. Michael Eisner percebeu que seus mais altos executivos trabalhariam melhor se fossem desenvolvidos como equipe. Ele também percebeu a importância de seu entendimento dos papéis de todo o "elenco" da Disney.

Então Eisner instituiu um programa chamado Disney Dimensions para sua alta equipe, que apelidou de "campo boot de sinergia". Durante oito dias, esses executivos vivenciam todos os aspectos da empresa, não em uma sala de treinamento, mas em primeira mão. Eles interpretam os personagens Disney na Disneylândia. Observam as camas feitas nos hotéis (e até fazem algumas) e observam

# Desenvolvimento de Equipe

o preparo de 100 mil refeições (provavelmente não têm permissão para "estragar o guisado", se fossem realmente preparar a comida — uma vez que isto não é algo que possa ser confiado a uma mão-de-obra não qualificada).

Diz Eisner: "Eles aprendem como é trabalhar no calor de 100 graus e com 100% de umidade (a alma dos israelitas no deserto), a limpar banheiros, cortar cercas vivas, fazer a conta de hóspedes e acalmar crianças cansadas". Os executivos mantêm essa rotina das 7h às 23h, durante uma semana.

No início, eles ficam apavorados com essa experiência, diz Eisner. "Mas pelo terceiro dia, eles adoram. No final do oitavo dia, eles estão totalmente ligados. Aprenderam a respeitar o que dezenas de milhares de pessoas fazem, e tornaram-se verdadeiros amigos ao mesmo tempo. Quando eles voltam a seus cargos, o que acontece é a sinergia, naturalmente."[17] Os executivos da Disney podem ter iniciado como "membros relutantes do grupo", mas essa experiência levou-os a participar de uma equipe que voluntariamente, e até entusiasticamente, sacrificou o ego individual pela unidade e os objetivos do grupo.

O rei Davi também foi um mestre formador de equipe que sabia como reforçar o espírito de equipe fazendo todos contribuírem voluntariamente. Davi encorajava seus seguidores a "deixarem o *eu* se tornar o servo de *nós*" dando um grande exemplo. Ele queria que seu povo doasse seus esforços e seu dinheiro para a construção do templo (o que seria executado pelo seu filho Salomão). Davi literalmente fez aquilo que pregava, sem garantia de que os outros seguiriam. Ele já tinha providenciado grandes quantidades de ouro, prata e pedras preciosas do tesouro nacional. Seu próximo passo na construção da equipe seria doar até mais ouro e prata de sua riqueza pessoal.

Apenas isto era preciso para atrair a equipe: "Então os chefes dos homens, e os príncipes das tribos de Israel, e os capitães de mil e de cem, até os chefes da obra do rei, voluntariamente contribuíram... E o povo se alegrou porque contribuíram voluntariamente; porque, com coração perfeito, voluntariamente deram ao SENHOR..." (1 Crônicas, 29). Para formar uma equipe, um líder deve, freqüentemente, ser o "membro da equipe consumado", um modelo disposto a dar, sem egoísmo, sua energia e recursos de modo que os outros sejam encorajados a contribuir.

Jan Carlzon, da SAS, sabia que precisava dos esforços de todos da equipe quando assumiu a Lineflyg, medíocre empresa aérea da Suécia e uma subsidiária da SAS. Ele podia ter se portado como um CEO típico ou um "rei" autocrático, entrando e impondo imediatamente sua autoridade e emitindo ordens. Em vez disso, agiu como o rei Davi, orientado para a equipe; ele pediu ajuda para todos os membros da equipe.

Carlzon montou o grupo (e um grupo é tudo o que seria naquele momento) e disse: "A empresa não está indo bem. Está perdendo dinheiro e com muitos problemas... Não posso salvar esta empresa sozinho. A única chance para a Lyneflyg sobreviver é se vocês me ajudarem — Tenho algumas idéias... Mas o mais importante: são vocês que me ajudarão, e não o contrário". Esse foi o primeiro passo para o "grupo" de Carlzon tornar-se uma equipe. "Pensamos que você fosse nos dizer o que fazer", observou um funcionário. "Mas você virou a mesa sobre nós".[18] Carlzon tinha conseguido "transformar o *eu* (inclusive ele) em *nós*".

Há muitas maneiras inovadoras de se desenvolver uma equipe. Todos nós conhecemos o "recuo do executivo" em que a direção pratica o trabalho de equipe incentivando uns aos outros a subirem paredes e descerem penhascos. A Talent Fusion, uma empresa de recrutamento digital em Harrisburg, Pensilvânia, concebeu um evento fora da empresa de formação de equipe que é mais conveniente e custa menos — eles têm um jogo de futebol americano por semana.

"Não se trata de ser proficiente em futebol americano", ressalta um dos executivos da empresa. "Trata-se de proficiência em formação de equipe... Conversamos sobre estratégia, como vamos vencer, quem vai fazer o quê — tudo isso é aplicável ao negócio em si. O ponto é fazer as pessoas pensarem na equipe e como atingir objetivos concretos."[19] Como o rei Davi e seus "homens poderosos", a Talent Fusion realiza uma reunião de negócio logo depois do jogo, quando todos estão quentes, suados e entusiasmados. É uma maneira excelente de romper barreiras e aumentar o compromisso da equipe.

Mas, às vezes, um líder deve dar mais que ouro e prata para conseguir que as pessoas ajam como equipe. Ele pode ter de desistir de algo ainda mais precioso — seu escritório. George Colony, CEO da Forrester Research, uma empresa de pesquisa da internet, achava que seus funcionários trabalhariam de forma mais colaborativa se ele os tirasse dos escritórios e formasse um "silo" na sala central de computadores. Primeiro, a reação foi tudo, menos algo parecido com uma equipe. "Todos gritaram", diz Colony bestificado. Então ele saiu de seu escritório suntuoso e também entrou no silo. "Aquela nova equipe incendiou a empresa", ele diz entusiasmado. "Dividimos nossas lágrimas e medos, e

*Desenvolvimento de Equipe* — 151

no final do ano, dançamos em cima da mesa para comemorar nosso sucesso... É como estar em um esquadrão de oito ou dez pessoas no exército. Você fica tão envolvido que está disposto a morrer pelo sujeito ao seu lado".[20] Não sabemos se Colony consultou o Livro de Neemias (em que os homens estavam dispostos a morrer perto uns dos outros para reconstruir um muro), ou tinha qualquer conhecimento se Davi teria se misturado aos seus "homens poderosos", mas ao sair do seu escritório, certamente ele estava seguindo seus princípios de formação de equipe. Doe-se e junte-se às tropas.

Mas o *eu* não se torna *nós* sem certos sacrifícios pessoais dolorosos. Os discípulos foram solicitados a abrir mão de seus pais e mães, bem como qualquer lar físico permanente, a seguir Jesus: "As raposas têm covis e os pássaros que voam têm ninhos, mas o Filho do homem não tem onde reclinar a cabeça". (Mateus, 8:20) Quem quisesse estar na equipe de Jesus teria de abrir mão de muito.

A G. Edwards tem sido uma corretora bem-sucedida há cem anos. Eles conseguiram isso através de uma abordagem de equipe muito diferente da atitude típica "primeiro eu", vista na maioria das corretoras. A exemplo de Phil Jackson e do rei Davi, o vice-presidente corporativo Greg Hutching nota: "Ao contrário de outras firmas, não temos um corpo de estrelas. Aqui sempre se coloca a equipe primeiro e o cliente primeiro... você é recompensado por... ser participante de uma equipe, diferentemente de outras empresas em que todos buscam seus interesses".[21]

A G. Edwards consegue esse "espírito de equipe" através de suas ações, e não apenas por conversas vazias ou incentivos. Em um negócio em que "o dinheiro fala alto", eles gritam a "mensagem da equipe" em alto e bom som, vinculando toda bonificação gerencial aos lucros da empresa, e não a comissão sobre os ganhos dos subordinados diretos de um gerente. Isso assegura um mínimo de críticas e um esforço unificado, amplo, da empresa, onde todos estão dispostos a ajudar uns aos outros, e não apenas para aquele "sentimento de equipe", às vezes, etéreo, mas também para o sucesso financeiro do grupo. Você não será solicitado a abrir mão de sua mãe e seu pai, mas se estiver disposto a sacrificar comissões, dará um bom "integrante de equipe" na A. G. Edwards.

A GE Plastics viu-se diante de um duplo desafio quando adquiriu a Borg-Warner Chemicals em uma fusão: como preservar a efetividade de sua equipe existente enquanto se integra os membros da empresa adquirida à equipe geral. As culturas corporativas eram díspares, como o eram muitas das habilidades.

A GE Plastics tinha uma cultura mais jovem, individualista e agressiva; a Borg-Warner Chemicals tinha funcionários mais velhos que estavam acostumados com uma cultura mais paternalista.

A solução para integrar essas duas culturas era formar uma equipe com uma missão: renovar cinco instalações sem fins lucrativos em uma área de San Diego, inclusive uma YMCA, um abrigo de sem-teto, e um clube de meninos e meninas. Joel Hutt, gerente de comunicações de marketing da GE Plastics, montou as "tropas" e mostrou-lhes fotos de instalações em péssimas condições. "O diretor 'Y' diz que para consertar esse local custará 500 mil e levará anos. Bem, vim aqui dizer... Este Exército da GE vai atacar este lugar. Vamos fazer isso em oito horas, e amanhã!"

Misturando deliberadamente pessoas de duas empresas (e também mesclando suas habilidades), as equipes reconstruíram um campo de futebol americano, fizeram paisagismo, e colocaram novas janelas e uma parede de retenção. (Ao contrário da equipe de Neemias, eles não tinham de combater atacantes armados que tentavam impedi-los de construir!) Eles usaram mil metros quadrados de ladrilhos, 200 metros quadrados de carpete, e 550 galões de tinta e plantaram mais de mil flores, arbustos e arvoredos.

A reforma do diretor "Y" e os outros projetos de serviço comunitário foram o ponto fundamental para integrar a GE Plastics e a Borg-Warner. Elas deixaram de se ver como "a concorrência" ou "a de fora". "Estávamos sujos, cansados, encardidos e muito orgulhosos de tomar parte em todo o projeto", diz um funcionário. "Como um ex-funcionário da Borg-Warner, qualquer dúvida que eu tinha quanto ao tipo de empresa onde eu queria trabalhar... essas perguntas desapareceram."[22]

Esse projeto lembra a equipe montada por Salomão para construir o templo, embora a equipe de Salomão fosse um pouco maior — 30 mil trabalhadores, 70 mil carregadores, 80 mil cortadores de pedras e 3.300 empreiteiros para supervisionar a iniciativa gigantesca. Tanto a equipe de Salomão quanto à da GE foram atraídas por um líder forte e um propósito abrangente.

Para ambas as equipes, a comemoração da realização era importante. Entretanto, a comemoração da equipe da GE provavelmente não se aproximou da escala da equipe de Salomão depois que eles completaram a construção do templo — quatorze dias de cerimônia e festejos. Bem, havia menos urgência de tempo naqueles dias, e as pessoas tinham mais tempo para comemorar.

## DESAFIOS PARA A FORMAÇÃO DE EQUIPE

Formar uma equipe pode ser romantizado demais. É um processo desafiador, confuso e freqüentemente assustador. Moisés foi desafiado na terra árida por membros da equipe de rebeldes que questionavam se a jornada fazia sentido e sugeriram um retorno à segurança (e ao escravismo) do Egito. E toda a equipe se desviou de sua missão, construindo um bezerro dourado enquanto Moisés se retirou nas montanhas, recebendo orientação divina de seu mentor.

Em Gálatas 5:15, Paulo advertiu aos primeiros cristãos que eles corriam grande risco quando cessaram de agir como equipe: "Se vós, porém, vos mordeis e devorais uns aos outros, não vos consumais também uns aos outros". E o profeta Naum advertiu o rei da Assíria de que seu destino estava selado porque sua equipe estava se tornando improdutiva e se desintegrando: "Os teus pastores dormirão, ó rei da Assíria, os teus ilustres repousarão, o teu povo se espalhará pelos montes, sem que haja quem o ajunte" (Naum, 3:18).

Muitos líderes modernos também atingiram obstáculos ao tentarem formar e dirigir equipes. Apesar dos desejos expressos da maioria dos funcionários de fazerem "parte de uma equipe real", muitos reclamam quando são convidados a participar. Quando lhe perguntaram que aspectos da mudança da Nestlé mais deixavam as pessoas reticentes, o CEO Peter Brabeck-Letmathe respondeu:

> *Você vai ficar surpreso — é a colaboração. Muitas pessoas gostam de trabalhar em estruturas piramidais porque estas são claras. Mas o aprimoramento contínuo não sobrevive realmente nesse tipo de ambiente... Francamente, isto é o mais difícil para as pessoas no nível gerencial médio aceitarem. Elas acham que estamos acabando com a hierarquia, que elas estão perdendo poder.[23]*

Brabeck-Letathe acrescenta que está disposto a trabalhar com aqueles que "não sabem como" colaborar. Mas aqueles que se recusam a trabalhar como equipe e a aceitar seu lugar na equipe têm um futuro limitado na organização.

Gordon Bethune, da Continental, ecoa este sentimento. "As pessoas que desenvolveram a cultura aqui eram de uma cultura que focava a segmentação", observa ele. "Eu ganho. Você perde. A maioria dessas pessoas não estava pronta para atuar como membros de equipe. Tínhamos que fazer mudanças."[24]

Outro líder que historicamente tem enfrentado o desafio da "equipe" é Steve Jobs. Isso pareceria lógico quando se considera que se trata de um gênio intuitivo e técnico que começou a trabalhar sozinho em sua garagem. Ele tinha pouca experiência com a vida organizacional corporativa, fosse hierárquica ou orientada para equipes. "A liderança de Jobs não permitia a colaboração", observa o colega do setor, Charles B. Wang. "Seus colegas eventualmente suspendiam seu próprio julgamento quando entravam no que era denominado campo de distorção da realidade de Jobs... O trabalho de equipe não se sustenta em um ambiente que bloqueia os que têm opiniões divergentes. Se a sua visão não pode sobreviver ao ataque, talvez não valha a pena defendê-la."[25]

Devido ao empenho e ao brilhantismo técnico de Jobs, ele recebeu uma segunda e uma terceira chance para gerenciar equipes — na Next, novamente na Apple e com outras iniciativas. Se a habilidade de Jobs para gerenciar equipes crescer ao nível de sua competência técnica e visão estratégica, provavelmente não haverá nada que ele não seja capaz de realizar.

Jack Welch não desenvolveu a orientação de equipe da GE da noite para o dia. Muitos de seus gerentes estavam acostumados a defender seus territórios; como os governadores na Palestina antiga, eles protegiam zelosamente seu direito às pessoas, à terra e ao dinheiro. Mas com o tempo Welch conseguiu instituir uma cultura orientada para a equipe, particularmente através de seus conclaves gerenciais realizados no famoso Centro de Desenvolvimento Gerencial da GE, em Crotonville. Quando o chefe da divisão de aparelhos teve um problema com o compressor de refrigeradores, os gerentes de outros negócios viram que ele tinha sido vítima de má sorte, e assim contribuíram com "20 milhões aqui, 10 milhões lá", da mesma forma que o povo de Israel meteu a mão no bolso para ajudar a construir o templo.

Nem toda história de esforço de equipe tem finais felizes como este. Aqueles que trabalham em qualquer tipo de organização sabem que é fácil ser cético quando os gerentes e líderes de qualquer nível começam a falar sobre "a equipe" e todas as suas maravilhosas realizações. Com freqüência essas declarações são infladas, mascaram dissensão ou recompensam aqueles que realmente contribuíram minimamente para o sucesso da equipe.

É por isso que as realizações de equipe de Max De Pree na Herman Miller são tão notáveis. Ele abriu toda a sua organização a James O'Toole, um consultor gerencial com olho vivo para identificar qualquer dissimulação e "encobrimen-

*Desenvolvimento de Equipe* ──────────────────── 155

to" pelos CEOs. O ceticismo inicial de O'Toole foi atenuado quando De Pree lhe deu permissão para ir a qualquer lugar e falar com qualquer um na empresa, gerente ou trabalhador. Essa distinção foi para os ares, pelo que ele descobriu:

> *O único problema era que eu não conseguia distinguir um do outro (os gerente dos trabalhadores!). As pessoas que pareciam ser trabalhadores de produção estavam engajadas em resolver os problemas "gerenciais", de aprimorar a produção e a qualidade. As pessoas que pareciam ser gerentes arregaçavam as mangas e estavam trabalhando, lado a lado, em um esforço geral para produzir o melhor produto da maneira mais efetiva."*[26]

Se O'Toole tivesse visitado Jerusalém enquanto a equipe de Neemias estava construindo o muro ou enquanto os "homens poderosos" de Davi estavam planejando sua próxima escapada, ele provavelmente teria proferido palavras semelhantes. Nas melhores equipes, a posição se torna subordinada ao propósito.

## DELEGAR

As equipes funcionam melhor quando o líder pode delegar tarefas e autoridade. Um dos primeiros e melhores delegadores foi Moisés, que aprendeu a duras penas que um homem, não importa quão talentoso, não podia liderar sozinho. Moisés estava tentando dirigir cada aspecto de "Crianças de Israel, Ltda.", de sopa a nozes (na pior hipótese, isso era tudo o que as tribos possuíam, mas suas fortunas cresceram, e também seus recursos e a complexidade de governá-los).

Foi preciso um "consultor" para apontar a Moisés a ineficiência de tentar dirigir tudo sozinho, e o estresse e a fadiga resultantes que ele estava sentindo. Esse consultor por coincidência também era seu sogro, Jetro, que se sentia obrigado a lhe perguntar:

> *Por que te assentas só, e todo o povo está em pé diante de ti, desde a manhã até à tarde? Não é bom o que fazes. Fatalmente desfalecerás, assim tu como este povo que está contigo; porque este negócio é mui difícil para ti; tu sozinho não o podes fazer... E tu dentre todo o povo procura homens capazes, tementes a*

*Deus, homens de verdade, que odeiem a avareza; e põe-nos sobre eles por maio-*
*rais de mil, maiorais de cem, maiorais de cinqüenta, e maiorais de dez... Para*
*que julguem este povo em todo o tempo; e seja que todo o negócio grave tragam*
*a ti, mas todo o negócio pequeno eles o julguem. (Êxodo, 18)*

Uma vez que Moisés apontou equipes e líderes, a fila fora de sua tenda (que provavelmente não era mais longa que em qualquer Departamento de Recursos Humanos) e seu nível de estresse diminuíram significativamente.

Steve Case da AOL tinha um problema parecido quando começou. Como muitos empreendedores, ele tentou fazer tudo e tinha dificuldade para delegar. Até escrevia as propagandas da AOL e os press-releases. "Eu estava envolvido em todas as decisões", escreve Case. Não sabemos se Case tinha um bom conselheiro como o sogro de Moisés ou se ele chegou sozinho a suas próprias conclusões, mas finalmente percebeu que "a única forma de alguém criar uma empresa significativa é desempenhar o papel de quem guia as coisas e não de quem faz coisas".[27]

Para ser capaz de delegar, é preciso confiar nos membros de sua equipe, para que saibam quais são seus papéis e para serem capazes de desempenhá-los (tal vez com um pouco de treinamento). Neemias sabia que não podia reconstruir o muro de Jerusalém sozinho, então ele selecionou líderes capazes ("delegações de homens confiáveis") para gerenciarem cada parte do negócio: "E a porta do peixe edificaram os filhos de Hassenaá... A porta do vale reparou-a Hanum... E a porta da fonte reparou-a Salum, filho de Col-Hozé" (Neemias, 3). E depois que o muro foi edificado, Neemias também se certificou de que seu irmão confiável, Hanani, estivesse lá para proteger as portas e a parede juntamente com o comandante da cidadela. (Neemias, 7)

Talvez o delegador bíblico mais hábil tenha sido Jesus. Ele escolheu seus doze discípulos cuidadosamente e os enviou com instruções específicas. Um bom delegador escolhe a pessoa certa para a tarefa certa e é muito específico quanto à tarefa e ao que aquele membro da equipe está autorizado a fazer:

*E [Jesus] convocando os seus doze discípulos, deu-lhes virtude e poder so-*
*bre todos os demônios, para curarem enfermidades... E disse-lhes: Nada leveis*
*convosco para o caminho, nem bordões, nem alforje, nem pão, nem moedas... nem*
*tenhais duas túnicas. E em qualquer casa que entrardes, ficai ali e de lá saireis. E*
*se em qualquer cidade não vos receberem, saindo vós dali, sacudi o pó dos vossos*
*pés, em testemunho contra eles." (Lucas, 9:1-5)*

Jesus, em seguida, enviou mais 72 delegados mais com instruções semelhantes. E os enviou em equipes de dois para suporte mútuo. E todos nós sabemos como seus seguidores aumentaram dramática e exponencialmente a partir desse pequeno grupo original.

Por outro lado, Dennis Holt, fundador da Western International Media, foi o "homem que não podia delegar". A tenacidade obstinada de Holt intimidava seus competidores. Ele era um viciado em trabalho que se recusava a abrir mão de qualquer parte da tarefa. Seus rivais viam seu carro parado na frente do escritório sete dias por semana. E não era apenas um boato; ele estava realmente lá, trabalhando! Infelizmente, Holt, às vezes, estava lá pela razão errada — sua incapacidade de delegar. Essa era uma "maldição... Eu me envolvo totalmente, não delego", choramingou ele. Finalmente, foi forçado a delegar (mas só depois que seu casamento desandou). Ele promoveu seu diretor operacional, Michael Kassan, a presidente. Para seu prazer, ele e Kassan se complementaram bem e formaram uma equipe excelente.[28] Embora ele ainda tivesse que designar representantes em mais de "milhares, centenas e dezenas", ele tinha pelo menos começado o processo de delegar responsabilidade a outros, além dele. Se ele tivesse tido um consultor (ou sogro) como Jetro, talvez pudesse ter aprendido a delegar muito antes.

## DELEGANDO PODER E DESENVOLVENDO A EQUIPE

Líderes competentes sabem que ninguém pode montar um grupo de indivíduos não qualificados, chamá-lo de "equipe" e esperar que alcance grandes objetivos organizacionais. É preciso dar poder aos integrantes da equipe, dando-lhes as ferramentas e a autoridade para realizarem sua tarefa. É preciso desenvolver a equipe, dar a ela e a seus membros as habilidades necessárias, e lhes dar constantemente a oportunidade de aperfeiçoarem suas habilidades para estarem à altura de tarefas cada vez maiores.

O apóstolo Paulo deu a seu jovem protegido, Tito, instruções específicas para desenvolver os integrantes de sua equipe em cada nível: "Os velhos [altos executivos], que sejam sóbrios, graves, prudentes, sãos na fé, no amor, e na paciência; As mulheres idosas [altas executivas], semelhantemente, que sejam sérias no seu viver, como convém a santas, não caluniadoras, não dadas a muito vinho...

Para que ensinem as mulheres novas... Exorta semelhantemente os jovens a que sejam moderados..." (Tito, 2:2-6)

O protegido de Paulo em Éfeso, Timóteo, tinha uma prontidão e um nível de experiência diferente, e então recebia instruções diferentes sobre como construir e desenvolver sua equipe: "Mas rejeita as fábulas profanas e de velhas, e exercita-te a ti mesmo em piedade... Manda estas coisas e ensina-as. Ninguém despreze a tua mocidade... Tem cuidado de ti mesmo e da doutrina". (1 Timóiteo, 4)

Os líderes modernos também dão alta prioridade ao desenvolvimento de suas equipes. A Rosenbluth Travel tem o programa Associado do Dia. Qualquer funcionário que esteja interessado em uma determinada área pode acompanhar durante um dia um executivo. Mais de cem funcionários escolheram passar o dia com o próprio Rosenbluth, aprendendo novas habilidades e observando como um executivo se conduz, estrutura seu dia e trabalha com a equipe.

Na Trilogy Software, cada novo recrutado (jovem, nos termos de Paulo) tem um responsável. Se o recrutado for aprovado, o responsável recebe um bônus de mil dólares. Se não for, o responsável recebe uma multa de 4 mil dólares. (Paulo não dava recompensas em dinheiro a seus jovens protegidos, mas dava recompensas intrínsecas para desenvolver suas equipes, e mais autoridade.)

Na Home Depot, os gerentes de loja são constantemente encorajados a delegar poder e desenvolver a si e às suas equipes. Eles têm uma grande liberdade para pedirem produtos, fixar preços e contratar pessoas, com um mínimo de interferência corporativa.

Bill O'Brien, CEO da Hanover Insurance, uma das empresas de seguro com melhor desempenho da década passada, percebe que a palavra *equipe* soa falsa se as pessoas não têm autoridade para tomar decisões cada vez mais complexas ou não recebem treinamento para isso: "No tipo de organização que buscamos construir, o pleno desenvolvimento das pessoas está no mesmo plano do sucesso financeiro".[29]

Como Paulo, todas essas organizações percebem que uma equipe só é tão forte quanto seus membros individuais, que os membros devem ser constantemente desenvolvidos, e que as recompensas financeiras podem motivar um grupo, mas são necessárias recompensas maiores para criar e delegar poder a uma verdadeira equipe.

*Desenvolvimento de Equipe* 159

# Lições bíblicas sobre
# Desenvolvimento de Equipe

❖ Uma equipe é um grupo de indivíduos que pode ter diferentes necessidades, mas está perseguindo um objetivo comum, unificador.

❖ Uma equipe efetiva é mais do que a soma de suas partes; uma equipe ineficiente atinge menos que indivíduos trabalhando sozinhos poderiam atingir.

❖ Reconheça talentos únicos e a motivação de cada membro da equipe.

❖ Uma equipe cuidadosamente selecionada com forças complementares tem um desempenho melhor que uma coleção de indivíduos talentosos que estão competindo para serem a "estrela".

❖ Um líder forte ganha mais poder, e não é ameaçado ao selecionar fortes integrantes para a equipe.

❖ Lembre a cada membro da equipe como suas ações contribuem para os objetivos do grupo.

❖ Lembre os membros da equipe que mesmo o líder mais poderoso e competente não pode fazer isso sozinho e que você precisa da ajuda deles.

❖ Recompense ativamente ações e atitudes orientadas para a equipe.

❖ Espere resistência à formação da equipe. Supere-a com encorajamento verbal e ações que confirmem seu compromisso com a abordagem da equipe.

❖ Delegue aos membros da equipe de acordo com suas forças e necessidades de desenvolvimento.

CAPÍTULO OITO

# Coragem

*E tu, ó filho do homem, não os temas, nem temas as suas palavras; ainda que estejam contigo sarças e espinhos, e tu habites entre escorpiões."*
— EZEQUIEL, 2:6

*Não te mandei eu? Esforça-te, e tem bom ânimo; não temas, nem te espantes; porque o* SENHOR *teu Deus está contigo, por onde quer que andares.*
— JOSUÉ, 1:9

Josué, Jack Welch e o Leão Covarde de O *Mágico de Oz* podem parecer um trio improvável, mas cada um reconheceu, a seu modo, o valor da coragem. Repetidas vezes, Josué exibiu esse traço ao derrubar muros aparentemente intransponíveis e estimulou os hebreus a lutarem em condições aparentemente insuperáveis. Welch, que passou grande parte de seu tempo desenvolvendo líderes no Centro de Desenvolvimento Gerencial da GE em Crotonville, Nova York, trabalhou com muitos candidatos tecnicamente aptos para a alta gerência. Ele notou que o que distinguia um gerente de um líder era "o instinto e a coragem para tomarem atitudes duras — com determinação, mas com justiça e absoluta integridade".

O Leão Covarde é outra história. Ele começou como um não-líder, sem propósito e com um comportamento feroz que escondia uma falta total de coragem. Quando os membros do "Grupo de Oz" se aproximaram do leão, ele estava

*Coragem* ——————————————————————————— 161

se ocupando com uma tarefa insignificante de assustar qualquer um que aparecesse pelo caminho. Só quando ele encontra sentido por meio de um objetivo e lealdade mutuamente partilhados com os outros do grupo é que sua verdadeira coragem aparece. No desenrolar da história, o leão conhece personagens muito mais ferozes que aqueles que ele tentava amedrontar no início. Sua coragem cresce e ele passa a proteger sua equipe e a se dedicar cada vez mais à missão do grupo, que se funde totalmente com sua própria missão.

Parte do problema do leão, evidentemente, não é tanto sua necessidade de desenvolver a coragem, mas sim como defini-la. O leão supôs que por sentir medo, ele não era tão corajoso quanto se supõe que seja o "Rei da Floresta". O que ele (e a maior parte dos líderes empresariais e bíblicos) precisava aprender é que a coragem não é a ausência de medo, mas a disposição para agir apesar de sentir medo: "Sinta o medo e afaste-o".

A Bíblia está repleta de heróis e líderes que exibem muitos tipos de coragem: física, política e moral. O protótipo, evidentemente, é Davi, o menino pastor confrontando um gigante pesadamente encouraçado, pronto para a batalha, e que proclamou ao rei Saul: "Não te mandei eu? Esforça-te, e tem bom ânimo; não temas, nem te espantes; porque o SENHOR teu Deus está contigo, por onde quer que andares" (1 Samuel, 17:32). A rainha Ester arriscou sua posição privilegiada (e sua própria vida) no palácio real para salvar seu povo da extinção. O profeta Jeremias dispôs-se a arriscar a morte para advertir os governantes de sua nação que sua extinção viria se eles não mudassem suas maneiras de idolatrar; ele não foi vítima da morte, mas se sujeitou a vários aprisionamentos e torturas. Daniel enfrentou a ira do rei em vez de negar suas crenças. E Jesus e seus discípulos se sujeitaram à perseguição legal, a surras, ao ridículo e à morte. A coragem, apoiada por convicção interior, foi o que os manteve atuantes.

## O PODER DA CORAGEM

Os líderes que possuem coragem têm um traço que pode permear e transformar tudo o que eles fazem. A coragem é, freqüentemente, a ponderação crítica no "guisado da liderança". Sem ela, ninguém nem quer provar o guisado; mesmo a vitória pode ter um sabor insípido. Com ela, toda empreitada é uma aventura, algo a ser saboreado por todos, tenham ou não sucesso (mas com coragem, a probabilidade de sucesso aumenta enormemente).

Os líderes da Bíblia foram confrontados com tarefas grandes mas inspiradoras, e perceberam que a necessidade de coragem era proporcional à dimensão e à importância dessas tarefas. Portanto, os apelos para os líderes terem coragem são muitos e freqüentes:

> *Esforça-te, e tem bom ânimo; porque tu farás a este povo herdar a terra que jurei a seus pais lhes daria. (Josué 1:6) Lembre-se de que esta terra estava repleta de inimigos.*
>
> *Esforçai-vos, e animai-vos; não temais, nem vos espanteis diante deles; porque o SENHOR teu Deus é o que vai contigo; não te deixará nem te desamparará. (Moisés ao povo de Israel, Deuteronômio, 31:6).*
>
> *Esforça-te e tem bom ânimo, e faze a obra; não temas, nem te apavores.(1 Crônicas, 28:20).*

Se essas mensagens parecem repetitivas, lembre-se de que os obstáculos enfrentados por esses líderes eram de grande escala e infindáveis. Eles precisavam ser lembrados constantemente para serem corajosos. O mesmo acontece com o líder moderno. Tire a coragem de um líder e você ficará com um mero gerente, ou pior, com um funcionário que dita, sem inspiração, as regras da burocracia.

Arthur Martinez viu a necessidade da coragem tanto em si quanto nos executivos ao assumir as operações de vendas por catálogo e no varejo da Sears, uma empresa respeitável, mas enfraquecida. Ao se reunir com cada candidato a uma posição gerencial sênior, ele não poupava palavras sobre o tamanho do desafio, a coragem necessária para enfrentá-lo e as recompensas do sucesso. "Esta é uma das maiores aventuras na história dos negócios", ele dizia aos candidatos. "Você precisa ter coragem, estar cheio de confiança. Se agirmos assim, ficaremos mais ricos, sim. Mas, mais que isso, teremos essa incrível gratificação pessoal. Como você pode deixar de fazer isso?"[1] Foi exatamente essa atitude corajosa que deixou os seguidores de Moisés, Josué e Jesus com pouca opção além de "lidarem com a situação".

Às vezes, fazer, simplesmente, parte da equipe de um determinado líder exige que o seguidor comece a desenvolver, ou desenvolva rapidamente uma forte noção de coragem. Em uma carta de Paulo ao seu jovem pupilo, Timóteo, ele o exorta a ter coragem em sua missão: "Esforça-te e tem bom ânimo, e faze a obra; não temas, nem te apavores". (2 Timóteo, 1:7)

Timóteo era jovem e inexperiente, mas sem dúvida sua noção emergente de coragem foi reforçada pela mensagem confiante de Paulo: "Se você está no meu grupo, é porque você é uma pessoa com coragem". As pessoas da equipe sênior de Lou Gerstner na IBM são mais experientes que Timóteo, mas o próprio fato de estarem na equipe também é uma afirmação de suas qualidades corajosas. "Se você está na equipe de Lou, é uma pessoa poderosa. Os tímidos não se dão muito bem por aqui", observa um vice-presidente sênior do grupo de software da IBM.[2] Em ambas as equipes de Paulo e de Lou, a coragem de se manifestar e agir é um requisito.

Outro líder a quem o "espírito de timidez" é desconhecido é Herb Kelleher, da Southwest Airlines (sem dúvida, o sucessor de Herb será igualmente corajoso e audacioso). Kelleher declarou: "Você precisa estar disposto a assumir riscos pelas pessoas. Se você não lutar por seu povo, então poderá contar que este não lutará por você".[3] Como Kelleher lutou pelos seus? Primeiramente, no setor de empresas aéreas, instável, ele nunca teve uma demissão. E há também sua "coragem legal". A Southwest perdeu o primeiro round de uma batalha judicial, gastando mais de 500 mil dólares somente para que a corte determinasse que Dallas, Houston e San Antonio já tinham serviço aéreo adequado e que não havia necessidade de outra transportadora como a Southwest. Eles perderam o apelo também. Kelleher continuou a representar a empresa na justiça e pagou cada centavo das custas judiciais do próprio bolso. Diz Colleen Barrett, "o vice", de Kelleher: "A mentalidade de guerreiro, a própria luta para sobreviver foi verdadeiramente o que criou nossa cultura."

Paulo mostrou enorme coragem no Livro dos Atos. Ele estava lutando para instituir o cristianismo como religião em um ambiente hostil e incerto. Ele sabia que tinha uma tarefa a completar e sabia que sua próxima parada seria Jerusalém, mas isto é certamente tudo o que ele sabia: "E agora, eis que, ligado eu pelo espírito, vou para Jerusalém, não sabendo o que lá me há de acontecer, senão que... de cidade em cidade... me esperam prisões e tribulações". (Atos, 20:22-23)

Um líder moderno que enfrentou um ambiente hostil e uma jornada incerta foi Tom Tiller. Aos 29 anos, ele assumiu a fábrica de fogões da General

Electric em Louisville, Kentucky. A linha de fogões estava perdendo 10 milhões de dólares por ano, um dos seis edifícios de produção tinha sido fechado, houve um grande número de demissões e a matriz não ia investir mais dólares em um negócio que estava perdendo dinheiro e parecia estar distante de inovações.

O primeiro ato de Tiller foi demitir mais quatrocentos funcionários. Depois, ele decidiu "ir a Jerusalém". Instintivamente, sabia que tinha de procurar fora, no mercado, para encontrar soluções, e não dentro, em uma operação encravada, que perdia dinheiro. Então Tiller fretou um ônibus e levou quarenta funcionários em caravana até a Kitchen and Bath Show, em Atlanta. Eles não sabiam exatamente o que fariam ou aprenderiam lá, mas sabiam que precisavam adquirir uma visão mais ampla de seu setor e trazer de volta várias idéias inovadoras e viáveis.

"Temos de fazer alguma coisa, e rápido", Tiller exortou suas tropas. "Não temos 142 anos para fazer isto." Alguns devem ter chamado a expedição de Tiller de imprudente, e não corajosa. Ele não tinha idéia do que traria de volta, mas sabia que tinha que ir a algum outro lugar para experimentar outra coisa. Mas sua coragem pioneira compensou. Em dezoito meses, a GE tinha três novos produtos desenhados, construídos e entregues. A divisão de fogões foi de uma perda de 10 milhões de dólares, em 1992, a um lucro de 35 milhões de dólares, em 1994.

Tom Tiller é corajoso? Quando a GE estava com problemas com as alças do fogão que quebravam, Tiller tornou prioridade desenhar uma alça inquebrável. Como ele provou que ela seria inquebrável? Tirou uma foto enquanto ficava sob um guindaste que estava erguendo um fogão GE pela alça![4]

Patrícia Carrigan foi a primeira mulher a gerenciar uma fábrica de montagem na General Motors. Isso exigiu muita coragem. Porém, ela enfrentou inúmeros problemas extraordinários que testaram sua coragem ainda mais. O primeiro foi sua formação; ela contava com mais anos de estudos do que como profissional. Também, a fábrica de Lakewood fora de Atlanta tinha fechado durante um ano e meio antes de sua gestão. Ao fazer a fábrica reviver, as reclamações estavam próximas de zero, o absenteísmo tinha declinado de 25% para 9% (apesar de sua adição das horas semanais), e os custos com doença e acidentes foram cortados em dois terços. Além disso, foi a primeira fábrica na história da GM a atingir o padrão de "alta qualidade" da empresa em sua primeira auditoria publicada desde a abertura.

Carrigan alcançou esses objetivos exibindo coragem e assumindo riscos. "Se você vai esperar que uma organização assuma riscos, você precisa mostrar certa disposição para fazer isso também", afirmou ela. Carrigan iniciou uma nova

*Coragem* 165

abordagem de trabalho que literalmente "derrubava as paredes" entre os trabalhadores e a direção. Ela instituiu uma aula de treinamento que dava aos funcionários informações detalhadas de negócio e os desafiava a conceber conjuntamente planos desenvolvidos para aprimorarem o desempenho do negócio. Ela também formou mais de cem grupos de trabalho voluntários para resolver problemas. Isso exigiu coragem em um ambiente onde as relações entre trabalhadores e direção eram freqüentemente antagônicas. Quando ela saiu, o sindicato local lhe deu uma placa por sua "liderança, coragem, assunção de riscos e honestidade".[5]

Em um exemplo bíblico, os discípulos Pedro e João também eram homens inicialmente "fora do contexto", exceto por seu problema ser o oposto do de Carrigan. Enquanto Carrigan tinha "formação demais", eles não tinham escolaridade nenhuma, apenas coragem e inspiração. Pedro e João não fizeram uma fábrica reviver, eles deram nova vida a um homem, um pedinte aleijado sentado ao lado das portas do templo. Quando eles o encorajaram a levantar-se e a andar, foram levados imediatamente perante a corte, que questionou o poder por eles usado para o curarem.

Pedro e João explicaram à corte que sua fé lhes permitira curar o homem aleijado, e eles não negavam sua aliança com Jesus, em nome de quem eles tinham curado. "Então eles, vendo a ousadia de Pedro e João, e informados de que eram homens sem letras e indoutos, maravilharam-se e reconheceram que eles haviam estado com Jesus" (Atos, 4:13). Mas também ficaram alarmados. E, chamando-os, disseram-lhes que absolutamente não falassem nem ensinassem, no nome de Jesus. A resposta corajosa de Pedro e João? "Julgai vós se é justo... ouvir-vos antes a vós do que a Deus, porque não podemos deixar de falar do que temos visto e ouvido." (Atos, 4:19-20)

Patrícia Carrigan, Pedro e João sentiram medo? Provavelmente. Mesmo assim, sua coragem ajudou-os a agir. Eles se tornaram exemplos para outros, não por serem totalmente destemidos, mas porque superaram os medos que tinham de agir e de falar com firmeza e determinação.

A Bíblia nunca diz que a coragem e o medo são mutuamente excludentes. De fato, os atos mais corajosos acontecem apesar do medo. O Livro dos Hebreus expressa isto com bastante clareza: "Fique firme sobre suas pernas trêmulas... aqueles que seguirem se tornarão fortes". A mensagem aqui é que: mesmo quando os líderes temem ou são vulneráveis e os outros vêem seu medo, a coragem dos seguidores realmente aumenta quando eles vêem os líderes agindo diante do medo ou da vulnerabilidade.

Um líder que justificavelmente poderia ter ficado "de perna bamba" foi o prefeito de Nova York, Rudolph Giuliani, durante o desastre do World Trade Center. Giuliani, em geral, destemido diante da crítica pública, tinha sido derrubado pelo câncer de próstata e seu caso extraconjugal muito divulgado, seguido da separação. Se alguém tivesse de ficar "de perna bamba" com o pior ataque terrorista em solo norte-americano, Giuliani seria o candidato ideal.

Em vez disso, o prefeito tratou da situação com uma mistura de coragem e ação solidária. Minutos depois de os aviões atingirem o World Trade Center, ele estava em cena. Com os lutadores e a polícia da qual ele era o chefe, ele se dirigiu diretamente ao local do desastre. Quando a primeira torre desabou, Giuliani estava em um abrigo de comando temporário, no subsolo, que ele teve de evacuar apressadamente em meio a uma nuvem de pó e sedimento. Mas em vez de correr para salvar sua vida, insistiu em montar uma conferência à imprensa. "O prefeito estava determinado a fazer a comunicação", observou um assistente. "Ele queria deixar bem claro que não iríamos abrir mão da cidade."

Logo depois disso, o prefeito teve que correr para salvar sua vida, quando do a torre norte desabou. Mas ele encontrou rapidamente outro posto de comando no meio da cidade. E ficou em plena ação, mas também conseguiu ficar acima dela, reunindo-se com parlamentares e representantes do governo, visitando hospitais, confortando aqueles que perderam familiares. "Não há dúvida de que Giuliani é o homem que você deseja ter no comando desta situação", observou um policial. "Nesta situação, ele parece ser o único a ter assumido o comando."[6]

Outro líder que se manteve firme sobre "a perna bamba" é Phil Myers, um gerente de contabilidade hospitalar do ServiceMaster. "Manutenção" não é exatamente um cargo alto na hierarquia de um hospital, e Myers só estava no emprego havia duas semanas, mas ele sabia que tinha de reagir com coragem quando a diretora da cirurgia maltratou seus funcionários. Ele entrou "ventando" na sala dela e tirou todos os seus vinte funcionários da sala de cirurgia porque ela os tinha ofendido e "falou com eles como se fossem cachorros". Ele lhe disse: "Estes são meus funcionários. Se você tiver algum problema, grite comigo. Não grite com eles."[7] Um verdadeiro líder chama a briga para si.

Frank Dale assumiu o *Los Angeles Herald Examiner* quando o jornal estava de perna bamba, por isso seria compreensível se ele também bambeasse. O jornal estava saindo de um conflito com os trabalhadores que durou dez anos. A porta da frente do edifício ficou fechada a barricadas durante anos, e morreram pessoas no conflito contínuo com os trabalhadores. Como o novo presidente, Dale teve de entrar ingloriamente pela porta de trás, onde ele foi revistado e teve de registrar suas impressões digitais. A reação dele? Anunciou imediatamente a um grupo de funcionários: "Talvez a primeira coisa que devamos fazer seja abrir a porta da frente". Era exatamente esse o ato corajoso necessário. Todos se levantaram e aplaudiram. Homens e mulheres bem crescidinhos choraram.[8]

As semanas seguintes foram fáceis já que o *Herald Examiner* procurava se posicionar aos olhos do público e de seus funcionários? É claro que não. Mas os funcionários sabiam que tinham um líder corajoso que era capaz de tomar as medidas corretas com rapidez e logo de início. E sabiam que podiam contar com a coragem dele que estimularia a deles, enquanto a luta continuava.

Em 1997, Peter Brabeck-Letmathe, CEO da Nestlé, sabia que precisava de um gerente corajoso nas operações da empresa no México: "As pessoas encarregadas eram muito corretas, decentes, e faziam um bom trabalho. Mas elas não tinham sede de vencer". Brabeck-Letmathe encontrou um líder novo. Ele não era totalmente destemido, mas sua sede e coragem eram maiores que seu medo. "Ele chegou com um plano novo, um plano bom, criterioso", reconta Brabeck-Letmathe. "E eu me lembro de ter olhado nos olhos dele e dizer: 'De algum modo, eu sei que você pode fazer mais'". Brabeck-Letmathe pediu, então, ao gerente para dobrar o volume de vendas.

O gerente percebeu o tamanho da tarefa, por isso não respondeu imediatamente ou com arrogância exagerada. De fato, "ele empalideceu". Mas depois, como Isaías, seu semblante se pôs como um "seixo". ("Porque o Senhor DEUS me ajuda, assim não me confundo; por isso pus o meu rosto como um seixo, porque sei que não serei envergonhado" — Isaías, 50:7). "Se você confia em mim", ele anunciou para Brabeck-Letmathe, "eu conseguirei". O que aconteceu? "Eles (a equipe gerencial) se tornaram verdadeiros tigres, cada um deles", exulta Brabeck-Letmathe. "Foi uma mudança sistêmica — dentro de cada pessoa. Eles decidiram sair e lutar, e vencer... Eles praticamente dobraram as vendas em três anos. A equipe que antes ficava satisfeita de repente desenvolveu um verdadeiro espírito de luta."[9]

O líder não podia ter feito isso sem sua equipe. Mas a equipe também não podia ter atingido isso sem um líder corajoso, inspirado.

## Manter a Firmeza

Repetidamente, os líderes da Bíblia são instigados a manterem-se firmes em suas ações e crenças: "Estai, pois, firmes, tendo cingidos os vossos lombos com a verdade, e vestida a couraça da justiça... Tomando sobretudo o escudo da fé... Tomai também o capacete da salvação, e a espada do Espírito". (Efésios, 6:14-17)

O que uma empresa faz quando dois líderes fortes têm crenças igualmente firmes, mas opostas e quantias aparentemente iguais de coragem? Bill Weiss, CEO da Ameritech, sabia que estava tomando uma medida corajosa quando, em seus sessenta e poucos anos, e faltando poucos anos para se aposentar, iniciou um esforço para transformar sua empresa de uma empresa de telefonia local, monopolista e adormecida em uma gigante das telecomunicações, competitiva, de longa distância, voltada para o futuro. Com coragem, ele demonstrou seu compromisso com essa transformação, enviou a mensagem sem cessar e prometeu que deixaria se irem aqueles que resistissem à nova direção da empresa.

Como parte desse esforço, ele montou o "Grupo dos 120", um grupo de altos gerentes análogos aos "homens poderosos do rei Davi", e lhes pediu para avaliarem uns aos outros quanto a qualidades-chave de liderança, sendo este o primeiro passo para unificar e aprimorar a equipe. Entretanto, um dos "homens mais poderosos", não aderiu ao esforço; de fato, ele usou todo o seu poder e coragem para se opor ao plano.

Bob Knowling, um gerente geral da Indiana Bell, era um imenso ex-jogador de futebol americano (2,05 m) que juntou muitos dos outros gerentes para lhes dizer que achava que esse aspecto do plano era contraproducente e que ele não iria colaborar. Assim, incitou uma grande onda de oposição. "Lembro-me de uma noite em um bar", diz Dick Notebaert, que logo se tornaria CEO da Ameritech, "Estávamos indo fazer avaliações e esse cara enorme... estava na minha frente dizendo que não ia fazer essa coisa de avaliação no dia seguinte".

Notebaert poderia, facilmente, tê-lo contestado. As avaliações eram uma parte do programa, e uma revolta bem-sucedida contra elas poderia arruinar todo o esforço. Ele podia ter recuado e eliminado as avaliações. Mas Notebaert seguiu o caminho corajoso. Disse a Knowling: "Veja, não sei se isso será bom. Assim como você, nunca fiz isso antes. Mas a diferença entre mim e você é que eu vou tentar. Se não gostar, não voltarei a fazer, mas vou tentar."

Diante dessa coragem e determinação, Knowling concordou em participar das sessões. Depois de encerradas, ele fez uma afirmação que se igualava à coragem de Notebaert: "Eu estava errado", disse diante de todo o "grupo dos 120". Admitiu que muito de sua resistência às avaliações era sintomático de sua resistência a qualquer mudança. Reafirmou seu compromisso com a empresa e com a nova direção que ela estava tomando, e perguntou aos demais na sala se alguém estaria inseguro para assumir o mesmo compromisso.[10]

Às vezes, quando as espadas se cruzam em discordâncias sinceras e corajosas, a luz engendrada é maior que o calor.

Fred Smith da FedEx é outro líder que tem se mantido firme com a coragem de suas convicções. Se não tivesse, a empresa literalmente nunca teria decolado: Smith encubou a idéia da Federal Express como um case na faculdade de administração. O seu agora famoso sistema de entrega com um centro de distribuição (em que todos os pacotes são afunilados em um aeroporto central e então despachados para seus destinos) foi descartado como inviável pelo professor a quem o trabalho foi submetido. Smith acreditava tanto em sua idéia que empatou todas as economias de sua vida na nova empresa.

Mas não foi uma travessia sempre tranqüila para Smith e a FedEx. Sua coragem foi testada várias outras vezes ao longo do tempo. Durante a temporada de festas de Natal de 1998, tradicionalmente uma época "de ganhar ou falir" para empresas de entrega de pacotes como a FedEx, os pilotos ameaçaram fazer greve, alegando que seus salários estavam baixos demais e que havia normas demais no trabalho. A FedEx estava ciente dos prejuízos econômicos que uma greve poderia causar. A concorrente UPS tinha sofrido uma greve semelhante em 1997, durante a qual a FedEx tinha aumentado seu negócio em 11%. Ela não queria que a mesa virasse.

Smith tinha que optar: ceder às exigências dos pilotos e evitar um importante prejuízo no curto prazo, ou manter suas convicções. Ele escolheu a segunda opção, ponderando que ceder aos pilotos poderia trazer desastrosos efeitos no longo prazo para a empresa. Smith já tinha oferecido aos pilotos condições que estavam próximas do teto do setor, e ele não queria lhes dar a idéia de que eles fariam o que quisessem na empresa.

Foi uma medida corajosa, e o resultado poderia ter ido para qualquer lado. Smith arriscou dividir sua empresa ao meio (como Salomão ao propor dividir um bebê para encerrar uma disputa de custódia entre duas mulheres). Milhares de funcionários apoiaram Smith, dizendo que ele tinha sido muito justo com todos e que as exigências daqueles pilotos estavam fora de propósito. Em resposta ao consenso de seus colegas, os pilotos recuaram, e a FedEx teve sua melhor temporada de Natal, unida, e não dividida.[11]

Outro líder que mostrou a capacidade de manter-se corajosamente firme é George W. Bush. Confrontado com o ataque de World Trade Center menos de um ano após o início de sua administração, Bush anunciou incessantemente sua decisão de resistir ao inimigo e proteger o povo e a infra-estrutura dos Estados Unidos.

Depois de um breve período de "ação evasiva", Bush decidiu retornar a Washington para que pudesse orquestrar a reação norte-americana ao terrorismo e para mostrar ao seu próprio povo e ao inimigo que ele enfrentaria essa crise com coragem pessoal. Discursando poucos dias após o incidente, ele disse:

> *E saibam que através das lágrimas e da tristeza, eu vejo uma oportunidade. E não me engano, a nação está triste. Mas também estamos firmes e resolutos, e agora temos a oportunidade para fazermos a gerações um favor, açoitando o terrorismo, derrubando-o, paralisando-o e impugnando-o... Este país não cederá até termos salvado a nós e a outros da terrível tragédia que abateu a América do Norte.[12]*

A declaração de Bush nos lembra a de Ezequiel, 2:6: "Não os temas, nem temas as suas palavras; ainda que estejam contigo sarças e espinhos, e tu habites entre escorpiões". A coragem dele inspirou todos aqueles à sua volta — sua equipe imediata, todo o país, e os líderes estrangeiros cujo auxílio ele alistou como repulsa as sarças, espinhos e escorpiões. Embora ele não citasse exatamente a Bíblia, muitas das palavras de Bush estavam em consonância com as palavras do livro de Crônicas: "não temais, nem vos espanteis... porque há um maior (poder) conosco do que com ele". (2 Crônicas, 32:6-7)

Mary Kay Ash fundou uma empresa surpreendentemente bem-sucedida e original, mas a coragem tem sido um fator tão essencial quanto as fragrâncias, pós e cremes vendidos por sua organização. É fácil destacar o sucesso recente de Ash, mas quando ela idealizou sua empresa pela primeira vez, a mensagem desencorajadora de seu advogado era: "Se você vai jogar fora as economias de sua vida (5 mil dólares), por que não a coloca diretamente na lata de lixo?". Seu contador disse-lhe algo semelhante.

Mas Ash tinha uma forte visão apoiada por uma forte coragem. Ela colocou tudo que tinha no negócio e recrutou seu marido para tomar conta da "administração", um termo que deve ter parecido gozado quando a "sede da empresa" era a mesa da cozinha. O coração dela foi testado ainda mais quando seu marido teve um ataque cardíaco e morreu naquela mesa da cozinha um mês depois.[13]

A morte de seu marido teria sido o golpe final para alguém com menos coragem. Cercada pelas "sarças e escorpiões" da dúvida e certo fracasso, Ash perdera seu principal aliado e o mais fiel parceiro de negócio, além de ser seu companheiro de vida. Mas ela continuou a perseguir seu sonho. Hoje, a empresa por ela fundada tem vendas de mais de 1 bilhão de dólares, emprega 3.500 pessoas e mais de 500 mil consultores em vendas diretas. Sobre Ash pode-se dizer realmente: "Na tua comprida viagem te cansaste; porém não disseste: Não há esperança; achaste novo vigor na tua mão; por isso não adoeceste". (Isaías, 57:10)

Sadraque, Mesaque e Abednego exibiram enorme coragem deixando o rei Nabucodonosor amarrá-los e colocá-los em uma fornalha ardente para demonstrar sua fé em Deus. Os três homens proclamaram sua fé em seu protetor, mas declararam ainda que: "... ele nos livrará da fornalha de fogo ardente, e da tua mão, ó rei. E, se não, fica sabendo ó rei, que não serviremos a teus" (Daniel, 3:17-18). Esses homens foram corajosos em suas convicções, qualquer que fosse o resultado.

Um líder moderno corajoso em suas convicções foi Rick Roscitt, da AT&T Solutions, uma empresa que começou como um *brainstorm* e alcançou bilhões em receita em apenas cinco anos. Roscitt decidiu lançar essa divisão, dedicada à terceirização de network, quando a empresa não tinha planos para entrar neste mercado e muito pouca experiência comprovada. Além disso, ele fez isso sem obter o apoio de seu chefe, ou mesmo consultar o chefe, que estava em férias: "Meu chefe ficou louco quando voltou", reconta Roscitt. "Ele disse que estávamos entrando em uma organização que não entendíamos, e que não tínhamos noção do que estávamos fazendo de errado... E sabe de uma coisa? Ele tinha razão!"[14]

Como Sadraque, Mesaque e Abednego, Roscitt foi pego na fornalha ardente do esquecimento. Ele recebeu pouco apoio pela principal organização e foi tratado mais como um órfão. Mas tinha uma grande coragem e crença em si e em sua missão. Evidentemente, quando o Chase Mahattan Bank, um cliente importante, lhe deu sua "bênção", isso o ajudou — ele tinha conseguido a terceirização de sua rede de telecomunicações, e agora o banco estava lhe pedindo para lançar uma unidade dedicada à terceirização de rede.

Uma pessoa com muita coragem precisa apenas de um empurrãozinho e de recursos. Ele também "faz a própria sorte". Depois de seu primeiro projeto bem-sucedido com o Chase, Roscitt precisava de um pouco menos de coragem enquanto a matriz apoiava seu "ousado negócio de risco", agora altamente lucrativo.

Um líder corajoso fica firme em suas crenças, e não recua mesmo que aos outros pareça que, no curto prazo, houve uma escolha errada. Pedro e João foram solicitados pelas autoridades em Jerusalém a pararem de curar doentes e a pararem de ensinar em nome de Jesus. A resposta deles foi: "não podemos deixar de falar sobre o que vimos e ouvimos" (Atos, 4:20). Eles não podiam desertar a causa em que acreditavam, independentemente da punição possível. E miraculosamente, eles foram liberados, visto que ninguém conseguiu decidir qual seria a punição adequada para quem seguia um determinado líder, embora ele parecesse equivocado, uma vez que o resultado disso parecia benéfico.

Steve Case, da América Online, é retratado freqüentemente como o "menino de ouro" das telecomunicações. Em vários momentos, Case foi "desprezado e rejeitado" pelo que pareciam idéias tolas e malucas. Já sendo o chefe de uma das empresas de tecnologia mais bem-sucedidas dos Estados Unidos, Case arriscou tudo em 1997, quando mudou a precificação da AOL de uma base de uso para uma taxa mensal uniforme, sem limite de uso.

A resposta foi imediata — e negativa. Em um painel da indústria, Case foi apresentado como o "mais odiado do país". Eles faziam um sinal de ocupado quando ele entrava no palco, uma referência óbvia ao sinal de ocupado que os assinantes da AOL estavam encontrando quando tentavam entrar na internet que agora estava seriamente sobrecarregada. Parecia que todo mundo nos Estados Unidos estava acessando a AOL 24 horas por dia, e a infra-estrutura de Case não estava preparada para lidar com isso.

A resposta de Case mostrou imensa coragem. Ele não descartou com arrogância suas críticas, nem aquiesceu e admitiu que tinha seguido a estratégia errada. Ele começou humildemente, reconhecendo as dificuldades técnicas de implementar a estratégia, e a inconveniência para os assinantes. Mas não recuou.

Case teve a coragem de defender sua estratégia e então adotar as ações necessárias para implementá-la. Primeiro, ele reforçou a infra-estrutura da AOL. Então a AOL instruiu as pessoas a saírem da rede quando não a estavam usando. Assim, depois da introdução inicial, muitas pessoas ficaram voluntariamente fora do sistema até que ele estivesse equipado para atender à demanda aumentada.

A decisão de Steve Case de uso ilimitado sem taxa agora é vista como profética por muitos dos críticos que fizeram o sinal de ocupado no painel. E quando sua empresa entrou recentemente em uma mega-fusão com a Time Warner, aumentou ainda mais seu escopo e influência.

Como a decisão de Case de manter o uso da taxa única, a Nestlé decidiu se comprometer com a engenharia genética. Independentemente de concordar com a posição da Nestlé sobre esse controverso assunto, eles adotaram a posição com grande coragem. E não ignoraram cegamente os pontos de vista contrários; eles ouviram, mas no final não mudaram.

O CEO da Nestlé, Peter Brabeck-Letmathe, observa: "Neste mundo, há seguidores e líderes. Os líderes têm coragem — eles podem se opor à barreira da opinião pública e dizer: 'Tenho pensado sobre o assunto e cheguei à conclusão de que esta é a melhor decisão. Não vamos capitular'". Enquanto outras empresas grandes reverteram seu apoio inicial à engenharia genética, a Nestlé não reverteu nem se desculpou. Pediu a professores conhecidos para escreverem suas opiniões sobre engenharia genética. Então eles revisaram e discutiram as informações. Como escreve Brabeck-Letmathe: "Somos uma empresa global com responsabilidades globais. Temos que pensar nos milhões no mundo que têm fome... Por essas razões, assumimos uma postura. Acompanharemos esta tecnologia. A reação da imprensa e do público não foi positiva — mas é por isso que você precisa de nervos de aço no atual mundo dos negócios. Caso contrário, você nunca manterá seu rumo".[15] A forte determinação de Brabeck-Letmathe lembra a dos primeiros cristãos, que se sustentaram com mensagens que lembram a todos para serem corajosos: "Portanto, meus amados irmãos, sede firmes e constantes, sempre abundantes na obra do Senhor, sabendo que o vosso trabalho não é vão no Senhor". (Paulo em 1 Coríntios, 15:58)

No lado oposto do espectro corporativo e político, considere a coragem da Ben & Jerry's. Ben Cohen e Jerry Greenfield, seus dois excêntricos fundadores, tinham um plano adequadamente excêntrico para tornar uma oferta pública de ações aos residentes de Vermont, onde a renda média é bem mais baixa que em Nova York, e onde o cidadão médio não se considera um "capitalista de risco". Mas a Ben & Jerry's queria uma oferta de ações que fosse acessível à pessoa média, mesmo em um estado de renda relativamente baixo.

Na maioria das ofertas de ações, a compra mínima é 2 mil dólares. A Ben & Jerry's propôs uma compra mínima de 126 dólares! Todo acionista e conselheiro que eles consultavam dizia que essa iniciativa de risco fracassaria. Eles disseram para a Ben & Jerry's que você não pode levantar quase um milhão de dólares em incrementos de cem dólares, e que mesmo que pudesse, nunca seria capaz de atender a tantos acionistas.

A próxima ação da Ben & Jerry exigiu muita coragem ou, para usar um termo não bíblico, "audácia", que se traduz *grosso modo* por "seu plano é tão ousado que poderia funcionar realmente!" Agindo contra objeções de seu advogado, eles se registraram como corretores para que eles mesmos pudessem vender ações. Cohen e Greenfield caracterizam seu esforço como nadar realmente contra a maré, uma "luta imensa... estávamos apostando o futuro da empresa". Mas eles não desconheciam a coragem e a luta; logo no início da empresa, andavam tão sem dinheiro que tomavam sorvete no lugar das refeições. De modo surpreendente, Ben & Jerry venderam as ações. Até receberam reclamações de moradores de Vermont descontentes porque não tinham conseguido comprar ações — talvez aquilo exigisse ainda mais coragem![16]

Não sabemos se a coragem da Ben & Jerry's durante essa oferta de ações foi inspirada pela Bíblia. Mas houve várias passagens que se relacionam diretamente com a sua experiência:

> *Se te mostrares fraco no dia da angústia, é que a tua força é pequena. (Provérbios, 24:10)*
> *E os filhos são de semblante duro, e obstinados de coração; eu te envio a eles. (Ezequiel, 2:4)*

Ezequiel buscava advertir toda uma nação de sua destruição iminente se eles não mudassem suas ações. Cohen e Greenfield foram contra o conselho de seus advogados. Ambos enfrentavam uma oposição terrível, que exigiu enorme coragem para ser superada.

## Coragem Face à Adversidade

A adversidade é um grande teste de coragem. Aqueles com pouca coragem se curvam diante da adversidade, aqueles com grande coragem só a intensificam

*Coragem* 175

quando confrontados com dificuldades. Warren Bennis afirmou que "dirigir um negócio em uma economia instável é uma educação tão maravilhosa quanto aquela que uma pessoa jovem (ou presumivelmente, de meia-idade) pode obter. Não é diferente de estar em um batalhão de infantaria e ser enviado para a linha de combate... O que a experiência lhe ensina é... você aprende rapidamente a fazer escolhas corajosas".[17]

Os heróis da Bíblia foram criados pelas escolhas corajosas que foram forçados a fazer freqüentemente. Noé e a inundação, Jonas e a baleia, Moisés e o mar Vermelho, A rainha Ester e Hamã, Jesus e Pilatos. Em cada caso, um grande líder se tornou ainda maior quando se deparou com um obstáculo difícil. Qualquer um pode liderar em bons tempos. É preciso coragem para liderar em tempos difíceis: "Tornamo-nos recomendáveis nas aflições, nas necessidades, nas angústias; nos açoites, nas prisões, nos tumultos, nos trabalhos, nas vigílias, nos jejuns... Por honra e por desonra, por infâmia e por boa fama". (2 Coríntios, 6:4-8)

Embora Jan Carlzon, CEO da SAS, não enfrentasse uma série de obstáculos como os acima mencionados, ele teve sua coragem testada inúmeras vezes por outros tipos de adversidade. Quando Carlzon tentou lançar o Euroclass, um novo bilhete de classe executiva, ele encontrou oposição tanto dentro quanto fora da Escandinávia. Primeiramente, teve que superar o obstáculo imposto pelo Departamento de Aviação Civil doméstico, visto que essa idéia ia contra o igualitarismo tão prevalente na Suécia. Isso foi relativamente fácil comparado a superar a resistência da Air France, que criou uma taxa adicional aos passageiros de classe executiva e exigia que a SAS fizesse o mesmo.

Carlzon escreve que não ia abandonar sua estratégia "mesmo que nossa determinação fizesse eclodir uma guerra entre autoridades da aviação civil, e foi exatamente o que aconteceu". A Air France, um Golias no céu europeu, ameaçou impedir a SAS de voar para a França se eles não instituíssem a sobretaxa. A SAS fez, corajosamente, uma ameaça semelhante para barrar os aviões da Air France de seus campos de pouso.

Não era apenas "Davi" *versus* "Golias". "Estávamos lutando com quase todo o setor aéreo europeu", escreve Carlzon. Depois de uma guerra de preços inicial, as empresas aéreas recorreram aos respectivos ministros do exterior de seus países, que arquitetaram um acordo. A SAS não teria de instituir uma sobretaxa, enquanto a Air France poderia dar descontos para a classe executiva aos passageiros com passagem de tarifa normal.

Carlzon achava que essa posição bem-sucedida, corajosa, contra rivais maiores, estimulou imensamente a moral da SAS e os uniu em seus esforços. Ele afirma que comprometer-se a agir é, com freqüência, uma questão de "coragem, às vezes, beirando a insensatez". Em outra ação, ele decidiu cortar tarifas em um esforço para aumentar o número de passageiros. Admite que esta não era uma idéia nova. Várias outras empresas de aviação tinham considerado a redução de tarifas, feito os cálculos, e desistido da idéia. Carlzon agiu com sua intuição em vez de fazer uma análise cansativa dos números: "Eu tinha certeza de que se fosse uma pessoa mais cuidadosa, teria fracassado completamente", e acrescenta: "Tivemos a coragem de agir... como ninguém mais teria... Quando ousamos dar um salto, ganhamos muito mais do que poderíamos ter imaginado".[18]

Saltos exigem coragem, mas os ganhos podem ser tremendos se você foi Jan Carlzon enfrentando a Air France, Davi lutando com Golias, Moisés desafiando o faraó a deixar seu povo ir (embora ele não tivesse "mapa" e as provisões fossem escassas), ou Sadraque, Mesaque e Abednego saltando dentro da fornalha.

Evidentemente, os saltos significam arriscar. Algumas pessoas prosperam com o risco. Uma delas é David Johnson, presidente e CEO da Campbell 's Soup, que diz: "De certa forma, o que eu tenho pregado aqui é a importância de se ter um grupo de profissionais que se arrisquem. As pessoas que vão primeiro no trapézio alto e fazem saltos triplos... e fazem isso com segurança enquanto a multidão acompanha, admirada. E se seu pessoal for realmente bom, você diz: 'Tire a rede de proteção'. O silêncio é penetrante enquanto a multidão olha horrorizada e se maravilha com seu bom desempenho."[19]

Jônatas, filho do rei Saul, queria arriscar uma vitória contra os filisteus (os filisteus parecem ser o exército que mais perdeu na história). Embora não se equilibrasse no trapézio alto, Jônatas e suas tropas estavam se alojando precariamente em uma passagem entre montanhas com os filisteus equilibrando-se nos penhascos de ambos os lados da passagem. Jônatas disse a seus homens: "Se eles virem até nós, nós os combateremos aqui, mas se eles nos alcançarem lá em cima, subiremos os penhascos e os derrotaremos lá". Quando os homens de Jônatas saíram de seus esconderijos, os filistinos gritaram: "Vejam! Os hebreus estão saindo das cavernas onde estavam escondidos". Eles então gritaram: "Subi a nós, e nós vos ensinaremos uma lição". (1 Samuel, 14)

*Coragem* 177

Os jovens "homens ousados" de Israel subiram o penhasco e deram uma lição nos filisteus. Nem precisaram de rede. Tiveram coragem.

Outro líder que tomou uma atitude ousada foi Eric Schmidt da Novell. Ele não subiu um penhasco nem se balançou alto, no trapézio. Em vez disso, ele disse a verdade quando quase todos o estavam aconselhando a não fazer isso. Agiu com coragem, e suas ações encorajaram os outros a fazerem o mesmo. "Quando você entra em uma cidade... tem de lutar contra o instinto para ser excessivamente cuidadoso... Em vez disso, você tem de encorajar seu pessoal mais criativo a aproveitar as oportunidades... A alternativa é sucumbir em uma cultura de medo em que uma visão desanimadora do futuro se torna uma profecia que acaba se realizando."

Na terceira semana de Schmidt no emprego, ficou evidente que haveria uma perda de 20 milhões de dólares no trimestre. Alguns "líderes" teriam atenuado isso, ou "jogado com os números". Schmidt fez uma jogada corajosa. Ele decidiu anunciar a perda. O co-presidente do conselho da Novell, John Young, endossou essa decisão difícil. "Mais tarde ele me disse que soube nesse momento que tinha tomado a decisão certa ao me contratar. Mas depois do anúncio, todos pensaram que a empresa estava consumadamente morta." A coragem de Schmidt não findou com o anúncio. Ele tomou medidas imediatas para cortar custos, desenvolver novos produtos e fazer cortes. Graças em grande parte a essas decisões corajosas, ele foi capaz de colocar a empresa de volta "no azul", em um ano.[20]

A coragem envolve com freqüência falar o que se pensa, apesar de uma oposição forte e poderosa. Barry Diller é conhecido hoje como um dos executivos mais fortes da mídia e entretenimento. Conseguiu essa posição através de uma série de experiências que desafiaram e construíram gradualmente sua coragem. Diller diz que é importante "encarar o desconforto; lançar-se ou ter sorte suficiente para que alguém o empurre de modo a ultrapassar seus medos e suas limitações. É o que tenho feito... superando meu desconforto enquanto vou em frente".[21]

No início da carreira de Diller, seu chefe lhe pediu para ler um roteiro e dizer ao produtor o que ele achava. Depois de dar sua opinião sincera ao produtor, Diller foi repreendido. Alguém com menos coragem poderia ter concluído que não tinha talento para o setor de entretenimento. Entretanto, ele aprendeu com essa experiência e foi em frente, passando a selecionar os roteiros para *Os caçadores da arca perdida* e *Flashdance*, e também a lançar uma iniciativa "cabeluda e audaciosa", o Shopping Channel.

Um dos maiores testes de coragem é a disposição para desafiar aqueles que têm autoridade, principalmente aqueles que têm o poder de tirar seu emprego ou diminuir sua influência. Roger Enrico, CEO da PepsiCola, declara: "Uma das coisas que procuramos quando estamos avaliando pessoas para ascenderem é se 'elas têm... coragem para recomendar soluções não convencionais'".[22]

A Hershey Foods acredita tanto nesse tipo de risco que eles estabeleceram "A Nobre Ordem do Pescoço Esticado". Explica o CEO Richard Zimmerman: "Eu queria recompensar as pessoas que estavam dispostas a resistir... a aguentar a pressão quando tivessem uma idéia em que realmente acreditassem."[23] Entre os vencedores estava um operário da manutenção que concebeu um método para limpar uma máquina no meio da semana sem perder tempo de produção, apesar de protestos dos outros trabalhadores que diziam que "isso não podia ser feito".

Um homem na Bíblia que podia se qualificar facilmente para "A Nobre Ordem do Pescoço Esticado" é Natã, um subordinado do poderoso rei Davi. Natã não só teve a coragem de dar um "feedback negativo" ao imperador da nação (bom seria se Richard Nixon tivesse tido seguidores tão corajosos), ele também soube como dar esse feedback de modo que fosse aceito e não negado.

Natã observou o rei Davi enviar Urias para a morte, mandando-o para a linha de combate da batalha, de modo que ele pudesse ter a viúva de Urias como sua esposa. Natã sabia que ele não podia confrontar o rei diretamente sobre seus erros (pelo menos no início), de modo que em vez disso ele lhe contou uma parábola:

"Havia dois homens em certa cidade, um rico e o outro pobre. O rico tinha um número muito grande de ovelhas e gado, mas o pobre não tinha nada, a não ser uma pequena ovelha..." (Esta era uma referência velada às muitas mulheres do rei Davi e a mulher de Urias.)

"Um viajante aproximou-se do homem rico, mas este se conteve para não dar um carneiro seu para preparar uma refeição para o viajante... Em vez disso, ele pegou a ovelha que pertencia ao homem pobre e preparou-a para aquele que veio até ele."

Davi, ignorando a verdadeira identidade do homem rico (ele mesmo), explodiu de raiva, "Enquanto certamente o Senhor viver, o homem que fez isso merece morrer".

A resposta de Natã, uma das acusações mais corajosas que um subordinado já fez a um chefe, ainda mais a um rei: "Você é o homem!" Com a espada, David matou Urias e tomou sua mulher. Davi foi culpado de assassinato e adultério, e somente Natã teve coragem para ajudá-lo a ver isso, arriscando ser preso ou morto a fim de levar um líder e sua nação de volta ao seu devido curso. O fato de não ter sido preso nem morto é um testemunho de suas habilidades de comunicação consumadas, e de sua avaliação exata da resposta provável de Davi ao feedback negativo!

Outro líder moderno que merece ser membro da "Nobre Ordem do Pescoço Esticado" é Jack Stack, da Springfiel Re. A divisão estava para fracassar. Estava perdendo 300 mil dólares por ano em 21 milhões de dólares em vendas. Seus 170 trabalhadores estavam desmoralizados por um atraso de pedidos e uma oficina caótica. Até a matriz se recusou a ajudar, vendo a Springfield Re como uma causa perdida.

A pergunta corajosa (e talvez insensata) de Stack: Por que não compramos a fábrica? Foi a aquisição mais alavancada na história corporativa, com 89 partes de dívida para uma parte patrimonial, e 90 mil dólares por mês em pagamentos de juros. Corajosa? Sim. Um jogo? Talvez. Mas Stack manteve a fisionomia impassível. Como tantos dos líderes (bíblicos e modernos) neste capítulo, a coragem o ajudou a resgatar sua organização do "vale das sombras da morte" e a colocá-la na via da prosperidade.

## LIÇÕES BÍBLICAS SOBRE CORAGEM

- ❖ Coragem não é a ausência de medo. É agir apesar da presença de medo.

- ❖ Atos de coragem perpetuam atos adicionais de coragem — tanto pelo líder quanto pelos seguidores.

- ❖ As pessoas são inspiradas pelos líderes que são realistas sobre os obstáculos, mas os desafiam de qualquer modo.

- ❖ Fique firme em suas crenças — os conflitos mais honestos podem ser resolvidos e o compromisso de ambas as partes pode sair fortalecido.

- ❖ Quando a segurança e o risco estão muito próximos, os líderes optam pelo risco.

- ❖ Diante de obstáculos difíceis no curto prazo, lembrar-se de seu objetivo a longo prazo transmite coragem.

- ❖ A adversidade gera energia e motiva o líder corajoso, mas "extingue o fogo" daqueles que não têm coragem.

- ❖ As pessoas (e tartarugas) raramente chegam a algum lugar sem esticar o pescoço.

## CAPÍTULO NOVE

# *Justiça e Eqüidade*

*Bem-aventurados os que guardam o juízo, os que praticam justiça em todos os tempos.*
— Samuel, 106:3

*Corra, porém, o juízo como as águas, e a justiça como o ribeiro impetuoso.*
— Amós, 5:24

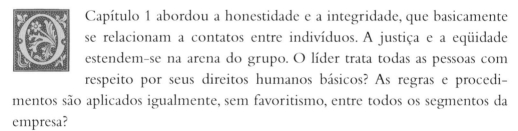Capítulo 1 abordou a honestidade e a integridade, que basicamente se relacionam a contatos entre indivíduos. A justiça e a eqüidade estendem-se na arena do grupo. O líder trata todas as pessoas com respeito por seus direitos humanos básicos? As regras e procedimentos são aplicados igualmente, sem favoritismo, entre todos os segmentos da empresa?

Uma corporação não é uma democracia, mas os gerentes que não lideram com justiça e eqüidade logo perderão a confiança e a lealdade de seus seguidores. Além disso, eles ganharão a reputação com os clientes, fornecedores e a sociedade em geral de que, em uma crise, usarão seu poder pessoal para tomar e fazer cumprir decisões arbitrárias.

# Liderando com Justiça

Você vai liderar como prescrito em Miquéias 6:8 — "senão que pratiques a justiça, e ames a benignidade" ou sua liderança mais se parecerá a de "chefes... que abominais o juízo e perverteis tudo o que é direito"? (Miquéias, 3:9)

Essas passagens me lembram de um incidente que aconteceu no início de minha carreira, quando eu era gerente de treinamento de uma grande empresa contábil. Nossos treinadores eram contadores, que eram retirados de suas auditorias durante uma semana para darem instruções aos novos recrutas da empresa. Nem todos iam de boa vontade, mas a maioria completava a tarefa lealmente e com competência, assim que chegava nas instalações de treinamento.

Tivemos uma exceção muito séria certa ocasião. O instrutor obviamente viu sua atribuição como treinador durante uma semana como "férias pagas" e também como uma oportunidade para agir de modo irresponsável e não profissional — ele estava visivelmente alcoolizado quando se dirigiu à classe no primeiro dia.

Como gerente de treinamento, era meu papel assegurar que ocorresse instrução de qualidade e que os novos recrutados fossem orientados de uma maneira positiva para a empresa. Liguei para o escritório onde o instrutor trabalhava e falei com o administrador de lá, explicando que o sujeito que eles tinham enviado estava embriagado na frente da classe. Imediatamente, ele me perguntou se "algum sócio tinha notado isso?" Eu lhe disse que não havia nenhum sócio presente. O administrador então me informou que "se nenhum sócio viu, não aconteceu". Disse-me que o instrutor deveria terminar sua semana de instrução, que eles não falariam com ele sobre suas ações, e que eles não enviariam um substituto com uma atitude mais adequada.

Sem dúvida, esta não era uma situação justa. O instrutor entendeu que não havia problema comportar-se de modo não-profissional diante dos novos recrutados, e estes entenderam que há regras diferentes para pessoas em diferentes níveis.

Eu me contive para não citar o administrador, o que teria confirmado totalmente os piores estereótipos que os recrutados tinham de grandes parcerias: quanto mais alguém ascende, mais concessões tem para dobrar ou quebrar as regras.

Algumas empresas, em contrapartida, realmente estabelecem um sistema para combater violações da justiça, mesmo entre os níveis mais altos. Ao fazerem isso, estão seguindo a sugestão de Jeosafá, rei de Judá, que montou um sistema de julgamentos e aconselhou os juízes recém-apontados: "Vede o que fazeis... Assim

*Justiça e Eqüidade* — 183

fazei no temor do SENHOR, com fidelidade, e com coração íntegro... porque não há no SENHOR nosso Deus iniqüidade". (2 Crônicas, 19:4-11)

Uma empresa que estabeleceu um sistema desses para proteger os direitos de todos é a FedEx, e esse sistema é chamado de processo de Garantia de Tratamento Justo (GFT, do inglês, Guaranteed Fair Treatment). O processo garante que todos os funcionários sejam julgados pelos pares (uma coisa bem incomum na maioria das corporações, e que poderia ser um bom veículo para a situação do instrutor bêbado descrito anteriormente). O processo de apelos vai até o CEO, onde um painel de três a cinco pessoas pode ser escolhido pelo funcionário.

Um gerente da FedEx diz que o processo GFT não só é um veículo para a justiça e a eqüidade mas também para um gerenciamento geral melhor: "O processo GFT... é um bom veículo tanto para o funcionário como para o gerente, porque se o funcionário nunca aplica um GFT no gerente, como você sabe como está gerenciando?".[1] Em certo caso, uma funcionária foi demitida devido a um problema técnico e ganhou a causa, mas depois foi assediada por seu gerente. Ela abriu outro GFT; em muitos casos, o funcionário seria solicitado a aceitar uma transferência, mas na FedEx, ela pôde manter seu cargo e o gerente foi liberado da responsabilidade de supervisão.

Gary Heavin, da Curves for Women, acredita fervorosamente no poder a longo prazo da justiça e da eqüidade, e está disposto a fazer sacrifícios econômicos no curto prazo, visando à eqüidade. Heavin observa que na maioria dos acordos de franquia, o franqueador recebe uma porcentagem fixa das receitas do franqueado. "Pensei, 'As pessoas que estão indo realmente bem — por que deveriam pagar mais?' Elas ficariam irritadas e ressentidas conosco. Então preferi uma tarifa única para todos os franqueados, de acordo com a lei da integridade. Eu queria fazer uma coisa justa."[2]

Ironicamente, Heavin descobriu que a justiça e a eqüidade realmente "compensam" no longo prazo. "Estas pessoas que iam realmente bem gritavam aos quatro ventos; elas não escondem receitas de mim, e recrutam franqueados — foi a máquina que nos dirigiu." Heavin, respeitando seus princípios bíblicos, dirige sua empresa como Davi dirigia seu reino:

"Reinou, pois, Davi sobre todo o Israel; e Davi fazia direito e justiça a todo o seu povo." (2 Samuel, 8:15)

A Levi-Strauss foi uma força poderosa para a justiça econômica e social. Eles foram uma das primeiras empresas a adotarem uma agenda de responsabilidade social, desde o terremoto em San Francisco, de 1906, quando continuaram a pagar os salários dos funcionários embora não conseguissem produzir nada.

Mais recentemente, a Levi-Strauss ofereceu assistência técnica à Ghetto Enterprises, Inc., uma pequena fabricante de Oakland que eles queriam usar como fornecedor. Como aconteceu com a experiência original da Ben & Jerry de usar a Greyston Bakeries como fornecedor, muitos foram os problemas e a experiência acabou não dando certo. Peter Haas, CEO, não se arrepende dessa "tentativa fracassada" de justiça: "Muitas vezes, damos uma topada... mas isso não nos impede de tentar".

A Levi-Strauss também monitora o tratamento de seus funcionários pelos fornecedores e contratados através de seu Global Sourcing Guidelines. Ela envia inspetores a instalações de fabricação para ver como eles estão sendo tratados. Como resultado, a Levi-Strauss encerrou relações de negócio com 5% de seus contratados e exigiu aprimoramento (como o pagamento do salário exigido por lei aos trabalhadores, ou a eliminação de crianças e de prisioneiros como mão-de-obra) de 25% de seus contratados. Diz o ex-CEO Walter Haas, Jr.: "Cada um de nós tem a capacidade de fazer dos negócios não só uma fonte de riqueza econômica, mas também uma força para justiça econômica e social".

A Levi-Strauss tem "colocado dinheiro onde é necessário", fazendo sacrifícios financeiros para assegurar o tratamento equânime de cidadãos não-americanos. Em Bangladesh e na Turquia, os contratados estavam empregando trabalhadores menores. A Levi-Strauss tinha uma escolha que parecia difícil: descontinuar o uso da contratada (e nesse caso todas as crianças perderiam seus meios parcos de subsistência) ou continuar a usar uma contratada que explorava o trabalho infantil. A solução deles foi fazer os contratados pagarem o salário às crianças, enquanto elas freqüentavam escola em período integral; a Levi-Strauss pagava os livros das crianças, a taxa de ensino e os uniformes. Quando as crianças atingiam a idade para trabalhar e tinham recebido instrução, novamente lhes ofereciam empregos na fábrica.[3]

## JUSTIÇA PARA TODOS

Os líderes com mais visão buscam justiça para todos os que são afetados por seus negócios, mesmo que (como as crianças em Bangladesh e na Turquia) eles

*Justiça e Eqüidade* ——————————————————————————— 185

não estejam em sua linha de visão e possam ser facilmente ignorados. A Bíblia é bem específica sobre defender os direitos dos "estrangeiros", os pobres ou os desprivilegiados.

> *Executai juízo verdadeiro... E não oprimais... o estrangeiro, nem o pobre. (Zacarias, 7:10)*
> *Não oprimirás o diarista pobre e necessitado de teus irmãos, ou de teus estrangeiros, que está na tua terra e nas tuas portas. (Deuteronômio, 24:14)*

Infelizmente, os afro-americanos cujos ancestrais foram trazidos aqui como escravos à força centenas de anos atrás, continuaram a ser "estrangeiros economicamente" até bem recentemente. A Levi-Strauss procurou integrar esses "alienados" no fluxo econômico antes de virar moda e antes de a lei tornar isso obrigatório. Em 1959, vários anos antes da Lei dos Direitos Civis, a Levi-Strauss integrou sua fábrica em Blackstone, Virginia. Em contraste com aquelas escolas sulinas que mais tarde "fechariam as portas ao seu público", e se tornariam escolas particulares em vez de integradas, a Levi-Strauss insistiu que eles fechariam sua fábrica se ela não fosse integrada. As autoridades locais então pediram banheiros e lanchonetes separados para brancos e negros. O então CEO Walter Haas, Jr., recusou. Não é preciso dizer que os salários para os "israelitas" (a população branca) e para os "estrangeiros" (a população negra) eram iguais, como mandam os preceitos bíblicos.

Um jovem líder que quer ter certeza de que nenhum membro de sua equipe se sinta "estrangeiro" é Mark Elliott, diretor de serviços de centros de dados na NYCE Corporation. Elliott dirige três departamentos em dois locais diferentes. "Poderia ser muito fácil tratar alguns melhor e outros, pior; um está em um local distante em Michigan", ele comenta. (Elliott tem sede em Nova Jersey). "Se eu tivesse que começar a tratar as pessoas de modo diferente, algumas pessoas se sentiriam marginalizadas, e eu não quero que isso aconteça, por isso tento distribuir recursos com justiça e prestar igual atenção a todas as instalações."

Elliott, porém, tem um "problema dentro de outro problema". Em suas instalações em Nova Jersey, o departamento de tecnologia da informação freqüentemente sente-se "marginal"; um grupo que, embora seja essencial às operações, é muitas vezes desprezado como os "toca-serviço" que têm de trabalhar 24 horas por dia, sete dias por semana. Uma vez que eles também ficam fisicamente separados do resto do grupo, Elliott enfatizou a participação integral do departamento na equipe, adicionando placas com o nome de cada indivíduo na entrada do departamento.

Havia também certa "alienação" nos piqueniques da empresa e festas de datas comemorativas. Alguns funcionários desse departamento sempre perdiam esses eventos porque tinham de estar de plantão. Elliott queria ser justo, então agora, para as pessoas que têm de trabalhar durante piqueniques e festas ele emite ingressos de teatro, vales-presente e vales para restaurantes (onde a comida pode ser até melhor que nos piqueniques). Também acomoda os funcionários operacionais em hotéis quando emergências técnicas ou climáticas os forçam a ficar até tarde ou a passar a noite fora de casa.

Diz um membro do grupo operacional: "Agora, nós nos sentimos parte da organização, e isso não acontecia antes. Nós nos sentíamos como enteados". Diz Elliott, "Tento gerenciar com justiça. Quero ser a lanterna na neblina. Quero que minha equipe diga: 'Ele está lá com a lanterna, e será justo e nos levará aos resultados.'"[4] A visão de Elliott da liderança ecoa as últimas palavras do rei Davi: "E será como a luz da manhã, quando sai o sol, da manhã sem nuvens, quando pelo seu resplendor e pela chuva a erva brota da terra". (2 Samuel, 23:4)

Outra empresa onde um grupo de *outsiders* sentiu-se, no início, maltratado e excluído foi a Inland Steel. Quatro jovens profissionais afro-americanos sentiram que "sempre que estava nas reuniões, sentia-se como se não fizesse parte do grupo... como se fosse invisível... Nossas famílias nos ensinaram a trabalhar muito e ir em frente, para descobrirmos que as portas estavam fechadas".

Os jovens gerentes procuraram Steve Bowsher, seu gerente branco, por sua reputação de justo. Eles reclamaram da falta de oportunidade para progredirem e de piadas aparentemente "inofensivas", mas racistas. Bowsher achou que não percebia o impacto das reclamações provavelmente porque não tinha experiência como minoria oprimida. A única forma de ele aprender como "agir da mesma forma com os outros" era passar pelo que acontecia a eles.

Então Bowsher foi a um seminário sobre relações raciais no Urban Crisis Center, onde o líder, Dr. Charler King, falou sobre suas experiências humilhantes no mundo branco. Ironicamente, Bowsher sentiu a exclusão e a humilhação quando os negros e mulheres no workshop (agora a "maioria") o ignoraram. Quando

*Justiça e Eqüidade* ———————————————————————— 187

Bowsher voltou ao local de trabalho, ele anunciou a seus jovens gerentes negros: "Eu tive uma experiência traumática... acho que consigo entendê-los agora".

Depois de entender e sentir a injustiça do racismo, Bowsher passou a lutar pela justiça. Instituiu um plano de carreira obrigatório para todos os funcionários, de modo que sentissem que tinham chance de se desenvolverem e progredirem. Deu o que chamou de "O Sermão na Montanha" a um grupo de executivos, em que defendia fortemente a igualdade de gênero e de raça na contratação e progresso de carreira. Ele recomendou que o presidente da Inland Steel fosse ao workshop do Dr. King, e levou o Dr. King a Chicago, para falar à sua equipe, quando assumiu a presidência da Ryerson Coil, uma subsidiária da Inland.

Bowsher descobriu que a igualdade de gênero e racial levava, freqüentemente, a uma lucratividade maior. A divisão que antes não era lucrativa passou a dar lucro um ano após sua posse. E os gerentes negros que lhe fizeram o apelo "à justiça" agora dizem que se sentem avaliados com base no desempenho. Tyrone Banks, um desses gerentes, revela seus sentimentos: "Sinto que aqui minhas idéias serão valorizadas, meu desempenho será recompensado".[5] Esta é a verdadeira justiça.

Há outro tipo de justiça enfatizado na Bíblia: preocupação com os pobres, os doentes e os incapacitados. Em Ezequiel 16, a cidade de Jerusalém é comparada com sua "irmã", Sodoma, cujos habitantes eram "soberbos, [tinham] fartura de pão... mas nunca fortaleceram a mão do pobre e do necessitado". Esta poderia ser uma crítica a algumas corporações modernas, mas certamente não à UPS, que tem um programa de serviço comunitário para os gerentes. Um dos voluntários cujo horizonte em termos justiça se expandiu foi David Reid, um gerente da divisão de operações em Salt Lake City, que trabalhou com deficientes de um centro comunitário.

Reid trabalhou diretamente com uma mulher que tinha paralisia cerebral. Seu foco principal era ser capaz de inclinar sua cabeça o suficiente para dirigir a cadeira de rodas. "Não é fácil desconsiderar certas coisas quando se vê algo assim", observa Reid.

E Reid já havia desconsiderado certas coisas em seu próprio local de trabalho, o que resultou em algumas injustiças que ele não reconheceu na ocasião. Por exemplo, ele havia advertido um funcionário que poderia perder o emprego se pedisse folga para ajudar a esposa a cuidar de seu filho deficiente. Um administrador do programa de serviço comunitário observa: "A gente pode se restringir a coisas como 'Preciso transportar caixas e preciso de pessoas para transportar essas caixas', mas as pessoas que têm de transportá-las precisam ser tratadas com justiça e dignidade para fazerem isso bem".[6]

Mark Colvard, outro gerente da UPS de Toledo, foi transferido para McAllen, Texas, para trabalhar com pobres de origem hispano-americana. Ele serviu almoço em um hospício, trabalhou com jovens presos e construiu mais um cômodo em uma casa para acomodar uma família de sete pessoas. Considera que agora é um gerente melhor: "Eu não era tão aberto quanto sou agora. Dedico mais tempo às pessoas". Também ficou mais generoso; antes ele recusou uma solicitação de um trabalhador temporário para trabalhar tempo integral porque "não cabia no orçamento", mas agora ele "encontrou" os dólares, reduzindo as horas–extras. A verdadeira razão para ele ter feito a contratação? "Era a coisa certa a fazer."

Ironicamente, os números de Colvard não sofreram com toda essa infusão de justiça; de fato, melhoraram. "Estou mais perto de meu plano de negócio que nunca. Se minha experiência em McAllen tem alguma coisa a ver com isso, eu preciso voltar."[7]

A Bíblia também faz uma provisão especial por justiça aos pobres. Deuteronômio 15 declara:

> *Não endurecerás o teu coração, nem fecharás a tua mão a teu irmão que for pobre; Antes lhe abrirás de todo a tua mão, e livremente lhe emprestarás o que lhe falta, quanto baste para a sua necessidade... Livremente lhe darás, e que o teu coração não seja maligno, quando lhe deres; pois por esta causa te abençoará o SENHOR teu Deus em toda a tua obra, e em tudo o que puseres a tua mão.*

Gun Denhart, da Hanna Anderson, seguiu este mandamento com seu programa Hannadowns. Quase todos que têm crianças pequenas conhecem o catálogo Hanna Anderson de roupas boas, coloridas, de algodão. Muitos não percebem que a Hanna Anderson tem um programa, o Hannadowns, que encaminha roupas que não servem mais, dadas pelos clientes, diretamente a pessoas que normalmente não poderiam ter roupas Hanna Anderson, mas que precisam muito de roupas.

Qualquer cliente Hanna Anderson pode devolver roupas que não servem mais e receber 20% de crédito sobre o preço de compra. As roupas são doadas a

*Justiça e Eqüidade* — 189

mulheres e crianças necessitadas como vítimas de furacões, caridades religiosas ou abrigos de mulheres. Isso pode parecer um programa pequeno, mas não é: 10 mil itens por mês são devolvidos e doados.

E mais uma vez, a justiça e a eqüidade resultam no aumento dos números. Os participantes do Hannadowns são os melhores clientes da Hanna Anderson; eles gastam três vezes mais dinheiro que o cliente médio. A empresa recebeu um benefício adicional: Eles conseguiram contratar algumas das ex-residentes em abrigos de mulheres, e se tornaram um "Empregador preferido" que não necessita mais de propaganda.

Duz Gun Denhart: "Dinheiro é como esterco. Se você deixa o monte se acumular, ele só cheira mal. Mas se você o espalha, pode estimular o crescimento das coisas".[8]

## "A Parte Justa"

A pergunta "quem recebe o quê?" tem sido debatida desde tempos bíblicos. A Bíblia tem várias passagens que tratam da questão do que constitui uma "parte justa" dos rendimentos, da colheita ou dos espólios de guerra. Tiago 2:1-4 destaca que ricos e pobres têm os mesmos direitos: se no vosso ajuntamento entrar algum homem com anel de ouro no dedo, com trajes preciosos, e entrar também algum pobre com sórdido traje, E atentardes para o que traz o traje precioso, e lhe disserdes: Assenta-te tu aqui num lugar de honra, e disserdes ao pobre: Tu, fica aí em pé... Porventura não fizestes distinção entre vós mesmos, e não vos fizestes juízes de maus pensamentos?"

Evidentemente, o mundo não é totalmente justo. Foi enfatizado que a lei, em sua justiça infinita, proíbe tanto ricos quanto pobres de dormir embaixo de pontes. Há inúmeros líderes, porém, muitos deles muito poderosos, que defendem com rigor o conceito da "parte justa". De acordo com Sam Walton, que foi um dos homens mais ricos do mundo: "Se a administração americana vai dizer aos seus trabalhadores que estamos todos nisso juntos, eles vão ter que parar com essa tolice de pagar a si 3 e 4 milhões de dólares em bônus todo ano e andar de limusines e jatos corporativos como se fossem muito melhores que os outros... Não me parece justo andar de um jeito e pedir aos outros para andarem de outro".[9]

Durante a crise econômica da década de 1980, Henry Schacht, CEO da Cummings Engine, decidiu que a coisa mais justa a fazer era a alta gerência ter o maior corte no pagamento. Ele e seus executivos tiveram de 12 a 15% de corte, enquanto os trabalhadores menos graduados tiveram um corte de apenas 2%. Schacht achou que isso era justo, visto que os executivos eram os mais responsáveis pelo resultado financeiro da empresa, enquanto o trabalhador médio tinha pouco controle sobre ele.

Esta ação estava de acordo com a exortação bíblica: "Quem tiver duas túnicas, reparta com o que não tem... contentai-vos com o vosso soldo". (Lucas, 3) Dois sujeitos com "duas túnicas" foram Ben Cohen e Jerry Greenfield. Na realidade, eles tinham sete túnicas cada um (sua remuneração era sete vezes maior que a do trabalhador com remuneração mais baixa), e achavam que deviam limitar seu pagamento a esse múltiplo do salário mais baixo. "Só porque uma pessoa tem a capacidade de encher potes de sorvete... e outra pessoa tem a habilidade de conversar ao telefone e vender sorvete... isso não significa que uma pessoa deveria receber tanto a mais que a outra", argumentavam eles.[10]

Além de dar a "parte justa" aos funcionários, a Ben & Jerry também queria dar à comunidade sua "parte justa" dos lucros. Então eles começaram a distribuir 7,5 % dos seus lucros. Quando lhes disseram que essa prática poderia levar a empresa à falência, eles responderam que: "Estabelecemos nossa filantropia corporativa como algo dado, como nossa conta de luz ou de aquecimento, simplesmente pagamos como um custo operacional... Vemos nossos pagamentos para a fundação como uma conta de luz mais alta. Está saindo dos lucros, por isso não está nos impedindo de ter lucro. E é apenas uma pequena porcentagem dos lucros, então ela sobe somente quando nossos lucros aumentam".[11] E teve gente que pensou que esses caras eram um bando de hippies anticapitalistas. O que eles descobriram é que capitalismo, sorvete e justiça podem dar uma mistura muito boa.

Herman Miller, a fábrica de móveis com sede em Michigan, achava que distribuir pára-quedas dourados* para alguns escolhidos era uma justiça apenas parcial. Então, em 1986, eles instituíram o "pára-quedas de prata", para todos os funcionários com mais de dois anos de serviço. Em caso de aquisição, serão todos os funcionários, e não apenas o grupo tradicional de altos executivos, que terão

---

\* Cláusula contratual que garante grandes benefícios a executivos de alta posição, como indenização generosa, opções de ações e bônus. (N. do T.)

*Justiça e Eqüidade* 191

um "pouso tranqüilo". Ironicamente, isto não só fez os funcionários se sentirem mais seguros e mais bem-tratados, mas tornou a empresa um alvo de aquisição menos provável.

A Herman Miller também está comprometida com os princípios de Scanlon da gestão participativa, produtividade e divisão de lucros. Os funcionários podem se tornar donos, pois eles adquiriram essa propriedade; ela não é um presente. Risco e recompensa estão ligados lógica e adequadamente, e 100% dos funcionários regulares com um ano de serviço ou mais são acionistas. Escreve Max De Pree, ex-presidente da empresa: "O sistema capitalista não vai deixar de melhorar tendo mais funcionários que agem como se fossem donos do lugar".

Howard Schultz da Starbucks está convencido de que uma de suas ferramentas de retenção e produtividade é a justa propriedade do funcionário. Considera que "não é por acidente que o índice de atrito na Starbucks é quatro a vinco vezes mais baixo que a média nacional de varejistas e restaurantes... Eu estava convicto de que se as pessoas podem vir para o trabalho achando... que têm uma parte, seja esta pequena ou grande... isso nos daria uma imensa vantagem competitiva". Ele acrescenta: "O sucesso é maior se for partilhado... se queremos inspirar nossos clientes, temos que inspirar nossos funcionários. Eles não podem ser deixados para trás".[12]

Esta é a filosofia que ajudou José a conceber seu plano da "parte justa", de modo que seu país adotivo, o Egito, não morresse da fome que estava afligindo a terra. Novamente, José poderia ter vitimizado os egípcios. Ele os salvou de sua própria falta de visão muitas vezes. Ele deixou de lado, sabiamente, uma parte da colheita de grãos antes da fome, e a vendeu aos seus cidadãos quando eles ficaram sem grãos, presumivelmente a taxas justas de câmbio. Quando ficaram sem dinheiro, trocaram o grão por seu gado. E quando ficaram sem gado, compraram sua terra, mas a devolveram para uso, com a condição de que eles mantivessem quatro quintos da colheita para si e dessem um quinto ao faraó.

José poderia ter explorado seus compatriotas. Mas seu esquema geral era justo e razoável — assegurar que eles tivessem capacidade produtiva e recursos consumíveis suficientes para serem capazes de sobreviver à fome e prosperar novamente, assim que esta terminasse. E, como bom político que era, ele se lembrou de dar ao "chefe" sua parte justa também.

## Retificando a Injustiça

Uma coisa é um líder adotar políticas e ações justas desde o início. Com freqüência, porém, um líder deve ter a coragem de confrontar e reverter injustiças, algumas das quais podem ter sido promulgadas por sua própria organização.

Na Bear Stearns, Ace Greenberg, presidente do comitê de executivos, acha que a injustiça deve ser revertida pelo "comando" ou isso não acontecerá nunca. Em grande parte devido à liderança de Greenberg, a empresa nunca teve um grande escândalo ético em um setor mais famoso por aquisições que por justiça. Greenberg observa: "Mark Twain disse: 'A cabeça do peixe fede', certo? E são as pessoas no comando que dão o exemplo de como um negócio deveria ser dirigido. E se elas forem descuidadas ou jogarem dinheiro fora e tiverem grandes contas de despesa, acho que isso permeia por toda a empresa".

O antídoto de Greenberg é encorajar oficialmente os "delatores" a exporem injustiças e erros. "Pagamos a eles 5% do erro que eles descobrirem, e pagamos em dinheiro, no ato — eu tenho feito cheques altos de 50 e 60 mil dólares."[13] Em um ambiente onde o dinheiro "fala" (e, freqüentemente, grita), esses pagamentos são uma forte advertência a todos da empresa de que "a justiça será respeitada e a injustiça será revertida".

Paul O'Neill, ex-presidente da Alcoa e atualmente secretário do tesouro, também agiu imediatamente quando confrontado com uma injustiça. Uma ordem religiosa entrou em contato com ele e lhe disse que os trabalhadores em uma de suas fábricas mexicanas tinham sido atingidos pelo pó levantado pela empilhadeira e precisaram ser hospitalizados. "Foi difícil acreditar", medita O'Neill. "Mas eles estavam certos."

O presidente da divisão sabia do incidente, tinha efetuado o relatório investigativo exigido, mas havia escondido os resultados do grupo de segurança ambiental da sede corporativa. Esse presidente da divisão estava na empresa havia 28 anos e tinha feito o negócio crescer de 100 milhões para 1,5 bilhão de dólares, mas O'Neil o demitiu. "Demitir pessoas não é divertido, mas não fazemos negócio dessa forma. Uma empresa deve viver de acordo com seus valores."

Este não é um incidente único de justiça que ganha precedência sobre o ganho econômico. A filosofia que O'Neill tem de justiça é praticada em todas as unidades e culturas da empresa. "Não pagamos propinas, mesmo quando é legal fazer isso", afirma ele. E sua dedicação à justiça estende-se às outras áreas tam-

*Justiça e Eqüidade* ——————————————————————————— 193

bém, mesmo quando as leis de um país permitem a injustiça. Quando a Alcoa fez aquisições na Hungria, muitos dos edifícios tinham telha de zinco. Embora a remoção do zinco não fosse exigida por lei na Hungria, a Alcoa gastou dinheiro para removê-lo. "Não tratamos as pessoas de acordo com a lei local, mas pelo que a lógica diz que é a coisa certa; isso mostra consistência de crença e ação", afirma O'Neill.[14]

Dois mil anos atrás, outro líder afirmou a necessidade de obedecer a uma lei superior — não leis temporárias, feitas pelo homem, locais. Jesus, quando lhe perguntaram se os judeus deveriam ser obedientes às leis de César, respondeu: "Dai a Cesar o que é de Cesar, e a Deus, o que é de Deus" (Mateus, 22:21). Os líderes que estão preocupados com a justiça seguem suas consciências, que freqüentemente são "autoridades superiores" quando exercidas ao máximo.

A Bíblia nos aconselha que uma forma de retificar a injustiça é "abra tua mão livremente aos pobres". Deuteronômio 15 aconselha que em última instância "não deve haver pobre entre vós", mas enquanto existirem — "Eu te ordeno, dizendo: Livremente abrirás a tua mão para o teu irmão, para o teu necessitado, e para o teu pobre na tua terra". Um banco que levou isto à risca é o South Shore Bank em Chicago, que por fora se parece com qualquer outro banco, mas distribui seus ativos com justiça. A maioria dos bancos pega seus depósitos e os converte em crédito para subsidiar o desenvolvimento imobiliário em áreas centrais da cidade que já estão super desenvolvidas. Durante mais de vinte anos, o South Shore tem buscado retificar a desigualdade econômica tomando depósitos e convertendo-os em crédito para o desenvolvimento em áreas necessitadas, não atendidas.

A Bíblia nos aconselha que "Reinou, pois, Davi sobre todo o Israel; e Davi fazia direito e justiça a todo o seu povo" (2 Samuel, 8:15). Parece simples, mas não é fácil, quer você seja o rei de Israel ou um executivo moderno. Por exemplo, Weyerhauser foi criticado na imprensa quando, buscando preservar a subsistência de seus funcionários, adiou o fechamento de vários moinhos grandes e diz-se que "matutou" sobre isso (como se ter consciência social fosse um impedimento para ser um bom empresário). O mesmo líder que adiou esses fechamentos também instituiu o Dia de Martin Luther King como feriado na empresa, afirmando: "Não é um feriado apenas para os negros, é um feriado para todos nós pensarmos em nossos princípios fundamentais e como mudar as coisas que não estão certas".[15] Eis um líder que não só queria que a madeira corresse rio abaixo, mas também queria ajudar a "justiça a correr como um rio".

A Xerox é uma empresa cuja liderança tem uma longa tradição de compromisso com a justiça. Na década de 1960, com conflitos raciais, muitas empresas passaram muito de seu tempo justificando suas políticas de contratação e de promoção excludentes, discriminatórias. A Xerox percebeu que para ter sucesso como uma empresa e funcionar na comunidade de Rochester, teria que ser uma força para a justiça dentro da empresa e na comunidade com um todo. Os líderes da Xerox, em colaboração com o sindicato, instituíram programas de treinamento no emprego, no centro da cidade (incluindo um destinado especificamente a mulheres), e deram assistência técnica e contratos a uma empresa de manufatura de propriedade de um grupo minoritário.

Mas quando o CEO Peter McCullough assumiu, ele foi ainda adiante em sua busca de justiça racial e econômica. Deu início a um programa sabático que oferecia aos funcionários licenças remuneradas de até um ano inteiro para que eles pudessem aplicar suas habilidades profissionais em projetos que beneficiariam toda a comunidade, e não apenas a Xerox. Os funcionários neste programa tornaram-se defensores legais da segurança em minas e deram assistência aos prisioneiros, em colocação em emprego. Além disso, o Community Involvement Program (Programa de Envolvimento da Comunidade) da Xerox canalizava voluntários para a comunidade, para aconselharem aqueles em liberdade condicional e ajudarem a dirigir abrigos para mulheres.

Em todas essas "boas ações", porém, a Xerox não se esqueceu de fazer um exame duro de si e de suas políticas de justiça e eqüidade. Ela também identificou "empregos pivôs" que levavam à alta gerência de modo que as mulheres e minorias na Xerox representassem 25% de todos os funcionários, 21% de todos os profissionais, 19% de representantes e gerentes e 21% dos executivos seniores.[16]

Não se faz justiça verdadeira quando um grupo racial ou de certa nacionalidade ocupa os cargos mais baixos enquanto outro grupo domina desproporcionalmente as posições de poder. A Xerox sabia disso quando instituiu esses programas. Faraó, um homem cego à injustiça, pagou por sua cegueira perdendo toda sua força de trabalho em uma noite memorável, e todo o seu exército logo depois.

John Lampe foi indicado como CEO da Firestone durante uma de suas piores crises. Um grande número dos pneus da empresa rasgou enquanto motoristas dirigiam suas Ford Explorers na estrada, resultando em 174 mortos e setecentos feridos. Uma das primeiras medidas de Lampe foi aparecer na televisão e aceitar a responsabilidade e indicar as medidas que a Firestone tomaria para corrigir a situação.

*Justiça e Eqüidade* 195

"Não tinha a ambição de aparecer na TV, mas os clientes querem ouvir alguém que se responsabilize", diz Lampe. Primeiro, ele desculpou-se publicamente às famílias cujos membros morreram ou se feriram. Ele mudou o processo de manufatura na unidade que fabricou os pneus, e gastou 50 milhões de dólares para aprimorar as instalações. Ofereceu garantias estendidas (de até quatro anos), test drives gratuitos de trinta dias e a devolução a qualquer comprador insatisfeito.

Em um ato raro e corajoso para um fabricante de pneus (cuja renda depende em grande parte do bom relacionamento com a indústria automobilística, seu principal consumidor), Lampe também desafiou a Ford Motor Company a reconhecer sua parte de responsabilidade pelos acidentes.[17] As ações e declarações de Lampe foram congruentes com os pronunciamentos feitos milhares de anos antes, pelo profeta Jeremias: "Ai daquele que edifica a sua casa com injustiça, e os seus aposentos sem direito" (Jeremias, 22:13). Se os líderes da indústria automobilística tivessem levado em consideração essas palavras uma geração antes e agido rapidamente para alterar os veículos inseguros que projetaram, eles poderiam ter evitado constrangimento ao profeta Ralph (Nader).

A resposta rápida de Lampe enfatizou a necessidade de reagir depressa para corrigir a injustiça ou oferecer recompensas justas àqueles que as mereciam. Ross Perot, chefe da empresa de tecnologia de informação EDS, está convicto de que "justiça adiada é justiça negada". Depois de uma importante vitória sobre a IBM, Perot nem esperou até sua equipe voltar para o escritório. "Na EDS acreditamos em pagar pela excelência no ato, para que os recompensássemos com bonificações, dinheiro, ações... enquanto eles ainda estavam suando."[18]

Perot percebe que tais atos imediatos de justiça sejam altamente simbólicos tanto para aqueles que estão recebendo as recompensas diretas quanto para o resto da empresa. Jack Stack da Springfield Re reconhece que os funcionários também sejam altamente sensíveis aos atos e símbolos de injustiça. "Um bom gerente sabe o que o sujeito no chão-de-fábrica não suporta e desdenha", observa ele. "O bom senso precisa prevalecer. Se eu compro uma fábrica um dia e apareço em um Lamborghini no outro, então posso sair falando que a empresa está correndo risco?"[19]

Esta pareceria ser uma injustiça óbvia, mas um número bem grande de líderes tem cometido injustiças parecidas. Muitos são os líderes bíblicos que conseguiram riquezas desproporcionais à custa de seu próprio povo. Miquéias criticou:

"A vós que odiais o bem, e amais o mal, que arrancais a pele de cima deles, e a carne de cima dos seus ossos" (Miquéias, 3:1). Neemias lamentou-se: "Sois usurários cada um para com seu irmão" (Neemias, 5:7). O líder moderno faria bem em se perguntar: "Minhas ações são justas e equânimes, não só aos acionistas, mas também aos funcionários e à sociedade como um todo?" Não é só uma questão de moralidade, é também uma questão de sucesso econômico no longo prazo. É difícil manter uma força de trabalho motivada e fiel se eles acham que os que estão no comando estão levando vantagem.

## JUSTIÇA RECOMPENSADA

Freqüentemente, considera-se que aquelas empresas e instituições comprometidas com a justiça fazem "sacrifícios" que comprometem o bem-estar de suas organizações. Entretanto, há inúmeros exemplos de organizações que foram capazes de transformar atos de justiça em soluções "em que todos vencem", em que não ganharam apenas moralmente, mas também economicamente. A "coisa certa a fazer" nem sempre precisa ser uma despesa adicional para a organização; às vezes a justiça pode ajudar realmente no resultado financeiro, a curto prazo, e também a longo prazo.

O Salmo 11 promete que "homens honrados verão a face dele". Não promete lucro imediato ou no longo prazo simplesmente por atos, mas foi realmente isto que aconteceu a inúmeras organizações, algumas das quais só queriam fazer o "bem" e outras que perceberam que "fazer o bem" também pode significar "fazer bem".

O Vermont National Bank não tinha como saber que seu Fundo Bancário de Responsabilidade Social também podia ter sido chamado "Fundo Bancário Altamente Lucrativo". Ele sabia que sua idéia ressoava entre seus valores mais profundos e os valores das pessoas de Vermont. O fundo foi instituído para promover empreendimentos sociamente valiosos, seguros em termos fiscais, como moradia acessível, produção agrícola orgânica, desenvolvimento de pequenos negócios, educação e o ambiente. O objetivo era "equilibrar as balanças da justiça" explicitamente, e garantir que negócios de responsabilidade social tivessem chance de se desenvolverem.

Os depositários podem destinar suas contas a empresas que "dão uma contribuição positiva ao ambiente, a suas comunidades e seus funcionários". Ironicamente, essa iniciativa, que foi vista como risco aos lucros, na verdade aumentou os lucros. O fundo cresceu de 7 milhões de dólares nos quatro primeiros meses para 87 milhões de dólares em cinco anos. Além disso, cresceu 25 milhões de dólares e tem crescido consistentemente mais rápido que a taxa de crescimento de todos os depósitos do banco.

O risco aos lucros foi sobrestimado. David Berge, vice-presidente e diretor do Fundo Bancário de Responsabilidade Social, nota que os beneficiários de empréstimos tendem a ser mais responsáveis, resultando em menos inadimplências que os empréstimos típicos concedidos a empresas. "Em vez de sermos os últimos a saber que algo está errado, somos uns dos primeiros." Isto permite ao banco e ao beneficiário, chegarem a uma solução antes de ocorrer inadimplência.[20]

Outro líder empresarial que foi capaz de misturar justiça e lucro foi John Shields, o presidente da divisão das lojas Finast, em Ohio. Quando as pessoas olhavam o centro da cidade de Cleveland na década de 1980, elas podiam ser perdoadas se lembrassem o Velho Testamento: "Jerusalém se tornará em montões de pedras, e o monte desta casa como os altos de um bosque." (Miquéias, 3:12) Como muitos, Shields viu a decadência urbana, mas também viu a oportunidade econômica e uma chance de trazer justiça econômica, empregos e um bom serviço às pessoas do centro da cidade, muitas dos quais tinham que gastar com transporte e arcar com a inconveniência de se deslocarem até áreas fora dela, para comprar comida.

Shields viu o centro da cidade não como um "monte com um bosque", mas como um mercado mal servido. Havia uma "razão comercial evidente" para se construir novas lojas modernas, mas também havia a oportunidade de revitalizar a área. Shields supervisionou a construção de seis novas lojas moderníssimas no centro da cidade. Não só a vizinhança foi mais bem-servida, mas as lojas eram altamente lucrativas.

Certamente, havia despesas "extraordinárias" para se montar lojas no centro da cidade, como despesas adicionais com treinamento de funcionários e o custo de se colocar cercas de ferro em volta da loja, que a protegessem, mas não bloqueassem, para desencorajar roubo. Esse esforço, porém, envolveu mais do que a simples responsabilidade pelas despesas e a tentativa de lucrar, visto que também foi um exercício de justiça social e econômica. O prefeito de Cleveland declarou que "uma boa decisão de negócio também era a coisa certa a fazer pela comunidade. Então, você tem o melhor de ambos os mundos".

O principal testemunho da dedicação da Finast à justiça e à eqüidade? Os comentários de residentes dos subúrbios afluentes em torno do centro da cidade, que ficaram surpresos ao verem lojas melhores lá que nas comunidades de classe abastada, como Shaker Heights. "Quando eles vão lá, ficam chocados", observa Schields. "Eles dizem: 'Nossa, esta loja é melhor que a que temos em nossas redondezas.'"[21]

New London, Connecticut, foi outra cidade em perigo de se tornar "um monte de pedras" na década de 1990. Decaía há anos devido à perda de empregos no setor primário da cidade, a defesa. A disponibilidade de moradia na cidade estava diminuindo, e 61% das crianças em idade escolar tinham direito a almoços gratuitos ou a preços reduzidos.

A força inicial para fazer a cidade reviver foi inspirada na Bíblia. Claire Gaudani, presidente do Connecticut College, percebeu que a faculdade tinha uma responsabilidade com a cidade que a abrigava: "Procuramos Deuteronômio, que nos diz: 'faças justiça, somente a justiça, que prosperarás'". Gaudani viu que a cidade, e a faculdade, poderiam prosperar somente se a justiça econômica fosse feita. Então ela fez a New London Development Corporation reviver, que se dedicou a atrair novos investimentos e a reconstruir a infra-estrutura da cidade. Em três meses, ela conseguiu convencer a Pfizer a construir uma instalação de pesquisa de 280 milhões de dólares, empregando 2 mil pessoas.[22]

"Faças justiça, somente a justiça, que prosperarás." É por isso que a Ben & Jerry recorreu à Greyston para fazer seus brownies e instituiu um novo sabor, o Rain Forest Crunch, que é um produto criado em torno de uma missão social para preservar a floresta amazônica na América do Sul. É por isso que Anita Roddick faz da campanha para salvar as baleias uma parte integral de seu plano de negócios, e não apenas uma causa para a qual faz doações. É por isso que Mark Elliott trata seus programadores da mesma forma que os funcionários atendentes de balcão, mais visíveis. É por isso que Jack Stack oferece ações da empresa aos seus funcionários.

Estes e outros líderes estão levando a sério a questão colocada por Edward Simon, o presidente da Herman Miller: "Por que não podemos fazer boas ações no trabalho?... O setor empresarial é a única instituição que tem uma chance... de aumentar fundamentalmente a injustiça que existe no mundo".[23]

# Lições Bíblicas sobre Justiça e Eqüidade

❖ Se as pessoas percebem que estão sendo tratadas injustamente, não terão bom desempenho ou agirão como aquelas que são consideradas favorecidas.

❖ As empresas mais dignas de crédito são as comprometidas com a justiça não só no local de trabalho, mas nas comunidades onde estão localizadas.

❖ Os líderes que mais merecem crédito acreditam na eqüidade a todos os indivíduos e grupos e agem em consonância com essas crenças mesmo quando isto é desconfortável ou difícil.

❖ Uma preocupação com pessoas desprivilegiadas econômica ou socialmente pode ajudar não só na credibilidade de um líder, mas também na lucratividade de uma empresa.

❖ Um líder que opera sobre princípios de eqüidade inspira melhor desempenho, lealdade e retenção dos funcionários.

❖ Não basta perseguir a justiça. Um líder também precisa reverter injustiças e dar as recompensas merecidas rapidamente.

CAPÍTULO DEZ

# Desenvolvimento da Liderança

*E também disse o rei assim: Bendito o SENHOR Deus de Israel, que hoje tem dado quem se assente no meu trono, e que os meus olhos o vissem.*
— REI DAVI, EM 1 REIS, 1:48

*Sobe ao cume de Pisga, e levanta os teus olhos ao ocidente, e ao norte, e ao sul, e ao oriente, e vê com os teus olhos; porque não passarás este Jordão. Manda, pois, a Josué, e anima-o, e fortalece-o; porque ele passará adiante deste povo, e o fará possuir a terra que verás.*
— DEUTERONÔMIO, 3:27-28

ara parafrasear uma antiga parábola dos peixes: Dê-me um líder por uma geração e eu perpetuarei a organização por uma geração. Ajude-me a desenvolver líderes em cada geração, e eu perpetuarei a organização para sempre.

Consideramos corporações como a IBM, a Procter & Gamble e a General Electric como organizações duradouras porque existem talvez a um século; muito de seu sucesso tem se devido à continuidade da liderança que eles têm tido. A "organização" chamada judaico-cristã tem um tempo de existência quase sessenta vezes maior, e em grande parte pelas mesmas razões — a capacidade de renovar constantemente sua missão e encontrar os líderes certos para executarem a missão.

*Desenvolvimento da Liderança* 201

Mas, quer você esteja na moderna Los Angeles ou na velha Palestina, os líderes não só aparecem — mas precisam ser desenvolvidos. Noel Tichy escreve que as organizações podem desenvolver líderes em cada nível somente se outros líderes lhes ensinam tanto a teoria quanto a prática, principalmente a última, porque cruzam o deserto sem aumentar sua competência em cada área. Tichy chama este mecanismo — pelo qual uma geração de líderes desenvolve a seguinte — o "motor da liderança".[1]

Mas o "motor" é tudo, menos automático. As organizações mais bem-sucedidas, duradouras, fazem um esforço consciente para desenvolverem líderes em cada geração. O rei Davi começou a desenvolver seu "círculo interno" muito antes de eles serem necessários e antes até de assumir o poder. Perseguido por Saul, ele escapou para uma caverna, onde "ajuntou-se a ele todo o homem que se achava em aperto, e todo o homem endividado, e todo o homem de espírito desgostoso, e ele se fez capitão deles". (1 Samuel, 22:1-2) Mais tarde, muitos desses homens se tornariam membros do gabinete de Davi e os futuros líderes de Israel. Quando o desenvolvimento da liderança e o planejamento de sucessão foram realizados conscienciosamente, a nação prosperou. Quando essas práticas formaram-se mal ou foram negligenciadas, a nação sofreu com uma sucessão de líderes que perderam a missão de vista, oprimiram o povo e voltaram a adorar ídolos.

A pior maldição, que acontecia ocasionalmente, é proferida em Isaías, 3:4: "E dar-lhes-ei meninos por príncipes, e crianças governarão sobre eles".

# A Importância do Desenvolvimento da Liderança

Os líderes da Bíblia, bem como os mais astutos empresários e líderes da sociedade de hoje, queriam líderes maduros, competentes com as prioridades e valores certos seguindo seus sapatos (ou sandálias). O fato de existir mais de um bilhão de seguidores do judaísmo e do cristianismo e milhões de sinagogas e igrejas com processo de liderança planejado, bem-organizado, é um testemunho de seu legado. Mas há algumas corporações que seguem a mesma "religiosidade" no desenvolvimento contínuo da liderança, muitas delas entre as empresas mais bem-sucedidas em seus setores. A GE sob Jack Welch (e também sem dúvida sob seu sucessor, Jeffrey Immelt) cuidou para que seus representantes não fossem "meninos", mas líderes plenamente desenvolvidos que tivessem passado por "provas de fogo" e atingido objetivos difíceis estabelecidos para eles.

"Eu quero uma revolução, e quero que ela comece em Crotonville", disse Welch, referindo-se ao famoso Centro de Desenvolvimento Gerencial iniciado em 1956 e que recentemente passou a ser denominado Centro de Desenvolvimento Gerencial Jack Welch. Crotonville tem sido, tradicionalmente, o lugar onde as novas idéias da GE e os planos de batalha para implementá-los são gerados.

Muitos CEOs elogiam os esforços de desenvolvimento da liderança de suas organizações, talvez se conectando rapidamente para uma videoconferência ou enviando uma mensagem de vídeo no início de uma sessão. Mas Welch ia de helicóptero para dar o seu recado. Ele voava para Crotonville a cada duas semanas, onde se engajava em "experiências de aprendizagem" livres com seus executivos, e não perdeu uma sessão em seus dezesseis anos como presidente.

Muitos que conheciam a abordagem voltada para resultados financeiros, objetiva, de Jack Welch duvidaram inicialmente de seu compromisso com o desenvolvimento do executivo. No início de sua gestão, muitos de seus chefes de divisão desviavam recursos alocados para o desenvolvimento de executivos para outras áreas de seu orçamento, inclusive resultados financeiros. Welch garantiu que os executivos que cooptassem com os esforços de desenvolvimento de executivos seriam recompensados e que aqueles que não colaborassem sofreriam as conseqüências.

Embora tenha surgido um culto à personalidade em torno de Welch, ele percebeu que o sucesso da GE se devia em grande parte ao cuidadoso desenvolvimento de executivos e ao planejamento de sucessão, com muitos líderes bons na linha de espera, caso alguma coisa acontecesse com ele ou qualquer outra peça-chave. Um dia depois de ter sofrido um ataque cardíaco, ele ficou satisfeito com a alta de 1 dólar das ações da GE. Quando a imprensa afrontou, dizendo que ele não tinha nenhum sucessor claro, ele respondeu: "Isto está longe de ser verdade... É como uma obsessão. Estou sempre conversando com Paolo Fresco (vice-presidente da GE), mesmo quando saímos para tomar um drinque. 'Como é fulano de tal; se ele é capaz de ter uma visão equilibrada das coisas; ou em que medida ele traz novas idéias?' Isso está sempre na minha cabeça, e encontrar a pessoa certa é a coisa mais importante que eu posso fazer por meu grupo no momento."[2]

*Desenvolvimento da Liderança* ——————————————————— 203

O maior desejo de Welch ecoou a súplica de Moisés: "Senhor... ponha um homem sobre esta congregação... para que a congregação do SENHOR não seja como ovelhas que não têm pastor" (Números, 27:16-17). Os esforços de Welch em Crotonville e em outros lugares para desenvolver continuamente seus executivos asseguraram-lhe que não haveria falta de pastores competentes.

Andrew Grove, da Intel, é outro executivo que reforçou seu compromisso com o desenvolvimento da liderança com dólares extras em um bônus para executivos. Como Welch, Grove gostava realmente de ensinar seus sucessores potenciais. Grove entrava em sala para ensinar várias vezes por ano. "Sempre tive necessidade de ensinar, dividir com os outros o que descobri por mim mesmo. É essa mesma necessidade que me faz querer dividir as lições que aprendi."[3]

Grove insistia para que todo executivo na Intel ensinasse. Ele acreditava que só se pode aprender a tomar decisões difíceis com as pessoas que já passaram por isso, e não com consultores de fora. Não tão velho quanto o da GE ou o da Bíblia, mas durante sua gestão Grove desenvolveu um "motor de liderança" bom e sólido.

Larry Bossidy, ex-CEO da Allied Signal, também percebeu que o desenvolvimento de novos líderes não só é fundamental para a lucratividade, mas também é muito gratificante por transparecer que se deixou um legado, e não apenas uma demonstração de resultados. "Como estou indo como líder? A resposta é como as pessoas que você lidera estão indo. Elas aprendem? Elas resolvem conflitos? Elas iniciam mudanças? Você não vai se lembrar quando se aposentar o que fez no primeiro trimestre de 1994... O que você se lembrará é quantas pessoas você desenvolveu."[4] Bossidy está tão comprometido com o desenvolvimento da liderança, e se sente tão recompensado por isso, que fundou uma empresa totalmente dedicada ao desenvolvimento de executivos.

Nenhum de nós, particularmente os altos executivos, gosta de falar deste assunto, mas vamos morrer um dia. Em março de 1996, um avião que transportava um grupo de altos executivos em uma missão comercial caiu na Bósnia, deixando suas organizações em diferentes estados de preparação para a sucessão executiva. O presidente e CEO da Asea Brown Boveri morreu, e a empresa recorreu a uma substituição interina. A Bechtel não tinha substituto nenhum para P. Stuart Tholan, presidente da Bechtel na Europa, Oriente Médio e Sudeste Asiático. Mas a Foster Wheeler, uma empresa de engenharia e construção de 4,5 bilhões de dólares em Nova Jersey, não teve esses buracos porque eles fizeram um planejamento cuidadoso de sucessão, em caso de acontecimentos inesperados.

O governo norte-americano tem um plano de sucessão em caso de morte, *impeachment* ou renúncia de nossos altos executivos. Nós já estamos familiarizados com isso pelos casos de John F. Kennedy, Richard Nixon, Spiro Agnew e Bill Clinton. Mas ele tem razão para existir, e as empresas inteligentes não deixam de ter um plano de sucessão estabelecido, que trate de todas as contingências, mesmo o "impensável".

Na prática, isto significa que uma empresa deveria avaliar consistentemente seus "altos potenciais", de modo que em uma mudança de emergência ou planejada, tudo seja colocado onde possa dar a contribuição máxima e seja mais plenamente desenvolvido. Isto também pode significar "cutucar" o CEO, uma vez que ninguém gosta de encarar a possibilidade do próprio desaparecimento ou morte.

Um líder que confrontou e aceitou seu desaparecimento e morte muito antes de acontecer foi Jesus. Ele preparou conscientemente seus seguidores para assumirem suas responsabilidades complementares depois de se ir, dando-lhe instruções específicas e motivação. Ele até deu a seus "executivos" novos nomes mais adequados a seus novos papéis. Para o discípulo antes conhecido como Simão, disse ele: "Pois também eu te digo que tu és Pedro, e sobre esta pedra edificarei a minha igreja, e as portas do inferno não prevalecerão contra ela". (Mateus, 16:18)

Um exemplo moderno de alguém que sabia da importância de desenvolver e apontar um sucessor é Roberto Goizueta, da Coca-Cola. "Para Goizueta, a sucessão era uma culminação lógica de um programa que ele concebeu para desenvolver e promover pessoas de talento. Ele viu a decisão de delegar autoridade como uma de suas três tarefas principais... E viu a designação de um sucessor como o ato final de delegação."[5]

"No início" da liderança bíblica, o desenvolvimento da liderança e o planejamento da sucessão não eram feitos conscientemente. Muitas das atividades aconteciam natural e espontaneamente. A experiência de Noé e o dilúvio, por exemplo, faz qualquer experiência similar de "educação fora da escola" ou "voltada para fora" parecer uma flutuação prazerosa em um ribeirão (e de fato muitas delas são). Mas com o passar do tempo, os líderes da nação começaram a perceber que só sobreviveriam como povo e como cultura se tivessem líderes fortes capazes de defendê-los de ameaças externas (filisteus, egípcios, leões e lobos) e a decadência interna (perda de propósito, adoração a ídolos, disputa acirrada pelo poder).

Particularmente com a instituição da monarquia (mas mesmo antes), era fundamental a implantação de sistemas para assegurar a competência, a noção de

*Desenvolvimento da Liderança* ———————————————————————————— 205

propósito e a moralidade da alta liderança, e também que houvesse um "motor de liderança" capaz de produzir a próxima geração de líderes. Na época, como agora, era importante desenvolver um sistema de orientação e uma modelagem de papel e fornecer atribuições de desenvolvimento a possíveis líderes, fossem ou não da realeza.

Noel Tichy escreveu: "Uma pessoa pode ter todos os traços de um líder, mas se ele ou ela não se empenhar pessoalmente no desenvolvimento de novos líderes, a organização não será sustentável".[6] A "organização" que começou com a Bíblia tem se sustentado por quase sessenta séculos. As corporações modernas fariam bem em tomar emprestadas algumas de suas técnicas.

## MENTORES, TREINADORES E MODELOS DE PAPEL

Uma das imagens mais vívidas da Bíblia é aquela de Moisés orientando Josué na "tenda de reunião". Essas sessões são particularmente intrigantes porque não sabemos ao certo o que cada um poderia ter dito ao outro. Nós só sabemos que quando Moisés entrou na tenda, "descia a coluna de nuvem, e punha-se à porta da tenda". (Êxodo, 33:9-11) Agora eu pergunto, se o escritório de um chefe fosse constantemente cercado por uma coluna de nuvem, alguém desejaria sair ou gostaria de ficar para ter certeza de que receberia todas as orientações que pudesse?

Podemos ter certeza de que muito da orientação estava acontecendo naquela tenda, provavelmente não apenas um treinamento simples, no emprego ("Confira se você tem pelo menos 25 trombetistas quando se aproximar de Jericó") mas discussões muito mais profundas sobre como motivar indivíduos e grupos grandes, táticas de batalha e técnicas para manter a coesão do grupo diante de obstáculos e dificuldades (qual é a altura do muro?). Moisés não estava apenas "ensinando habilidades", ele estava preparando Josué para liderar as tribos de Israel. Moisés sabia disso, Josué sabia disso, e o povo de Israel também. O próprio ato de orientar aumentava o poder e a credibilidade de Josué.

Para uma versão da tenda de Moisés em tempos modernos, vamos à casa de veraneio de Roger Enrico nas ilhas Caimã, outro lugar de onde provavelmente ninguém gostaria de sair se fosse um aspirante a executivo na PepsiCo. Enrico subiu ao círculo de executivos e estava pensando em sair da PepsiCo para ser docente em uma universidade. Wayne Calloway, CEO, e Paul Russell, vice-presidente de desenvolvimento de executivos na PepsiCo, tiveram uma idéia melhor: Se Enrico queria ensinar, por que ele não podia ensinar o que mais sabia, o negócio da PepsiCo, aos funcionários que mais queriam aprender isso, os próximos executivos da PepsiCo? Isto se encaixava perfeitamente com a missão corporativa na época, visto que se estimava que a PepsiCo precisaria de 1.500 novos executivos nos próximos anos, que teriam de ser importados se não pudessem ser desenvolvidos. (A idéia de importar executivos "estrangeiros" para a Pepsi era tão atraente quanto os israelitas recrutarem filisteus para manterem o templo em Jerusalém.)

Desde de manhã, bem cedo, até tarde da noite, durante uma semana, Enrico reuniu-se com nove executivos para trocar conhecimentos e idéias sobre como a empresa seria dirigida, como poderia ser dirigida, novos produtos e outras questões importantes. Todos os participantes tinham de chegar a um "projeto dos sonhos ampliado", voltar ao local de trabalho para trabalharem no projeto, e então se encontrariam novamente com Enrico para analisar o progresso. Dez workshops foram realizados em dezoito meses, e várias iniciativas corporativas muito lucrativas (como a campanha Family Meals) foram lançadas. O programa tornou-se um esteio dos esforços de desenvolvimento de liderança da PepsiCo.[7]

Dick Stonesifer, da GE Appliances, foi um executivo que dava orientação e treinamento em um processo que envolvia duas etapas. Antes de pedir para exporem suas fraquezas ou fracassos a ele, expôs suas necessidades de desenvolvimento a eles. Muitos de nós têm respondido às solicitações de nossos chefes para lhes darem feedback 360 graus, mas quantos de nós já viram todo o relatório de feedback? Stonersifer projetava seu feedback na parede (tanto a crítica brutal quanto o elogio entusiasta) para que toda a equipe pudesse vê-lo, e depois pedia ajuda para remediar suas deficiências.

Stonesifer então pedia aos seus funcionários (em pequenos grupos) para trocarem dados diretamente uns com os outros e fazerem um brainstorm de sugestões para aprimorar cada pessoa. Stonesifer era muito claro sobre a inutilidade de muitos processos 360 graus, e queria ter certeza de que o seu seria um bom uso dos recursos e do tempo da empresa. "No final, esta é a única forma de fazer os líderes desenvolverem os outros", disse ele. "Todos nós sabemos o que fazemos bem ou mal. A questão aqui é: Eu vou ajudar ou vou falar mal no bebedouro?"[8]

Não sabemos quanto Moisés foi franco com Josué sobre suas próprias forças e fraquezas, ou se ele fez Josué discutir suas fraquezas pessoais com os outros membros de sua equipe. Afinal, isto foi há mil anos, e as técnicas de avaliação não

*Desenvolvimento da Liderança* —————————————————————— 207

eram tão sofisticadas. Mas sabemos que Josué, como as legiões de Dick Stonesifer, recebeu uma forte dose de conselhos úteis e feedback sincero. Isto lhe permitiu derrubar alguns obstáculos bastante assustadores e marchar para um território literalmente conhecido como a "Terra Prometida".

Entretanto, a seleção do mentor/treinador é muito importante. O entusiasmo inicial ao ser incumbido de um programa de desenvolvimento pode diminuir se alguém descobrir que o mentor seria Acabe ou Jezabel. Ou Sansão, que poderia tentar lhe "ensinar" a força bruta, mas cuja sofisticação política era bastante rasa. Infelizmente, nenhum destes teria sido um bom candidato para ser treinado. Sansão, Acabe e Jezabel foram exemplos perfeitos do "Princípio de Peter" — pessoas que atingiram seu nível de incompetência. Essencialmente, não tinham como ser desenvolvidas. A única direção para elas era fora, e elas sabiam disso.

Paul Russell, da PepsiCo, destaca a "importância da pessoa que você coloca como líder à frente de um público" e acrescenta que, não importa o seu alto nível, os mentores devem ser "ícones — pessoas de categoria internacional que todos procuram como o líder ou especialista". Manter uma pessoa não ética (não importa quanto seja bem-sucedida) ou incompetente (não importa quanto seja ética) como um modelo só irá resultar em cinismo.

Kermit Campbell, CEO da Herman Miller, acredita fortemente no poder de orientar e desenvolver líderes. Ele reuniu seus trinta principais gerentes operacionais para que pudessem desenvolver uma estratégia de ação. No processo, eles desenvolveram uns aos outros também. "A participação foi muito intensa; como grupo, chegamos a um nível muito mais alto do que tínhamos atingido antes. É isso o que eu sinto que deveria fazer como CEO, levando cada um de nós a um patamar superior."[9]

Dois líderes que levaram um ao outro a um plano superior foram Ester e Mordecai. Ester se tornou inesperadamente a rainha de toda a Pérsia, quando um dia antes ela era apenas uma adolescente judia atraente. Mordecai, o "mentor", tinha a vantagem de ter mais experiência de vida e acesso ao mundo fora do palácio. Ester tinha a vantagem de sua grande beleza (que tinha atraído a atenção e a lealdade do rei), sua posição dentro do palácio e uma cabeça muito inteligente sobre os ombros. Ao contrário de Acabe, Jezabel e Sansão, ela era supremamente "passível de se desenvolver".

E trabalhando com seu mentor, ela realizou o seguinte, que pareceria bom na avaliação de desempenho de qualquer jovem gerente (ou rainha):

- Tornou-se a primeira e única rainha judia da Pérsia.

- Reverteu um decreto que teria resultado no genocídio de seu povo.

- Persuadiu o rei a oferecer a metade de seu reino.

- Pediu, em vez disso, pela preservação de seu povo, e conseguiu.

- Conseguiu que seu mentor fosse levado triunfalmente pela cidade sobre um cavalo, por seu próprio inimigo.

- Conseguiu afastar o pior inimigo de seu povo permanentemente.

Nem Ester nem Mordecai poderiam ter atingido esses objetivos sem o outro, e esta é a essência da orientação assistida.

Normam Brinker é um *restaurateur* que conhece ambos os lados do valor de orientar e treinar. Ele começou como protegido de Robert Peterson do Jack-in-the-Box, uma rede de fast-food. Depois de receber uma parte da empresa, ele abriu o Brink's, que vendeu, então adquiriu o Steak'n' Ale, que abriu ações ao público em 1971 com 28 restaurantes. Cinco anos depois vendeu-o para Pillsbury por 100 milhões de dólares e comprou o Chili's.

Em 1993, Brinker sofreu um acidente de pólo quase fatal. Ron McDougall, presidente da Brinker International, conseguiu assumir os deveres de rotina do CEO. Mas o que mais fazia falta era a capacidade de orientar de Brinker. Ele tinha desenvolvido a reputação de atrair bons funcionários, dando-lhes atribuições desafiadoras. Dava aos seus protegidos leniência para dirigirem os próprios negócios enquanto ainda lhes oferecia orientação quando necessário.

Os protegidos de Brinker agora dirigem grandes redes bem-sucedidas como a TGI Friday's, Outback Steakhouse e Spaghetti Warehouse. Muito desse sucesso se deve à capacidade de orientar e treinar de Brinker.

O relacionamento de Brinker com seus protegidos lembra o de Elias e Eliseu, do Velho Testamento. Quando Elias ia ser levado ao céu, ele perguntou ao seu protegido Eliseu, "Sucedeu que, havendo eles passado, Elias disse a Eliseu: Pede-me o que queres que te faça, antes que seja tomado de ti. E disse Eliseu: Peço-te que haja porção dobrada de teu espírito sobre mim". (2 Reis, 2:9) Eliseu podia ter pedido qualquer coisa: bens, dinheiro, posição poderosa. O que pediu, porém, é o que os mentores têm o poder de dar aos seus protegidos — o benefício de seu conhecimento e experiência de vida. Quando transmitimos a nossos protegidos uma simples parte de nosso espírito, aumentamos sua capacidade de atingir objetivos organizacionais e pessoais, e ajudamos a organização também. É um jogo em que todos vencem. E a isso podemos acrescentar também uma "vitória" para o mentor. Que geralmente aumenta a experiência e adquire um senso tremendo de "capacidade generativa" ajudando outra pessoa a atingir seus objetivos.

Converse com um mentor e um protegido independentemente, e você descobrirá com freqüência que ambos estão comprometidos com os mesmos objetivos. Quando Noel Tichy perguntou a Larry Bossidy qual eram seus objetivos, a resposta foi "satisfação do cliente, integração de atividades e processos e atingir os números/cumprir com os compromissos". Quando ele fez à protegida de Bossidy, Mary Petrovich, a mesma pergunta, obteve a mesma resposta.[10]

Mas Bossidy deixou Petrovich livre para conceber os próprios métodos para atingir os objetivos. Brinker fez o mesmo com seus protegidos. Mordecai fez o mesmo com Ester. Esta é a diferença entre treinar alguém e lhes dizer exatamente o que fazer. O primeiro desenvolve líderes; o segundo só cria um clone do original.

# ATRIBUIÇÕES DE DESENVOLVIMENTO E APRENDIZAGEM DE AÇÃO

A maioria dos especialistas em administração concorda que os seminários tradicionais cumprem um papel, mas que a maior parte do aprendizado vem do emprego, pelas atribuições reais de um cargo, ou através da "aprendizagem por ação" — exercícios práticos para resolver problemas da vida real que têm relevância imediata para a empresa. Noel Tichy observa que "os líderes vencedores... levam as pessoas não apenas a memorizarem os valores da organização mas a lutarem por eles, a os internalizarem e usarem". Defende que as pessoas sejam colocadas "em situações progressivamente mais difíceis em que precisam tomar decisões, e receber feedback e apoio".[11]

Jay Conger acrescenta que "desafio, dificuldades e desencaminhamento", se vividos no momento certo e nas quantidades certas, também cria e fortalece líderes. Burnt Nanus e Warren Bennis acreditam que "quase todos os líderes são altamente proficientes em aprender com a experiência", e Morgan McCall observa que "é o que a pessoa tem a fazer, e não ao que ele ou ela é exposto, que gera a aprendizagem crucial".

Na Bíblia, aquele que quisesse liderar precisava ser instruído adequadamente, mas a coisa mais próxima de uma sala de seminário era a tenda em que Moisés orientava Josué. A maior parte do desenvolvimento acontecia através de atribuições desafiadoras que geralmente envolviam muito da "aprendizagem por ação".

Anteriormente, discutimos Timóteo, um jovem apóstolo a quem Paulo despachou para a igreja em Éfeso. Paulo sabia que essa atribuição forçaria seu jovem protegido a se esforçar, mas ele achava que havia escolhido a atribuição certa de desenvolvimento para ele. Aconselhou Timóteo a "que ficasses em Éfeso, para advertires a alguns, que não ensinem outra doutrina, nem se dêem a fábulas ou a genealogias intermináveis" (1 Timótio, 1:3-4). Qualquer um que fosse incumbido de uma atribuição difícil precisaria de palavras de encorajamento, que Paulo acrescentou logo após descrever a tarefa: "Este mandamento te dou, meu filho Timóteo, que, segundo as profecias que houve acerca de ti, milites por elas boa milícia; conservando a fé, e a boa consciência, a qual alguns, rejeitando, fizeram naufrágio na fé". (1 Timótio, 1:18-19)

Moisés percebeu que para Josué liderar a nação de Israel, ele precisaria ser incumbido de uma série de atribuições que desenvolvessem sua responsabilidade progressivamente. Uma delas foi liderar uma missão de reconhecimento para explorar a Terra Prometida antes de invadi-la. Ele instruiu Josué: "Vede que terra é, e o povo que nela habita; se é forte ou fraco; se pouco ou muito... quais são as cidades em que eles habitam; se em arraiais, ou em fortalezas. Também como é a terra, se fértil ou estéril". (Números 13:18-20)

Tudo o que Moisés estava pedindo a Josué era que ele realizasse uma pesquisa agrícola, política, militar e socioeconômica em território desconhecido no meio de um inimigo hostil. Como é isto para uma atribuição de desenvolvimento? É o tipo de missão que literalmente distingue os homens dos meninos, os fracos dos corajosos. Josué estava pronto para a tarefa; ele também foi um dos poucos que voltou acreditando que os israelitas poderiam assumir com sucesso a terra, apesar da grandeza das forças oponentes. Suas habilidades de liderança seriam ainda mais desenvolvidas à medida que ele tentasse convencer a maioria das pessoas de que esta tarefa poderia ser realizada e que não deveriam abrir mão disso, voltando para o Egito.

*Desenvolvimento da Liderança* — 211

As atribuições de desenvolvimento de Daniel foram ler os escritos na parede e sobreviver ao covil dos leões; Sadraque, Mesaque e Agbednego tiveram que passar pela fornalha cruel. As atribuições de Davi incluíram um aprendizado como pastor (uma posição de ingresso em que ele aperfeiçoou suas habilidades organizacionais e melhorou suas habilidades de combate matando leões que ameaçavam seu rebanho) e uma verdadeira atribuição de "força" para a qual ele se voluntariou corajosamente: a morte do campeão de combate dos filisteus.

Não é surpreendente que as organizações mais bem-sucedidas também desenvolvam seus líderes através da aprendizagem pela ação e atribuições desenvolvimentais. Em 1994, a KPMG selecionou a dedo 35 participantes iniciais (parceiros com alto potencial) em seu programa 200 de Liderança, que foi concebido para desenvolver a futura direção da empresa. Em vez de sentar-se passivamente para assistir ao seminário tradicional de liderança, os executivos passaram por uma "prova de fogo" em que lhes pediram para:

1. Fazerem o papel do CEO, falando sobre um assunto controvertido a um público hostil (a aprendizagem de ação incluía luzes e câmeras de verdade para reproduzir uma conferência à imprensa).
2. Comprometerem-se com atividades de desenvolvimento de volta ao trabalho, como ficar uma semana no escritório de um cliente entrevistando e acompanhando a alta gerência do cliente, ou presidindo a reunião anual dos sócios para uma determinada linha de negócios.

Esse tipo de aprendizagem e atribuições de follow-up teve resultados mensuráveis e significativos. Metade do grupo recebeu mais responsabilidades, e muitos foram apontados para forças-tarefa chave. Todos relataram se sentir mais confiantes em seus papéis de liderança. Dois anos depois, a KPMG decidiu acrescentar outra classe de 36, e misturar as duas classes de modo que as idéias e a energia fossem otimizadas.[12] Talvez seja coincidência, mas Jesus formou um grupo de apóstolos de tamanho quase idêntico ("os Setenta e Dois") quando quis expandir a mensagem de sua igreja.

Jack Welch acreditou firmemente na aprendizagem pela ação. Antes de uma sessão do Curso de Desenvolvimento de Executivos da GE, ele enviou um memorando aos participantes, em que lhes pediu para pensarem e se prepararem para discutir a seguinte situação:

*Amanhã você será indicado como* CEO *da* GE.

❖ O que você faria nos primeiros trinta dias?

❖ Você tem uma "visão" atual do que fazer?

❖ Como você faria para desenvolver uma delas?

❖ Apresente sua melhor imagem da visão.

❖ Como você faria para "vender" a visão?

❖ Sobre que fundamentos você se basearia?

❖ Quais as práticas correntes que você abandonaria?[13]

Provavelmente estas sejam questões similares àquelas que Moisés perguntou a Josué na tenda, ou que David fez a Salomão antes de transferir a coroa. Uma coisa é certa: nem Welch nem nenhum desses líderes bíblicos confiaria na "pura leitura" ou em palestras para preparar os líderes do futuro. A aprendizagem por ação era fundamental se a organização tivesse de criar uma nova e forte geração de líderes.

Ao realizar suas sessões "Building the Business" de desenvolvimento de executivos de alto nível para a PepsiCo, Roger Enrico incorporou tanto a aprendizagem por ação quanto atribuições desenvolvimentais. No final do workshop, que durava cinco dias, todos os participantes deveriam retornar ao local de trabalho ou continuar o trabalho em projetos reais, que então seriam discutidos e analisados quando eles voltassem para um workshop de acompanhamento de três dias, vários meses depois.

Gary Wendt, CEO da GE Capital, levava várias centenas de funcionários com alto desempenho e cônjuges para a China, Índia e alguns outros lugares "exóticos", que também por acaso era uma área que a GE visava ter como novo mercado. Nessa expedição, Wendt e seus executivos se infiltravam na cultura da área, investigavam oportunidades de crescimento e formavam relacionamentos com empresários e políticos importantes. Embora fosse prazeroso, essa não era uma "excursão" onde se procurava beber, comer e se divertir. Tal conduta se parecia muito à valorização do materialismo. Essas "excursões" mais se pareciam a eventos de aprendizagem desenvolvimental — janelas para o futuro — do que

*Desenvolvimento da Liderança* ——————————————————— 213

a comemorações hedonistas que apenas dissipavam a energia da organização e a desviavam de seu propósito.

Se os líderes são criados a partir de experiências difíceis ou desafiadoras, não deveria ser surpresa que as experiências das pessoas na Bíblia fossem a forja que criou uma série de novos líderes. Jay Conger e Beth Benjamin citam inúmeros desafios que, se negociados com sucesso, levam ao desenvolvimento de líderes ainda mais fortes.[14] Cada um deles pode corresponder a inúmeros líderes bíblicos:

❖ Gerenciar relacionamentos difíceis com supervisores ou com equipes chave (Daniel e Nabucodonosor, José e o faraó, Davi e Absalão).

❖ Fazer apostas altas (Moisés e as dez pragas, Ester arriscando sua vida para salvar seu povo).

❖ Enfrentar situações de negócio extremamente duras (Noé e o dilúvio; José e a fome; Jó, que perdeu 7 mil ovelhas, 3 mil camelos, quinhentas juntas de boi, quinhentas jumentas e, no entanto, manteve sua integridade e prosperou novamente).

❖ Lutar com a complexidade de escopo ou escala (Salomão construindo seu templo).

❖ Ter a formação errada ou não ter a habilidade ou o credencial necessário (Davi, o pobre menino pastor, derrotando Golias e então se tornando rei de Israel).

❖ Ter de fazer uma transição repentina, total (Moisés tendo que deixar o Egito apressadamente e sem um mapa claro de seu destino; os discípulos abrindo mão de suas redes e seguindo Jesus).

Graham Day, o ex-presidente da Rover, fabricante inglesa de automóveis, concorda que a experiência difícil freqüentemente seja o melhor professor. Sua organização se tornara complacente demais em um mercado turbulento e estava começando a perder terreno. "A necessidade da Rover de estabelecer o que agora denominamos uma organização aprendiz veio do imperativo de assegurar a sobrevivência da organização. Os executivos relataram experiências de aprendizagem significativas vindas de dificuldades e da aprendizagem com outras pessoas, tanto respeitadas quanto odiadas."[15] Moisés aprendeu muito com seu sogro, Jetro, mas aprendeu ainda mais com suas disputas com o faraó; sem um faraó, poderia nunca ter havido necessidade de um Moisés.

Manfred Kets De Vries referiu-se a atribuições que proporcionam o desenvolvimento como "fazer um Timbuktu" — enviar um executivo precisando se desenvolver a uma base distante com inúmeros desafios difíceis.[16] Se De Vries escrevesse em templos bíblicos, provavelmente ele teria se referido a "fazer uma Creta", "fazer um Egito" ou "fazer uma Babilônia". A maioria dos líderes da Bíblia foi modelada não pela aprendizagem teórica, mas por desafios, muitas vezes evocando experiências em que foram forçados a tomar atitudes dramáticas para preservar vidas e atingir objetivos de grupo. Eles e seus mentores sabiam intuitivamente que "o único treinamento verdadeiro para a liderança é a liderança".

## SUCESSÃO ORDENADA

A transição de Moisés para Josué foi ordenada. Moisés escolheu Josué, orientou-o e lhe deu experiências de desenvolvimento desafiadoras. Aparentemente não havia rival para a liderança da organização; por isso não havia a concorrência para o trono que pode resultar em dissensão e fraqueza interna.

Por outro lado, a transição de Davi para Salomão foi desordenada e rancorosa, e definitivamente não foi um modelo de planejamento efetivo de uma sucessão. Davi, Salomão e a nação tiveram extrema sorte que Salomão fosse capaz de governar, e que a nação sobrevivesse.

Davi tinha muitos filhos de suas várias esposas (o que pode tornar o planejamento de sucessão em um "negócio de família" muito complicado). O primeiro a suceder Davi no trono foi Amnom. Entretanto, Amnom não era um exemplo de moralidade pessoal. Sentindo enorme atração por sua meia-irmã, Tamar, ele fingiu estar doente, pediu-lhe para cuidar dele e a estuprou. O rei Davi ficou furioso, mas não conseguiu reagir e tomar uma atitude.

O irmão de Tamar, Absalão, guardou sua ira durante dois anos. Finalmente, ele atraiu seu meio-irmão, Amnom, até um abate de carneiros, onde fez seu auxiliar matá-lo.

Onde tivemos primeiro um estuprador incestuoso para ascender ao trono, agora temos um assassino. Mas executivos insensíveis e ambiciosos, às vezes, cometem erros táticos. Absalão não poderia esperar até que seu pai Davi morresse,

*Desenvolvimento da Liderança* ——————————————————————— 215

então desafiou sua autoridade. Ele ganhou a lealdade de um grupo de líderes tribais e os reuniu em Hebron para confrontar seu pai política e militarmente.

Davi enfrentou sério conflito quanto à ascensão precoce do próprio filho, mas reuniu forças para abafar a rebelião; no processo ele sofreu a perda de um filho a quem amava. Em seguida designou Salomão ("Shlomo" em hebraico, derivado de "Shalom", que significa paz). Estendeu as mãos a Salomão, ungiu-o com óleo e simbolicamente colocou a pedra fundamental do templo para ele. É provável que também tenha dado um enorme suspiro de alívio, já que depois de toda aquela confusão ele ainda tinha alguns filhos e este parecia capaz de governar com uma mão bondosa e sábia, porém firme.

Nem sempre é uma "linha reta", mas à medida que a Bíblia progride, as transições de liderança em geral se tornam mais planejadas e menos aleatórias, mais pacíficas e menos violentas, culminando na passagem ordenada (apesar de condições turbulentas) de Jesus para seus discípulos. As empresas modernas também precisam de transições de liderança planejadas e pacíficas se quiserem durar mais de uma ou duas gerações.

Samuel Curtis Johnson, da S. C. Johnson, arranjou uma transição mais suave que a de Davi, "dividindo o reino" entre seus três filhos de acordo com seus desejos e capacidades. Helen Leopold-Johnson agora chefia o negócio de artigos para lazer, Curt Johnson a unidade industrial e Herbert Fisk Johnson a unidade maior, de produtos de consumo, que inclui marcas como Drano, Windex e Raid.

Como Johnson conseguiu isso sem a confusa sucessão por atacado de "Davi e Filhos"? Havia uma tradição de continuidade e colaboração pacífica de executivos. Como observa Helen Leopold-Johnson, "Meu avô iniciou na década de 1920, e meu pai veio com o crescimento internacional e a tecnologia. Cada geração traz alguma coisa diferente".

Os descendentes receberam atribuições adequadas de desenvolvimento, como o Johnson Bank, considerado uma "boa equipe produtora" para os filhos. A família também estabeleceu um grupo de conselheiros, que os ajudou a dividir as responsabilidades (de modo parecido às Doze Tribos de Israel) e forneceu um mecanismo sistemático para resolver disputas (aqui não há nenhum fratricida!). "Todos nós trouxemos forças ligeiramente diferentes", observa Helen Leopold-Johnson. "Você não está nisso por si mesmo, e não importa que pedaço é maior que o outro... Se um de nós for extremamente agressivo, há um plano para remover essa pessoa."[17]

A obsessão de Jack Welch por uma transição suave veio do conhecimento em primeira mão de que um processo litigioso resultava freqüentemente em prejuízo organizacional. Quando ele mesmo foi escolhido, os candidatos se sujeitaram a uma concorrência de quatro anos, cabeça a cabeça, e a empresa passou a focar internamente. "As coisas estavam... se tornando muito políticas... os campos estavam se formando na empresa. Reze a Deus para que isto não volte a acontecer."[18]

Welch não "rezou", ele planejou. Fez uma lista dos candidatos mais preparados para sucedê-lo, e todo mês de maio e novembro os diretores analisavam os arquivos dos melhores quinze gerentes quanto às forças, fraquezas e futuras atribuições. Estava tentando evitar um processo de sucessão que se tornasse "um embate sangrento" de "egos fora do controle, despreparados e más escolhas".

Quando Bill Taylor assumiu como CEO da Cigna aos 44 anos, a seleção de seu sucessor poderia não parecer uma prioridade. Mas Taylor percebeu que a idade de um CEO é irrelevante no planejamento de sucessão, desde que emergências e eventos não planejados podem surgir, e surgem muitas vezes. Ele tornou o planejamento de sucessão e o desenvolvimento gerencial duas de suas principais prioridades, discutindo as qualificações de duas ou três substituições com regularidade, em reuniões de diretoria e profundamente, uma vez por ano. Também escreveu uma carta "para ser aberta caso eu faleça ou fique incapacitado", que registrava o que tinha sido dito realmente nessas reuniões; ele percebeu que na luta pelo poder, os dados poderiam ser interpretados subjetivamente ou distorcidos. Taylor garantiu que o planejamento da sucessão se estendesse por vários níveis da organização, para incluir chefes de negócio e funcionários com alto potencial, com uma ênfase particular nos jovens gerentes que seriam o sangue vital da organização e que seriam os que mais provavelmente se tornariam o próximo CEO.[19]

David Packard, da Hewlett-Packard, também percebeu a importância do planejamento sistemático da sucessão, principalmente em uma empresa extremamente identificada com as personalidades e políticas de seus líderes atuais. "O objeto é construir força suficiente na organização de modo que o futuro da Hewlett-Packard Company não dependa de uma, duas ou três pessoas quaisquer, inclusive Bill [Hewlett] e eu mesmo".[20] Esses dois líderes não cairiam na armadilha de Luís XIV da França, que proclamou: *"Apres moi, le deluge"*, que se traduz, *grosso modo*, em "Depois de mim, a empresa estará à disposição"; Nem eles queriam usar como seu credo a filosofia inicial de sucessão do rei Davi: "Depois de mim, quem ainda estiver de pé".

*Desenvolvimento da Liderança* ———————————————————— 217

Becton Dickinson percebeu a necessidade de um processo mais formal de sucessão quando Ray Gilmartin de repente saiu para se tornar CEO da Merck (cujo plano de sucessão para os candidatos internos também fracassou, uma vez que Gilmartin era de fora.) Becton Dickinson ficou com um problema difícil de transição porque Clateo Castellini, o herdeiro aparente, tinha anunciado sua intenção de se aposentar e voltar para seu país natal, a Itália. Além disso, Castellini tinha pouca experiência em direção. Becton Dickinson aprendeu com a experiência e instituiu um processo formal de planejamento da sucessão em que duas vezes por ano todos os candidatos para cargos mais altos eram analisados e qualquer "herdeiro aparente" recebia experiência na direção.

Davi tinha apontado todos os líderes de seu gabinete visando ao desenvolvimento e potencial como executivos, como fez Jesus com os discípulos. Não foi por acaso que esse grupo de doze homens, escolhido com cuidado, logo se tornou capaz de desenvolver muitas vezes o número de líderes para pregar a mensagem e o poder da organização. Uma vez que "os Doze" se tornaram "Setenta e Dois", um processo inexorável foi iniciado. E Jesus assegurou que eles tivessem muita "experiência na direção".

Esse "efeito multiplicador" foi usado pela Ameritech em seu programa de desenvolvimento "Cada um Ensine Um", que ajudou a empresa a fazer a transição de uma "Baby Bell" para uma gigante diversificada em alta tecnologia. A começar por seus mais altos executivos (o "Grupo dos 120"; 72 não bastava), a empresa lançou um processo para mudar a cultura dos 65 mil funcionários remanescentes. Eles trouxeram mil gerentes — cinqüenta por vez — para workshops de quatro dias em que a nova missão era comunicada. Os gerentes voltavam para suas unidades para ensinarem àqueles que trabalhavam para eles e iniciarem projetos que operacionalizavam os novos objetivos e valores. O resultado? Um aprimoramento do resultado financeiro de 700 milhões de dólares.[21]

O desenvolvimento e a sucessão de executivos não podem ser deixados ao léu; devem ser planejados com cuidado. Não há "mecanismo de liderança" sem um grupo de "engenheiros" que o construa e o mantenha em curso. Como explica a Federal Express:

> *Nosso alvo é infundir nos gerentes a teoria, a filosofia e as crenças que a empresa tem mantido e praticado e das quais tem se beneficiado há mais de 25 anos e crescido com elas. Queremos infundir essas idéias em nossos líderes e fazê-las se propagar pelos seus funcionários.*[22]

Jay Conger acha que o planejamento de sucessão corporativa precisa ser mais como o militar, onde há uma dedicação estruturada e contínua para desenvolver a organização e os executivos precisavam conduzi-la. Para um veículo efetivo de sucessão, poderíamos também olhar as figuras da Bíblia. A transição de líder para líder, às vezes, era tranqüila e, às vezes, conturbada, mas eles conseguiam encontrar e desenvolver os líderes certos na hora certa, manter a missão e a vitalidade da organização intactas, e manter seu "mecanismo de liderança" bem lubrificado e potente.

## DELEGAR/DEIXANDO UM LEGADO

Talvez o maior teste para os líderes seja sua capacidade de "delegar", cedendo os reinos do poder a sucessores bem preparados. Líderes maduros percebem quando chegou a hora de deixarm o palco, e antecipam isso transferindo gradualmente as insígnias e a realidade de poder para seus protegidos.

Moisés irritou a Deus por bater impulsivamente em uma rocha, então sua partida foi apressada e por isso ele não teve permissão para conduzir os israelitas para a Terra Prometida. Certamente, esta não foi uma concessão fácil para Moisés, mas ele a conduziu de uma maneira madura. Seus olhos encheram-se de lágrimas ao subir no monte Nebo para ver a terra onde ele não iria entrar, mas quando ele desceu, transferiu o manto do poder a Josué com gentileza, sem protestar nem interferir nas ações de Josué e ficando atrás, para morrer no deserto. Antes de fazer isso, ele abençoou as tribos e a Josué também: "Então Josué... estava cheio do espírito de sabedoria, porquanto Moisés tinha posto sobre ele as suas mãos; assim os filhos de Israel lhe deram ouvidos e fizeram como o SENHOR ordenara a Moisés". (Deuteronômio, 34:9)

Este é um exemplo de uma transição limpa, tranqüila. Mas alguns líderes não saem de cena facilmente. Davi Ulrich observa que "quando os líderes persistem, ficando nas diretorias, mantendo postos, dando consultoria... muitas vezes esforços bem intencionados têm resultados contrários" e acrescenta que um CEO deveria sair com honra e dignidade, transferindo "igualdade de relações" para o novo CEO e "deixando que ele faça o próprio caminho...".[23] Moisés não ficou na diretoria de Josué, nem Davi conservou seu posto no palácio quando Salomão ascendeu ao trono. Eles saíram do caminho.

*Desenvolvimento da Liderança* ————————————————————— 219

Jack Welch prometeu: "No dia em que eu for para casa, desaparecerei do lugar e a pessoa que entrar agirá a seu modo".[24] É difícil seguir os passos de um gigante sem ter aqueles sapatos enormes ainda pairando sobre sua cabeça.

Eclesiastes, 2:21 nos lembra que a sucessão é particularmente difícil quando "um homem... deixará o seu trabalho como porção de quem nele não trabalhou". É por isso que é importante dar aos novos líderes atribuições de desenvolvimento de modo que eles possam mostrar sua capacidade no campo de batalha e ganhar o direito à posição.

Mas abrir mão do poder ainda pode ser difícil para muitos líderes. Henry Ford rejeitava quase todas as recomendações de seu filho, Edsel, a ponto de o desencorajado Edsel desenvolver uma úlcera cancerígena no estômago. No enterro de Edsel, sua esposa amargurada se aproximou do sogro e disse: "O senhor matou meu marido". William Paley da CBS despediu seus sucessores, e Peter grace promoveu Paley demitindo seu sucessor em seu leito de morte sob acusações inventadas de assédio.[25]

Como notamos, algumas das sucessões bíblicas também foram rancorosas. Davi achava Absalão, seu aparente herdeiro, agressivo demais ao forçar sua ascensão ao trono antes de Davi estar preparado para passá-lo, resultando em uma guerra civil desastrosa e na morte de Absalão. Mas a maioria dessas transições turbulentas foi seguida por períodos de estabilidade e transições mais ordenadas. Nenhuma transição foi suficientemente desastrosa para destruir a organização. É porque, em um momento de crise, a maioria desses líderes passou a se importar mais com a sobrevivência da organização maior que com suas próprias realizações ou posição.

Os altos executivos (corporativos e bíblicos) têm sido conhecidos freqüentemente por seus egos fortes, sem os quais as "coisas não são feitas". Mas quando o líder sábio amadurece, o impulso que o levou a "fazer o seu nome" realizando feitos individuais cede para uma preocupação com a "capacidade generativa" — o cultivo da próxima geração de líderes. A sobrevivência organizacional se torna mais importante que a realização pessoal e a adulação.

Quando a tocha não é transmitida de forma ordenada, planejada (ou quando é passada para pessoas selecionadas deliberadamente por serem mais fracas ou menos competentes que o atual líder), a sobrevivência da organização estará ameaçada. "A prova final para um líder não é se ele ou ela toma decisões inteligentes e ações decisivas, mas se ele ou ela ensina os outros mesmo quando não está por perto."[26] Os verdadeiros líderes deixam o ego de lado e lutam para criar sucessores que os superem.

No final do programa de desenvolvimento da liderança da PepsiCo, Roger Enrico pedia a todos os executivos participantes para imaginar não como eles podiam subir, mas o legado que eles deixariam no final da carreira. Para organizações que mantêm o sucesso a longo prazo, esse legado é freqüentemente a criação de líderes que ultrapassam seus predecessores. Os diretores do programa de desenvolvimento da liderança da KPMG sentiam que tinham dado uma importante contribuição para a empresa porque "quando chegar a hora de passar a liderança da empresa, nós sentiremos que desempenhamos um papel importante em passar o bastão para mãos mais capazes".[27]

Antes que alguém ache "impossível" encontrar mãos mais capazes do que a sua, considere as palavras de Jesus Cristo, que muitos acreditam ser a própria incorporação da perfeição. Ele expressou suprema confiança na capacidade de seus seguidores não apenas de "fazerem o que eu estou fazendo", mas de "fazerem coisas ainda melhores que estas".

# Lições Bíblicas sobre o
# Desenvolvimento da Liderança

- ❖ O desenvolvimento consciente e consciencioso de líderes atenciosos, competentes é fundamental para a sobrevivência organizacional.

- ❖ Seu legado pessoal não sobreviverá a não ser que você o confie a um sucessor que tenha sido bem desenvolvido e divida sua missão e filosofia empresarial.

- ❖ Avalie constantemente a "qualidade" de liderança de seu substituto, porque acidentes e eventos não planejados podem privá-lo de líderes potenciais.

- ❖ Treinar e monitorar são fundamentais ao desenvolvimento dos líderes de amanhã.

- ❖ Atribuições de desenvolvimento são a melhor forma de preparar um líder para mais responsabilidade.

*Desenvolvimento da Liderança*

- Aprender fazendo (aprendizagem por ação) tem mais impacto que a transferência verbal de informação.

- As sucessões ordenadas ajudam a assegurar que uma organização sobreviva e permaneça verdadeira à sua missão; sucessões litigiosas ou não planejadas podem ameaçar a organização e sua missão.

- Os melhores líderes "delegam" gradualmente, de modo que a próxima geração de líderes possa ser desenvolvida e eventualmente assuma.

- Os melhores líderes subordinam seus egos ao sucesso permanente da organização. Eles desejam e planejam ativamente para que seus sucessores os superem.

# *Notas*

## Capítulo 1

1. Robert Levering e Milton Moskowitz, The *100 Best Companies to Work for in America* (Nova York: Plume/Penguin, 1994), pp. 226-227.
2. Robert Knowling, "Why Vision Matters", *Leader to Leader*, outono, 2000, p. 38.
3. Richard Daft, *Leadership: Theory and Practice* (Fort Worth, Tex.: Dryden Press), p. 168.
4. Levering e Moskowitz, *The 100 Best Companies*, p. 336.
5. Thomas J. Neff e James M. Citrin, *Lessons from the Top* (Nova York: Currency/Doubleday, 2001), p. 330.
6. Levering e Moskowitz, *The 100 Best Companies*, p. 97.
7. Bill Capodagli e Lynn Jackson, *Leading at the Speed of Change* (Nova York: McGraw-Hill, 2001), p. 59-60.79.
8. Janet Lowe, *Warren Buffett Speaks* (Nova York: Wiley, 1997) pp. 68-66.
9. Neff e Citrin, *Lessons from the Top*, p. 311.
10. Ibid., p. 25.
11. Ibid., p. 22.
12. Janet Lowe, *Jack Welch Speaks* (Nova York: John Wiley & Sons, 2001), p. 65.
13. Daft, *Leadership: Theory and Practice*, p. 200.
14. Robert F. Dennehy, "The Executive as Storyteller", *Management Review*, março de 1999, p. 42.
15. Peter Krass, ed., *The Book of Leadership Wisdom* (Nova York: John Wiley & Sons, 1998), p. 248.
16. Neff e Citrin, *Lessons from the Top*, p. 251.
17. Ibid., 375.
18. Lowe, *Jack Welch Speaks*, p. 65.
19. Entrevista por telefone com Gary Heavin, agosto de 2001.
20. Suzy Wetlaufer, "Organizing for Empowerment: An Interview with AES's Roger Sant e Dennis Bakke", *Harvard Business Review*, janeiro-fevereiro, 1999, p. 112.
21. Jeffrey L. Seglin, *The Good, The Bad and Your Business* (Nova York: John Wiley & Sons, 2000), p. 13.

*Notas* ———————————————————————————————————————— 223

22. Lowe, *Jack Welch Speaks*, pp. 35-36.
23. Peter Senge, *The Fifth Discipline* (Nova York: Currency/Doubleday, 1990), p. 143.

# CAPÍTULO 2

1. James O'Toole, *Leadership from A to Z* (San Francisco: Jossey-Bass, 1999), p. 95.
2. Stuart Crainer, *The 75 Gratest Management Decisions Ever Made* (Nova York: AMACOM, 1999), p. 44.
3. General Electric Annual Report, 1997.
4. Robert Levering e Milton Moskowitz, *The 100 Best Companies to Work for in America* (Nova York: Plume/Penguin, 1994), p. 291.
5. Ibid., p. 79.
6. Ben Cohen e Jerry Greenfield, *Ben & Jerry's Double Dip* (Nova York: Simon and Schuster, 1997), p. 167.
7. Geoffrey Colvin, "Larry Bossidy Won't Stop", *Fortune*, 13 de janeiro de 1997, pp, 135-137.
8. Emily Duncan, "The New Reality", *Leader to Leader* [publicação trimestral de The Drucker Foundation], inverno 2000, pp. 9-11.
9. Anita Roddick, "Leader as Advocate: Building the Business by Building the Community, An Interview with Anita Roddick", *Leader to Leader*, verão, 2000, p. 21.
10. Thomas J. Neff e James M. Citrin, *Lessons from the Top* (Nova York: Currency/Doubleday, 2001), p. 145.
11. Lee G. Bolman e Terrence E. Deal, *Leading with Soul* (San Francisco: Jossey-Bass, 2001), pp. 231-232.
12. David Bollier, *Aiming Higher* (Nova York: AMACOM, 1996), p. 172.
13. Robert F. Dennehy, "The Executive as Storyteller", *Management Review*, março de 1999, pp. 42-43.
14. Gordon Bethune, *From Worst to First* (Nova York: John Wiley & Sons, 1998), p. 160.
15. C. William Pollard, "Mission as an Organizing Purpose", *Leader to Leader*, primavera de 2000, pp. 17-21.
16. "Bonuses Aren't Just for Bosses", *Fast Company*, dezembro de 2000, p. 74.
17. Entrevista por telefone com Gary Heavin, agosto de 2001.

# CAPÍTULO 3

1. Robert Levering e Milton Moskowitz, The *100 Best Companies to Work for in America* (Nova York: Plume/Penguin, 1994), p. 458.
2. David Bollier, *Aiming Higher* (Nova York: AMACOM, 1996), p. 216.

3. Thomas J. Neff e James M. Citrim, *Lessons from the Top* (Nova York: Currency/Doubleday, 2001), p. 261.
4. Gordon Bethune, *From Worst to First* (Nova York: John Wiley & Sons, 1998), p. 140.
5. The Excellence Files, vídeo produzido por Enterprise Media, Cambridge, Mass., 1997.
6. Suzy Wetlaufer, "Organizing for Empowerment: An Interview with AES's Roger Sant and Dennis Bakke", *Harvard Business Reviews*, janeiro-fevereiro, 1999, p. 121.
7. Ben Cohen e Jerry Greenfield, *Ben & Jerry's Double Dip* (Nova York: Simon and Schuster, 1997), p. 51.
8. Neff e Citrin, *Lessons from the Top*, p. 231.
9. John Grossman, "A Whirlwind of Humanity", *Sky*, janeiro 1997, pp. 96–101.
10. Richard Daft, *Leadership: Theory and Practice* (Fort Worth, /Tex.: Dryden Press, 1999), p. 352.
11. "Radical Ways of CEO Are a Boon to Bank", *Wall Street Journal*, 20 de março, 1995, B1–B2.
12. Neff e Citrin, *Lessons from the Top*, p. 155.
13. Entrevista por telefone com Gary Heavin, agosto de 2001.
14. Stuart Crainer, *The 75 Greatest Management Decisions Ever Made* (Nova York: AMACOM, 1999), pp. 86–87.
15. Levering e Moskowitz, *The 100 Best Companies*, pp. 278-280.
16. Ibid., p. 56.
17. Ibid., p. 324.
18. Ibid., p. 408.
19. Warren Blank, *The 108 Skills of Natural Born Leaders* (Nova York: AMACOM, 2001), p. 62.
20. Neff e Citrin, *Lessons from the Top*, p. 334.
21. Ibid., p. 318.
23. Levering e Moskowitz, *The 100 Best Companies*, p. 312.
24. Ibid., p. 131.
25. Lee G. Bolman e Terrence E. Deal, *Leading with Soul* (San Francisco: Jossey-Bass, 2001), p. 225.
26. Levering e Moskowitz, *The 100 Best Companies*, p. 156.
27. Bolman e Deal, *Leading with Soul*, p. 226.
28. Pamela Coker, "Let Customers Know You Love Them", *Nation's Business*, agosto de 1992, p. 9.

# Capítulo 4

1. Patrick Lencioni, "The Trouble with Humility", *Leader to Leader*, inverno de 1999, p. 44.
2. Richard Daft. *Leadership: Theory and Practice* (Fort Worth, Tex.: Dryden Press, 1999)., p. 74.
3. Ibid., p. 221.
4. Brian De Biro, *Beyond Success* (Nova York: Perigee, 1997), p. 189.
5. Thomas J. Neff e James M. Citrin, *Lessons from the Top* (Nova York: Currency/Doubleday, 2001), p. 66.

Notas     225

6. Frances Hesselbein, Marshall Goldsmith, e Richard Beckhard, eds. *The Leader of the Future* (San Francisco: Jossey-Bass, 1996), p. 106.
7. Neff e Citrin, *Lessons from the Top,*. p. 273.
8. Ibid., p. 292.
9. Ibid., p. 149.
10. Ibid., p. 140.
11. Ibid., p. 312.
12. Ibid., p. 108.
13. Stuart Crainer, *The 75 Greatest Management Decisions Ever Made* (Nova York: AMACOM, 1999), p. 94.
14. Robert Levering e Milton Moskowitz, *The Best 100 Companies to Work for in America* (Nova York: Plume/Penguin, 1994), p. 374.
15. Suzy Wetlaufer, "Organizing for Empowerment: An Interview with AES's Roger Sant and Dennis Bakke", Harvard Business Review, janeiro-fevereiro, 1999, p. 119.
16. Robert Townsend, *Up the Organization* (Nova York: Knopf, 1970), p. 115.
17. Rekha Balu. "How to Bounce Back from Setbacks", Fast Company, abril de 2001, p. 156.
18. William J. Steere, "Sustaining Growth", *Leader to Leader,* primavera 2000, p. 37.
19. Neff e Citrin, *Lessons from the Top*, p. 191.
20. Steven Covey, "Three Roles of the Leader in the New Paradigm", in Hessel-Bein, Goldsmith e Beckhard, *The Leader of the Future*, p. 156.
21. Entrevista por telefone com Gary Heavin, agosto, 2001.
22. Charles Pollard, "The Leader Who Serves", in Hesselbein, Goldsmith e Beckhard, *The Leader of the Future,* pp. 244-248.

# CAPÍTULO 5

1. *David* Bollier, *Aiming Higher* (Nova York: AMACOM, 1996), p. 207.
2. Thomas J. Neff e James M. Citrin, *Lessons from the Top* (Nova York: Currency/Doubleday, 2001), p. 176.
3. Robert Levering e Milton Moskowitz, *The 100 Best Companies to Work for in America* (Nova York: Plume/Penguin, 1995), p. 204.
4. Ibid., p. 233.
5. Erika Germer: Huddle Up!" *Fast Company,* dezembro de 2000, p. 86.
6. "Leading Through Rough Times: Na Interview with Novell"s Eric Schmidt", *Harvard Business Review,* março de 2001, pp. 119-120.
7. "The Business Case Against Revolution: An Interview with Nestle's Peter Brabeck", *Harvard Business Review,* fevereiro, 2001, p. 117.
8. Sam Walton com John Huey, *Made in America* (Nova York: Tantam Books, 1993), pp. 200-213.
9. Levering e Moskowitz, *The 100 Best Companies*, p. 177.

10. Bollier, *Aiming Higher,* pp. 169-182.
11. Suzy Wetlaufer, "Organizing for Empowerment: An Interview with AES's Roger Sant e Dennis Bakke", *Harvard Business Review,* janeiro-fevereiro, 1999, p. 117.
12. Jay Conger, "The Necessary Act of Persuasion", *Harvard Business Review,* maio-junho, 1998, p. 117.
13. Ibid., pp. 94-95.
14. Richard Daft, *Leadership: Theory and Practice* (Fort Worth, Tex.: Dryden Press, 1999), p. 165.
15. Tom Peters, "Leadership Is Confusing as Hell", *Fast Company,* março de 2001, p. 138.
16. Neff e Citrin, *Lessons from the Top,* p. 346.
17. Ibid., p. 291.
18. Ibid., p. 477.
19. Ibid., p. 360.
20. Andrew Grove, "Strategic Inflection Points", *Leader to Leader,* inverno 1999, pp. 158-159.
21. Gordon Bethume, *From Worst to First* (New York: John Weley & Sons, 1998), p. 158-159.
22. William J. Steere, "Sustaining Growth", *Leader to Leader,* primavera 2000, p. 37.
23. *Fast Company,* dezembro de 2000, p. 72.
24. Levering e Moskowitz, "*The 100 Best Companies,* p. 80.
25. Robert F. Dennehy, "The Executive as Storyteller", *Management Review,* março de 1999, pp. 40-41.

# Capítulo 6

1. David Bollier, *Aiming Higher* (Nova York: AMACOM, 1996), p.171.
2. Thomas J. Neff e James M. Citrin, *Lessons from the Top* (Nova York: Currency/Doubleday, 2001), p. 171.
3. Ibid., p. 106.
4. "Leading Through Rough Times: An Interview with Novell's Eric Schmidt", *Harvard Business Review,* março de 2001, pp. 119-120.
5. Neff e Citrin, *Lessons from the Top,* p. 145.
6. Ibid., p. 312.
7. Robert Levering e Milton Mosliwitz, *The 100 Best Companies to Work for in America* (Nova York: Plume/Penguin, 1994), p. 155.
8. Suzy Wetlaufer, "Organizing for Empowerment: An Interview with AES's Roger Sant and Dennis Bakke", *Harvard Business Review,* janeiro-fevereiro, 1999, p. 120.
9. Neff e Citrin, *Lessons from the Top,* p. 172.
10. "Leader As Social Advocate: Building the Business by Building the Community, An Interview with Anita Toddick", *Leader to Leader,* verão de 2000, p. 21.
11. Levering e Moskowitz, *The 100 Best Companies,* p. 270.
12. "Smart Steps", *Fast Company,* março de 2001, p. 95.
13. Neff e Citrin, *Lessons from the Top,*. p. 59.

*Notas* ——————————————————————————————————————— 227

14. Levering e Moskowitz, *The 100 Best Companies,* p. 192.
15. Neff e Citrin, *Lessons from the Top.*, p. 331.
16. Ibid., p. 44.
17. Ibid., p. 312.
18. Levering e Moskowitz, *The 100 Best Companies,* p. 192.
19. Robert Knowling, "Why Vision Matters", *Leader to Leader,* outono de 2000, p. 38.
20. Gordon Bethune, *From Worst to First* (Nova York: John Wiley & Sons, 1998), p. 141.
21. Neff e Citrin, *Lessons from the Top,* p. 238.
22. Levering e Moskowitz, *The 100 Best Companies,* p. 223.
23. Bollier, *Aiming Higher,* p. 220.
24. Tom Peters e Nancy Austin. *A Passion for Excelence* (Nova York: Random House, 1985), p. 267.
25. Levering e Moskowitz, *The 100 Best Companies,* p, 454.
26. Ibid., p. 420.
27. Noel Tichy. *The Leadership Engine.* (Nova York: Harper Business, 1997), pp. 113-114.

# Capítulo 7

1. Peter Senge, *The Fifth Discipline* (Nova York: Currengy/Doubleday, 1990), p. 139.
2. *Harvard Business Review Interviews with* CEOs (Boston: Harvard Univesity Business School Press, 2000), p. 243.
3. Robert Levering e Milton Moskowitz, *The 100 Best Companies to Work for in America* (Nova York: Plume/Penguin, 1994), p. 122.
4. Ibid., p. 138.
5. Ibid., p. 398.
6. Deepak, Sethi, "Learning from the Middle", *Leader to Leader,* verão 2000, p. 6.
7. *The Excellente Files* (video produzido por Entreprise Media, Cambridge, Mass., 1997); Thomas J. Neff e James M. Citrin, *Lessons from the Top* (Nova York: Currency/Doubleday, 2001), p. 192.
8. Neff e Citrin, *Lessons from the Top,* p. 345.
9. Peter Krass, ed., *The Book of Leadership Wisdom* (Nova York: John Wiley & Sons, 1998), pp. 284-285.
10. Gordon Bethune, *From Worst to First* (Nova York: John Wiley & Sons, 1998), p. 125.
11. Ibid., p. 181.
12. *Managing People: 101 Proven Ideas* (Boston: Inc. Magazine, 1992), pp. 141-142.
13. "Marc Andreesen: Act II", *Fast Company,* fevereiro 2001, pp. 114-118.
14. John Maxwell, *Developing the Leaders Around You* (Nashville: Thomas Nelson, 1995), p. 152.
15. Bethune, *From Worst to First,* p. 170.
16. Maxwell, *Developing the Leaders Around You,* p. 47.
17. *Harvard Business Review Interviews with* CEO., p. 242.
18. Jan Carlzon, *Moments of Truth* (Nova York: Harper & Row, 1987), p. 11.
19. "Not Just for Kicks", *Fast Company,* março 2001, p. 70.

20. Tony Schwartz, "If You Work Twenty Hours a Day, Your Product Will Be Crap", *Fast Company*, dezembro de 2000, pp. 326-327.
21. Levering e Moskowitz, *The 100 Best Companies*, p. 115.
22. David Bollier, *Aiming Higher* (Nova York: AMACOM, 1996), pp. 268-279.
23. "The Business Case Against Revolution", *Harvard Business Review*, fevereiro 2001, p. 119.
24. Neff e Citrin, *Lessons from the Top*, p. 58.
25. Krass, *The Book of Leadership Wisdom*, pp. 151-152.
26. Max De Pree, *Leadership Is an Art* (Nova York: Doubleday, 1989), p. Xxii.
27. Neff e Citrin, *Lessons from the Top*, p. 74.
28. David Baron, *Moses on Management* (Nova York: Pocket Books, 1999), p. 102.
29. Senge, *The Fifth Discipline*, p. 144.

# Capítulo 8

1. Richard Daft, *Leadership: Theory and Practice* (Fort Worth, Tex.: Dryden Press, 1999), p. 335.
2. Mark Boslet, "Big Blue After Lou", *The Industry Standard* , 4 de junho, 2001, pp. 56-61.
3. Thomas J. Neff e James M. Citrin, *Lessons from the Top*, (Nova York: Currency/Doubleday, 2001), p. 191.
4. Noel Tichy, *The Leadership Engine* (Nova York: Harper Business, 1997), p. 129.
5. James Kouzes e Barry Posner, *The Leadership Challenge* (San Francisco: Jossey-Bass, 1995) p. 37.
6. Jennifer Steinhauer, "Giuliani Takes Charge, and City Sees Him as the Essential Man". *The New York Times,* 14 de setembro de 2001, p. A2.
7. Tichy, *The Leadership Engine,* p. 136.
8. Warren Bennis e Burt Nanus, *Leaders* (Nova York: Harper Business, 1997), p. 35.
9. "The Business Case Against Revolution", *Harvard Business Review,* fevereiro de 2001, pp. 117-118.
10. Tichy, *The Leadership Engine*, pp. 125-126.
11. Neff e Citrin, *Lessons from the Top*, p. 278.
12. Excertos de comentários do presidente sobre investigação dos ataques. *The New York Times*, 14 de setembro, p. A8.
13. John Maxwell, *Failing Forward* (Nashville: Thomas Nelson, 2000), p. 6.
14. Bill Capodagli e Lynn Jackson, *Leading at the Speed of Change* (Nova York: Mcgraw-Hill, 2001), p. 5.
15. "The Business Case Against Revolution", p. 118.
16. Ben Cohen e Jerry Greenfield, *Ben & Jerry's Double Dip* (Nova York: Simon and Schuster, 1997), pp. 93-100.
17. Warren Bennis, "The Voice of Experience", *Fast Company,* maio de 2001, p. 86.
18. Jan Carlzon, *Moments of Truth* (Nova York: Harper & Row, 1987), p. 77.
19. Neff e Citrin, *Lessons from the Top*, p. 185.

*Notas* — 229

20. "Leading Through Rough Times: An Interview with Novell's Eric Schmidt", *Harvard Business Review*, março 2001, pp. 116-123.
21. Richard Daft, *Leadership: Theory and Practice* (Fort Worth, Tex.: Dryden Press, 1999), p. 381.
22. Ibid., p. 382.
23. Robert Levering e Milton Moskowitz, *The 100 Best Companies to Work for in America* (Nova York: Plume/Penguin, 1994), p. 174.

# CAPÍTULO 9

1. Robert Levering e Milton Moskowitz, *The 100 Best Companies to Work for in America* (Nova York: Plume/Penguin, 1994), p. 123.
2. Entrevista por telefone com Gary Heavin, agosto de 2001.
3. David Bollier, *Aiming Higher* (Nova York: AMACOM, 1996), pp. 339-351.
4. Entrevista com Mark Elliott, setembro de 2001.
5. Bollier, *Aiming Higher*, p. 111-121
6. Brent Bowers e Deidre Leipziger, eds. *The New York Times Management Reader* (Nova York: times Books, 2001), pp. 185-186.
7. Ibid., pp. 186-187.
8. Bollier, *Aiming Higher*, pp 28-35.
9. Levering e Malkowitz, *The 100 Best Companies*, p. 479.
10. Ibid., p. 48.
11. Ben Cohen e Jerry Greenfield, *Ben & Jerry's Double Dip* (Nova York: Simon and Chuster, 1997), p. 103.
12. Thomas J. Neff e James M. Citrin, *Lessons from the Top* (Nova York: Simon and Schuster, 1997), p. 103.
13. Ibid., p.153.
14. Ibid., p. 245.
15. Levering e Moskowitz, *The 100 Best Companies*, p. 487.
16. Bollier, *Aiming Higher*, pp. 352-365.
17. David Welch, "Meet the New Face of Firestone", *Business Week*, 3 de abril, 2001,m p. 64-66.
18. Bowers e Leipziger, eds., *The New York Times Management Reader*, p. 72.
19. Managing People: 101 Proven Ideas (Boston: Inc. Magazine, 1992), p.148.
20. Bollier, *Aiming Higher*, p. 10.
21. Ibid., p. 66.
22. Clire Gaudani, "Doing Justice", *Leader to Leader*, outono de 2000, pp. 9-11.
23. Peter Senge, *The Fifth Discipline* (Nova York: Currency/Doubleday, 1990), p. 5.

# Capítulo 10

1. Noel Tichy, *the Leadership Engine* (Nova York: Harper Business, 1997), p. 6.
2. Janet Lowe, *Jack Welch Speaks* (Nova York: Wiley and Sons, 1998), p. 198.
3. Tichy, *the Leadership Engine* (Nova York: Harper Business, 1997), p. 46.
4. Ibid., p. 41.
5. Dennis C. Carey e Dayton Ogden, CEO *Sucession* (Oxford: Oxford University Press, 2000), p. 15.
6. Tichy, *the Leadership Engine*, p. 43.
7. Ibid., pp. 133-143.
8. Ibid., pp. 296-297.
9. Robert Rosen, *Leading People* (Nova York: Viking, 1996), p. 192.
10. Tichy, *the Leadership Engine, p. 85.*
11. Ibid., pp. 121, 169.
12. Frances Hesselbein, Marshall Goldsmith, e Richard Bechhard, eds., *The Leader of the Future* (San Francisco: Jossey-Bass, 1997), pp. 254-257.
13. Tichy, *the Leadership Engine,* p. 46.
14. Jay Conger e Beth Benjamin, *Building Leaders* (San Francisco: Jossey-Bass, 1999), p. 69.
15. Randall, H. White, Philip Hodgson, e Stuart Crainer, *The Future of Leadership* (Lanham, Md.: Pitman, 1996), p. 111.
16. Manfred Kets De Vries, *The Leadership Mystique* (Londres: Prentice Hall, 2001), p. 283.
17. Brent Bowers e Deidre Leipziger, eds. *The New York Times Management Reader* (Nova York: Times Books, 2001), p. 220.
18. Lowe, *Jack Welch Speaks,* p, 198.
19. Carey e Ogden, CEO *Succession*, pp. 33-34.
20. Julie Fenster, ed., *In the Words of the Great Business Leaders* (Nova York: John Wiley & Sons, 2000), p. 309.
21. Tichy, *The Leadership Engine,* p. 124.
22. Conger e Benjamin, *Building Leaders*, p.123.
23. Dave Ulrich, Jack Zenger, e Norm Smallwood, *Results-Based Leadership* (Boston: Harvard Business School Press, 1999), p. 214.
24. Lowe, *Jack Welch Speaks,* p. 202.
25. De Vries, *The Leadership Mystique,* p 202.
26. Tichy, *The Leadership Engine,* p. 3.
27. Hesselbein, Goldsmith e Beckhard, *The Leader of the Future*, p. 258.

# Índice

## A

A.G. Edwards, 150-152

Aarão, 11-12, 40, 116

Abednego, 171, 211

Abirão, 130

Abraão, 39

Absai, 143

Absalão, 35, 214, 218

Abuso de poder, 32-34

Acabe, 19-20, 89-90

Acaz, 51-52

Ações *vs* intenção, 31-33

Acton, John E. (Lord), 33-34

Acucobol, 80

Adams, Bill, 27

Adão, 119

Adversidade
  coragem na, 174-179
  da desonestidade, 24-25
  e propósito, 54-55

Advertencies, 31-32

AES, 25, 106-107

Agência Leo Burnett, 74-75

Aimeleque, 145

Air France, 175-176

Akers, John, 128-130

ALCOA, 192-193

Allied Signal, 44-45, 85-86, 202-203

Amdahl Corporation, 87-88

America Online, 172

Ameritech, 168, 217

Amnom, 214

Amor, 78-81

Anderson, Mark, 143-144

Apogee Enterprises, 29

Apple Computer, 40

Aprendizagem por ação, 209-214

Aramony, William, 27

Arauna, o jebusite, 20

Armstrong World Industries, 27

Arrogância vs humildade, 81

Artaxerxes, 28

Asea Brown Boveri, 203

Ash, Mary Kay, 107-108, 126, 170

AT&T Solutions, 24-25, 171

232 — LIDERANÇA NA BÍBLIA

Ataque terrorista de 11 de setembro
    reação a, 69-70
    reação de Bush, 169-171
    reação de Giuliani, 165-166

Atletas, 84-85

Auerbach, Red, 143-145

Autodesk, 127-128

Avaliações de desempenho, 25-26

Avis, 92-93

Azdok, 145

## B

Bakke, Dennis, 35, 66, 91, 106, 124

Bakken, Earl, 50

Balaam, 114

Baldrige Award, 133

Banks, Tyrone, 187

Barber, Deborah, 44-45

Barnabas, 124-125

Barnevik, Percy, 110-111

Barrett, Colleen, 140-141, 163

Bartz, Carol, 127-129

Baumgardner, Buss, 28-29

Bear Sterns, 71-72, 191-192

Bechtel, 203

Ben & Jerry's, 54-55, 76-77, 80, 198-199
    doações "a parte justa", 189-191
    generosidade na, 65-66
    oferta de ações, 173-174

Benaia, 145

Benefícios do funcionário, 65

Benefield, Jerry, 75-76

Benjamin, Beth, 212-213

Bennis, Warren, 60-61, 173, 209-210

Berge, David, 196-197

Bethune, Gordon, 129-131
    desenvolvimento de equipe, 145-146
    e trabalho de equipe, 142-143, 153-154
    From Worst to First, 65
    objetivos, 36, 55
    política de recompensa, 133
    sobre encorajamento, 126-127
    sobre escuta, 113-115
    sobre generosidade, 65

Bíblia
    1 Cor. 12:12, 138
    1 Cor. 12:21-26, 88
    1 Cor. 13:1-3, 79
    1 Cor. 13:4, 79
    1 Cor. 15:58, 173
    1 Cor. 3:8, 132
    1 Cron. 21:23, 20
    1 Cron. 28:20, 123, 162
    1 Cron. 29, 149
    1 Cron. 29: 2-5, 42
    1 Cron. 29: 6-9, 43
    1 Cron. 29:17-19, 33
    1 João 4:18, 79
    1 Pedro 5:5, 88
    1 Reis 1:47, 200
    1 Reis 12, 94
    1 Reis 2:9, 208
    1 Reis 21:29, 90
    1 Reis 21:7, 20
    1 Reis 3:7-14, 200
    1 Reis 3:7-9, 83
    1 Sam. 10, 100
    1 Sam. 12:1-4, 22
    1 Sam. 14, 176
    1 Sam. 17:32, 161
    1 Sam. 17m 25, 121

# Índice

1 Sam. 18, 82
1 Sam. 22:1-2, 201
1 Tes. 119
1 Tes. 2:7-9, 79
1 Tim. 1:18-19, 210
1 Tim. 1:3-4, 210
1 Tim. 3, 146-147
1 Tim. 4, 158
2 Cor. 11:5-6, 117
2 Cor. 4, 55
2 Cor. 4:16, 39
2 Cor. 6:4-8, 175
2 Cor. 7:8, 136
2 Cron. 10, 130
2 Cron. 11-12, 145
2 Cron. 12:6-7, 91
2 Cron. 19:4-11, 183
2 Cron. 29, 44-45
2 Cron. 29:1-11, 52
2 Cron. 32:6-7, 170
2 Sam. 10:12, 143
2 Sam. 18:11-12, 36
2 Sam. 23:4, 186
2 Sam. 5:5, 35
2 Sam. 8:15, 183, 194
2 Sam. 8:15-18, 145
2 Sam. 9:7, 71
2 Tes. 1:4, 60
2 Tim. 1:7, 163
2 Tim. 2:6, 134-135
2 Tim. 4:2-3, 111
Amós 5:24, 180
Atos 10:25-26, 85
Atos 20:18, 118, 124
Atos 20:22, 39
Atos 20:22-23, 136
Atos 20:22-24, 59
Atos 20:32-37, 23

Atos 22, 109
Atos 4:13, 165
Atos 4:19-20, 165
Atos 4:20, 171-172
Col. 3:12, 63
Col. 3:12-14, 79
Col. 4:7-8, 104
Dan. 3:17-18, 171
Dan. 4:27, 62, 68
Deut. 15, 188, -193
Deut. 24:14, 125-126
Deut. 24:14, 185
Deut. 24:9, 218
Deut. 25:13-15, 25
Ecles. 130
Ecles. 2:21, 219
Ecles. 4, 141
Ecles. 8:11, 129
Efe. 4:11, 142
Efe. 4:32, 63
Efe. 6:14-17, 168
Ester, 33-34, 133
Êx. 33:9-11, 205
Êx.18, 155-156
Ezeq. 11:19, 80-81
Ezeq. 13:8-9, 29-30
Ezeq. 16, 186-187
Ezeq. 2:4, 173
Ezeq. 2:6, 160, 170-171
Ezeq. 28:3, 93
Fil. 2:7, 95
Fil. 3:12-14, 55
Gal. 5:13, 153
Gal. 6:1, 127
Gen. 33:4, 74
Heb. 10:24, 126
Heb. 12:11-13, 55
Heb. 12:1-3, 60

Heb. 165–166
Heb. 3:13, 124–126
Isa. 2:12, 93–94
Isa. 3:4, 201
Isa. 50:7, 167
Isa. 56:3, 147
Isa. 57:10, 171
Isa. 65:5, 93–94
Jer. 10:24, 129–130
Jer. 22:13, 195
Jer. 25:34, 132
Jer. 31:20, 129–130, 136
Jer. 36:23–24, 115
Jer. 5:1–2, 5–6, 30–31
Jer. 8:12, 90
Jer. 9:1, 70
Jó, 29:16, 62
Jó, 40:4, 89
Jó, 42:6, 89
João 10, 107
João 11:25–36,76
João 12:4–6, 27
João 13:3–9, 95
João 3:28, 86
João 3:30, 86
João 5:14, 136
Jos. 1:6, 162
Jos. 1:9, 160
Jos. 22, 134
Jos. 8:32–35, 103
Juízes, 14, 56–57
Lev. 19:33, 72
Lucas 1:3–4, 106
Lucas 10:34–35, 73
Lucas 19:1–8, 24
Lucas 3, 190
Lucas 3:11, 71
Lucas 6:35, 75

Lucas 9:1–5, 156
Lucas, 16:10, 24
Lucas, 3:15, 86
Mar. 6:34–44, 76
Mat. 17:12–13, 77
Mat. 18:4, 83
Mat. 20:20–28, 95
Mat. 21, 46–47
Mat. 22:21, 193
Mat. 8:20, 151
Miq 3:12, 197
Miq. 6:8, 182
Naum 3:18, 153
Nee. 4, 141
Nee. 4:14, 54
Nee. 4:2–3, 53
Nee. 5:14–18, 28
Nee. 5:16, 54
Nee. 5:7,196
Nee. 6:16, 54
Nee. 7, 156
Nee. 8:18, 103
Nee. 8:2–5, 103
Novo Testamento sobre honestidade e
    integridade, 38
Num. 12:3, 82
Num. 13:18–20, 210
Num. 14, 41
Num. 16:12–14, 130–132
Num. 16:31–33, 132
Num. 27:16–17, 203Deut. 3:27–28, 200
Prov. 10:32, 117
Prov. 12:1, 118
Prov. 18:12, 81
Prov. 18:13, 98, 112
Prov. 24:10, 173
Prov. 24:26, 17
Prov. 25:17, 81

*Índice* 235

Prov. 26:6, 98
Prov. 27:17, 138
Romanos 12, 142
Romanos 12:10, 68
Sal. 106:3, 180
Sal. 11,196
Sal. 7:8, 17
Tiago 1:19, 113
Tiago 2:1-4, 189
Tito 1:5-7, 146
Tito 2:206, 157-158
Zac. 7:10, 185

Bijur, Peter, 24-25

Boeskym, Ivan, 22

Bom Samaritano, 73-74

Bonini, Jamie, 83-84

Borg-Warner Chemicals, 151-153

Bossidy, Larry, 46, 85, 140, 209

Boten, John, 23-24

Bowsher, Steve, 186-187

Brabeck-Lethmathe, Peter, 104, 153, 167, 173

Brenneman, Greg, 145

Brinker, Norman, 208-209

Bristol-Meyers Squibb, 121

Buffett, Warren, 24-25

Built to Last (Collins e Porras), 43-44

Burke, James, 37

Burning Bush, 12

Burns, M. Anthony, 68, 109-110

Bush, George W., 170

## C

Cadbury, Adrian, 31-32

Calloway, Wayne, 205-206

Campbell, J. Kermit, 44-45, 112-113, 207-208

Campbell's Soup, 127-128, 176

Carisma, 8285-86

Carlzon, Jan, 111, 150, 175-176

Carrigan, Patrícia, 163-165

Case, Steve, 155-157, 172

Castellini, Clateo, 217

Cegueira do rio, 48-49

Chaddick, Steve, 92-93

Challenger, nave espacial, 18

Chappell, Tom, 44-45

Chicago Bulls, 146-148

Chrysler, 108-109

Ciena Corporation, 92-94

Citibank, 87-88

Citigroup, 76-77

Citizens Financial Group, 68-69

Clairol, 121-122

Clinton, Bill, 18, 22, 28-29

Código de ética, 19, 31-32

Cohen, Ben, 80, 173, 189-191

Coker, Pámela, 80

Colaboração, resposta a, 153-154

Collins, James, Built to Last, 43-44

Colony, George, 150-151

Colvard, Mark, 187-188

compaixão *ver* generosidade e compaixão

compensação
    e trabalho de equipe, 151-152
    relação com generosidade, 65

habilidades complementares de equipe,

145

Computer Associates, 7, 127–128

Comunicação aberta, 105–107

Comunicação de grupo, 101–105

Comunicação face a face, 104

Comunicação individual, 100–101

Comunicação, 98–117

Conger, Jay, 209–210, 212–213, 217–218

Conseqüências e recompensas no gerenciamento do desempenho , 128–136
atemporais e justiça, 128–132recompensas, 132–135

Contato do olhar, 109–110

Continental Airlines, 36, 55–56, 113–114
desenvolvimento de equipe, 145–146
política de recompensas, 133

coragem, 160–180
lições bíblicas, 178–180
manter-se firme, 168–174
na adversidade, 174–179
poder da, 161–168

Cornelius, 84–86

Corpo, importância das partes, 88–89

correção, 127–129

Covad Communications, 19

Covey, Steven, 95–96

Cray Research, 44–45, 115

Credibility: How Leaders Gain and Lose It, Why People Demand It (Krouzes e Posner), 17–18

Cristandade Judaica, 200

Cruz vermelha americana

cultura corporativa, após fusão, 151–153

Cultura de grupo, 32–33

Cummins Engine, 189–190

Curves for Women, 35–36, 58–60, 182–183

Custom Research, 133

# D

Dale, Frank, 166–167

Daniel, 43–45, 47–48, 68–69, 210–211
coragem, 161

Dathan, 130–131

Davi, 118–119, 145, 201, 218
compaixão e, 70–72
coragem, 161
e Salomão, 122–123, 214
e trabalho de equipe, 143, 148–149
honestidade, 20
humildade de, 82, 83–84
motivação para, 121
Nathan e, 178–179
perdão de, 74–75
preocupação com Absalão, 35–36
prioridade de, 33
propósito , 41, 41–43, 50–51

Day, Sir Graham, 213–214

De Biro, Brian, 84–85

De Pree, Max, 44–45, 154–155, 190–191

De Vries, Manfred Kets, 213–214

Dehart, Gun, 188–189

Delegação, 155–156

Demissões, 77, 129–130

Desastre, reação a, 69–70

Desenvolvimento da liderança, 200–220
atribuições e aprendizagem por ação, 209–214

# Índice

importância, 201-205

lições bíblicas, 220

líderes delegando poder, 218-220

mentores, treinadores e modelos de papel, 204-210

sucessão organizada, 214-218

Desenvolvimento de equipe, 138-159

delegação, 155-157

desafios, 152-156

importância das pessoas, 139-142

importância de equipes, 141-144

poder de equipes, 147-152

profissionais técnicos, 76-77

seleção de equipe, 144-146

trabalho de equipe, humildade e, 87-88

transferência de poder, 157-159

Dez Mandamentos, 12

Sobre integridade e honestidade ,18

Dickinson, Becton, 216-217

Diller, Barry, 177

Discípulos

adversidade dos, 54-55

e trabalho de equipe, 150-151

humildade dos, 87

seleção de Jesus, 145

Disney, 148

Dividindo riqueza, 71-72

Dízimo, 71-73

Drexel Burham Lambert, 56-57

Duncan, Emily, 46

Dunlap, "Chainsaw Al", 56-57

## E

eBay, 41-42

Ebbers, Bernie, 87-88, 121-122

Eisner, Michael, 139, 148

Eli Lilly, 26-27, 77

Elija, 89, 208

Elisa, 208-209

Elliott, Mark, 185-186, 198

Empatia, 76-78

Encobrir, 88

Enrico, Roger, 178, 205, 212, 219

Entrepreneur, 58-59

Eqüidade ver justiça e eqüidade

Errar, conseqüências e recompensas, 21

Erros, humildade e, 88-92

Esaú, 13, 55-56, 74, 119

Esgotamento, 78-79

Esposa de Lote, 111-112

Estabelecimento de objetivo, motivação e, 120-122

Ester, 48-49, 100-101, 133, 161, 208

Estranho, generosidade para, 72-74

"estratégia sem saída", 47-48

Eva, 119

Êxodo, israelitas, 21-22

Exxon Corporation, 132

Ezequiel, 29-30

Ezra, 103

## F

Faraó do Egito, 21-22, 93-94, 111-112, 202-203

Fast Company (Peters), 110

Federal Express, 41-41, 139-140, 169-170, 183, 217

238        LIDERANÇA NA BÍBLIA

Feedback 360 graus, 205-207

Feedback, velocidade de, 128-129

Fel-Pro, 78

Feuerstein, Aaron, 72-73

Firestone, 203

Flanagan, Bill, 87-88

Ford Motor Company, 195

Ford Mustang, 30

Ford, Henry, 219

Forrester Research, 150-151

Fortune, 44-45, 50-51

Foster Wheeler, 203-204

Frankowaski, Elaine, 115

From Worst to First (Bethune), 65

funcionários
    como outsiders, 185-186
    consistência de regras, 182
    delegação de poder, 157-158
    encorajamento, 124-128
    generosidade a, 66-67
    importância de, 139-141
    ouvindo, 113-114
    propriedade dos, 190-191
    relacionamento com, 76, 164-165
    ver também justiça e eqüidade

## G

Galvin, Paul, 36

Galvin, Robert, 80

Gamorra, 2, 111-112

Gandhi, Mahatma, 91

Gates, Bill, 29, 47-48, 60

Gaudani, Claire, 197-199

GE Plastics, 151-152

General Electric, 29-30, 34, 89-90, 164

Generosidade e compaixão, 62-81
    amor, 78-81
    aos estranhos e aos fracos, 72-74
    dividindo a riqueza, 71-73
    generosidade material, 66-68
    interesse e empatia, 75-79
    lições bíblicas, 81
    para os aflitos, 68-72
    perdão, 74-76
    Regra de Ouro, 63-67

Generosidade material, 66-68

George, Bill, 50-51

Gerenciamento de desempenho, 118-137
    conseqüências e recompensas, 128-136
    encorajamento, 123-129
    inspiração, 121-123
    lições bíblicas, 135-137
    motivação e estabelecimento de
        objetivos, 111-112

Gerenciamento de livro aberto, 105-106

Gerents, preocupação com funcionários, 69-71

Gerstner, Lou, 87-88, 129-130, 163

Ghetto Enterprises, Inc., 183-184

Gigerich, John, 115

Gilmartin, Ray, 50, 87-88, 122-123

Gilr Scouts of America, 38

Giuliani, Rudolph, 165-106

Goizueta, Roberto, 60, 203-204

Golias, 121

Gore e Associados (W. L.), 123-124

Gore, Bill, 79-80, 123-124

Gore-Text, 79-80

*Índice* 239

Grace, Peter, 218

Graff, Chris, 36-37

Greenberg, Jerry, 65-66, 173, 189-191

Greyston Bakeries, 65-66

Grove, Andy, 84-85, 101-102, 113-114, 202-203

## H

Haas Peter, 183-184, 184-185

Haas, Walter, Jr., 183-184, 184-185

Habilidades de escuta, 111-116

Haman, 48-49, 133

Hanna Anderson, 188-189

Hanover Insurance, 37, 158-159

Hard Rock Café, 68-69

Harley-Davidson, 112-114

Hay Group, 58-59

Heavin, Gary, 35-36, 58-60, 77-78
  sobre compartilhar, 71-72
  sobre humildade, 95-96
  sobre justiça, 182-183

Heimbold, Charles, 121, 122, 124-125

Helmsley, Harry, 19-20

Helmsley, Leona, 19-20

Herman Miller, 44-45, 112-13, 154-155, 190-191

Hesselbein, Frances, 38

Hewitt Associates, 105-106

Hewlett, Bill, 31-32

Hewlett-Packard, 46, 216

Hezekiah, 51-52, 53

Hill, Brad, 58-59

Hill, Steve, 126-127

Hillel, Rabbi, 73-74

Hoeksema, Tim, 133

Holt, Dennis, 156-157

Home Depot, 158

Honestidade e integridade, 17-38
  adversidade e, 24-28
  agindo com
  importância, 17-18
  lições bíblicas, 38
  modelos de papel, 19-24
  nos negócios, 24-25
  observadores, 35-38
  sistemas e padrões, 32-36

Humildade, 81-97
  como perspectiva, 84-87
  e erros, 89-92
  e trabalho de equipe, 87-89
  ganhos de, 92-94
  lições bíblicas, 96-97
  líder como servo, 94-96

Hunke, David, 19

Hutchings, Greg, 150-152

Hutt, Joel, 151-153

Iacocca, Lee, 99-100

IBM, 76, 128-130

## I

Immelt, Jeffrey, 70

Índice

Individual, valor da, 138-139

Ingram Industries, 100-101

Injustiça, retificando, 192-196

Inland Stell, 185-186

Inspeção, 127-128

Inspiração, 122-124

Integridade ver honestidade e integridade

Intel, 84-85, 113

Interesse e empatia, 75-79

Isaías, 19, 30-31

# J

Jackson, Phil, 146-148

Jacob, 11, 71-72, 118-119

Jeosafá, 145, 182-183

Jeremias, 19, 29-31, 70-71, 114-115, 129-130, 161

Jesus, 12-13
  alimentando milhares, 75-76
  como líder servil, 94-95
  comunicação, 99-100, 101, 107-108
  coragem, 161
  delegação, 156-157
  desenvolvimento da liderança, 203-204
  e humildade, 83-84, 86-87
  e trabalho de equipe, 142, 146-147
  e Zaqueu, 23-24
  em generosidade material, 66-67
  encorajamento de, 118-119
  inspiração por, 121-122
  interesse e empatia de, 75-76, 77-78
  na obediência às leis, 192-193
  sobre a verdade, 142, 146-147

Jetro, 34, 155-156

Jezabel, 19-20

Jó, 12, 26-27, 89-90

Joabe, 35, 143, 145

João (discípulo de Jesus), 164-165
  coragem, 171-172

João, o Batista, 71-72, 86

Jobs, Steve, 40, 47-48, 153-155

John Deere, 23-24

Johnson & Johnson, 30-31
  credo, 33-34, 37, 44-45

Johnson, Curt, 214-215

Johnson, David, 127-128, 176

Johnson, Herbert Fisk, 214-125

Johnson, Samuel, C., 214-215

Jonathan, 51-52, 70-71, 176

Jordan, Michael, 147-148

José, 11, 191-192
  perdão de, 74-75

Josué, 12, 102-103, 206-207, 218
  construção de equipe, 146-147
  coragem, 160
  Moisés como mentor, 204-206, 214
  motivação de, 122-123
  propósito, 39, 40-41
  recompensas, 133-134

Judas Iscariote, 26-28, 78-79

Jumento de Balaão, 114

Justiça e eqüidade, 180-199
  justiça para todos, 184-189
  lições bíblicas, 199
  liderança com, 182-184
  parte justa, 187-192
  recompensas por, 195-199
  retificando a injustiça, 192-196

# K

Kanter, Rosabeth Moss, 60-61

Kassan, Michael, 157

Kelleher, Herb, 34

# Índice

e trabalho de equipe, 147-148

interesse e empatia de, 76-77

sobre comunicação, 115-116

sobre a coragem, 116-117

sobre amor, 79-80

sobre funcionários, 140-141

sobre liderança servil, 95

visão, 42-43

Kellner, Larry, 145

Kellogg, Corporation, 132

Kennedy, John, F., 41-42

Kidder Peabody, 89-90

Knight, Bobby, 84-85

Knowling, Robert, 19, 129-130, 168-169

Komansky, Dave, 76-78

sobre o estabelecimento de objetivos, 122-123

Korah, 130-131

Kouzes, James, 17, 87-88

KPMG, 210-212

Kroc, Ray, 52

# L

Lampe, John, 195-196

Land's End, 101-102

Larsen, Ralph, 44-45

Lavagem de pés, 86-87, 95

Lázaro, 75-75

Leão Covarde, 160-161

Lencioni, Patrick, 82

Leopold-Johnson, Jelen, 214-215

Levi-Strauss, 183-185

Lições bíblicas sobre

comunicação, 116-117

coragem, 179-180

desenvolvimento da liderança, 219-220

desenvolvimento de equipe, 158-159

generosidade, 81

honestidade e integridade, 38

humildade, 96-97

justiça, 198-199

propósito, 60-61

Lições bíblicas, 116-117

aberta, 105-107

dirigindo a mensagem, 106-110

grupo, 101-105

habilidades de escuta, 111-116

habilidades inatas ou aprendidas, 115-117

importância, 99-100

individual, 100-101

mensagem na, 104-105

repetição, 109-111

Líder servil, 94-96

Líderes

cedendo ao poder, 218-219

como servos, 94-96

e justiça, 182-183

riqueza, 195

traços e habilidades para o sucesso, 12

Liemandt, Joe, 126-127

Lira, Al, 74-75

Local de trabalho, moral, 37

Loeb, Marshall. 60-61

Lojas Finast, 197-198

Lojas no centro da cidade, 197-198

Lombardo, Michael, 76-77

Los Angeles Herald Examiner, 166-167

Lote, 18

Lowe's, 87–88

# M

Made in America (Walton), 104–105

Maier, Jean, 21

Malden Mills, 72–74

Mão-de-obra estrangeira, tratamento da, 72–73

Mão-de-obra infantil em países estrangeiros, 183–184

Marcell, Robert, 108–109

Marcos Imelda, 22

Marcos, Ferdinand, 22

Marque, 36

Marriott, J. Willard, 66–67

Martin, Maureen, 60

Matinez, Arthur, 162

Matsushita, Konosuke, 42–43

McCall, Morgan, 76–77, 209–210

McCullough, Peter, 194–195

McDermott, Robert, 63

McDonald's, 52

McDougall, Ron, 208–209

MCI WorldCom, 87–88, 212–122

McLean, C. D., 145

Meck, 48–51, 73–74, 87–88

Mectizan, 48–49

Medo, e coragem, 159

Medtronic, 50–51

Mefibosbeth, 70–72

Mehta, Shanti, 80–81

Mensagem sobre comunicação, 104–105, 106–110

Mentores, 204–210

Merrill Lynch, 24–25, 76–78, 87–88

Messaque, 171–172, 210–211

Miami Healr, 19

Midwest Ailines, 133

Milken, Michael, 22, 56–58

Miquéias, 195–196

Missão *ver* propósito

Modelos de papel, 204–209

Moisés, 11–12, 18, 32–33, 118–119, 218
  comunicação, 99–100, 101, 115–116
  delegação por, 155–156
  e Josué, 204–206, 210–211, 214
  encorajamento de, 125–126
  formação de equipe, 28–29
  humildade de, 82
  inspiração por, 121–122
  propósito, 39, 40–41, 45–47
  regras para reis, 32–33

Moral no local de trabalho, 37

Mordicai, 78–49, 100–101, 133, 207–208

Morita, Akio, 80–81, 142

Morrison e Forster, 77–79

Morton Thiokol, 18

motivação e estabelecimento de objetivos, 119–122

Motorola, 36

Mullaly, Alan, 41–42

Myers, Phil, 135–136

# N

Nabote, 20

# Índice

Nabucodonosor, 68-69

Nanani, 156-157

Nanus, Burt, 209-210

Natan, 178-179

National Basketball Association, 84-85, 143-144

Naum, 152-153

Neemias,
delegação, 156-157
e trabalho de equipe, 141-142
inspiração por, 121-122
integridade, 28-29
propósito, 53, 54, 57-58

Negócios, integridade nos, 22-23

Nelson, Shirley, 57-59

Nestlé, 103-105, 153-154, 172-173

New London Development Corporation, 198-199

Nissan, 75-76

Nixon, Richard, 18

Noé, 68
desempenho, 118-119
formação de equipe, 39
habilidades de escuta, 111-112
integridade, 18
propósito, 39
trabalho de equipe, serviços sem fins lucrativos, 151-152

Northrup Grumman, 31-32

Northwestern Mutual Life, 21

Notebaert, Dick, 168-169

Noto, Lou, 133

Novell, 102-104, 121-122, 177

NYCE Corporation, 184-185

## O

O'Brien, Bill, 37, 158-159

O'Farrell, Bill, 101-102

O'Neill, Paul, 191-193

O'Tolle, James, 154-155

Ogilvy, David, 145-146

ombudsman corporativo, 31-32

Ombudsman, corporate, 31-32

Omnia Communications, 92-93

Opções de compra de ações, 121-122

OpenAir, 101-102

Os fracos, generosidade com, 72-74

Outsiders, funcionários como, 185-186

## P

Packard, David, 197-198

Paley, William, 218

Paulo, 116-117, 124-125
comunicação, 103-104, 108-110
coragem, 163
e Timóteo, 209-210
encorajamento de, 119-120
instruções sobre desenvolvimento de equipe, 157-158
integridade, 22-23
seleção de equipe, 145-147
sobre a força de propósito, 54-55
sobre perdão, 74-75
sobre recompensas, 132

Pear Transmedia, 115

Pedro, 84-86, 95, 118-119, 164-165
coragem, 171-172

Pepper, John, 33-34

PepsiCo, 178, 205-206, 219

Perdão, 74-75

Perot, Ross, 195-196

Pessoas como prioridade, 47-50

Peters, Tom, Fast Company, 110-111

Peterson, Robert, 207-209

Pfizer, 93-94, 114-115, 198-199

Pitney Bowes, 113-114

Plano de opção "Bean Stock", 65

Pobres, justiça aos, 182-183

Poder
  cessão do, pelos líderes, 219-220
  de equipes, 147-152
  orgulho, vs. Humildade, 81
  potencial para abuso, 32-34

Pollard, Charles, 95-96

Pollard, William, 57-58

Pope, Jeff, 133

Pope, Judy, 133

Porras, Jerry, Built to Last, 43-44

Posner, Barry, 17, 87-88

Pragas no Egito, 21-22

Princípio de Peter, 206-207

Prioridades, 47-48

Problema, generosidade àqueles com, 68-72

Procter & Gamble, 33-34, 90-91

Profetas, 28-29, 114-115
  adversidade dos, 54-55
  propósito, 40

Propinas, 193

Propósito, 39-43
  adversidade e, 55-56
  busca por, 58-61
  e empresas modernas, 42-43

jogadores "A" com objetivos, 4-55

lições bíblicas, 61

líderes modernos, 45-48

líderes sem, 55-57

necessidade de, 39

obstáculos como testes, 53-54

pensando grande, 41-43

pessoas como prioridade, 47-50

vantagem competitiva, 51-53

Propriedade pública, atitude do líder para, 22

Punição, 132-133

# Q

Quade, Dave, 140

Quebra da bolsa (1987), 25-26

# R

Racismo, injustiça do, 186-187

Recompenses, 132-135
  por justice e eqüidade, 195-198

Regra de Ouro, 63-67

Rei, Charles, 186-187

REid, David, 187-188

Reis, regras de Moisés para, 32-33

Reitman, Jerry, 74-75

Reoboão, 90-91, 94, 130-131

Repetição na comunicação, 109-112

Responsabilidade, 128-129

Responsabilidades no emprego, 64

Riqueza, dividindo, 71-72

Risco, 176

Roddick, Anita, 46-48, 124-126, 198

# Índice

Rollwagen, John, 44-45, 115

Roosevelt, Franklin Delano, 100-101

Roscitt, Rick, 24-25, 171-172

Rosenbluth, Hal, 69-70, 100-101, 158-159

Rover, 213-214

Russell, Paul, 205-206, 206-207

Ryder Systems, 68

## S

Sadraque, 171-172, 210-211

Salomão, 33-44
    humildade de, 82-84, 92-93
    instruções de Davi, 122-124
    propósito, 39-40, 41
    sucessão, 214

Sambalate, o Horonita, 53

Samuel, 22-23, 99-100

Sansão, 12, 56-57

Sant, Roger, 35-36, 91-92, 124-125

Sartre, Jean-Paul, 140

SAS, 175-176

Saul, 50-52, 70-71

Schacht, Henry, 189-190

Schmidt, Eric, 102-104, 121-123, 177

Schroeder, Horst, 132

Schultz, Howard, 64-65, 190-191

Sculley, John, 40

Segredos, 106-107

Seminários, 209-210

Senge, Peter, *The Fifth Discipline*, 139

Seraia, 145

Sermão na Montanha, 12

ServiceMaster, 95-96, 166-167

Serviços bancários de investimento, 71-72

Setor de seguros, 64

Shields, John, 197-198

Shipley, Walter, 87-88

Sindicatos trabalhistas, 75-76, 169-170

Sinergia, 141-142

Smith, Fred, 41-42, 139, 168-170

Smucker's, 75-76

Sodoma, 18, 111-112

Sony, 80-81, 142
    declaração de missão, 60

South Shore Bank (Chicago), 192-195

Southwest Airlines, 34, 42-43, 163
    e trabalho de equipe, 147-148

Spewell, Latrell, 84-85

Springfield REmanufacturing, 51-52, 105-107, 134-135

Stack, Jack, 51-52, 93-94, 105-107, 178, 195-196
    e trabalho de equipe, 143
    motivação por, 119-121
    política de recompense, 134-135

Starbucks, 64-65, 132, 190

Steere, William, 93-94, 114-115

Stewart, Martha, 41-42

Stonesifer, Dick, 206-207

Sucessão, 214-218
    planejamento, 203-204

Sultão de Bornéo, 22

Sunbeam, 56-57

## T

Talent Fusion, 149-150, 150-151

Tamar, 214

Taylor, Bill, 216-217

Tebello, Joseph, 68-70

Teer Link, Richard, 112-114

Telecomunicações, 80-81

Teoria X, 62, 132-133

Teoria Y, 63

Tessalônia, 110-111

Texaco, resposta a racismo, 24-25

The Body Shop, 46-48

The Customer Comes Second (Rosenbluth), 140-141

*The Customer Comes Second*, 140-141

The Fifth Discipline (Senge), 139

*The Leadership Challenge* (Kouzes e Posner), 17

Tiago (irmão de Jesus), 32, 113

Tichy, Noel, 201, 204-205, 208-209, 209-210

Tigrett, Isaac, 68-69

Tiller, Tom, 163-164

Tillman, Bob, 87-88

Timóteo, 110-111, 157-159, 163, 209

Tito, 145-146, 157-158

Tobias, o amonita, 53

Tobias, Randll, 26-27, 77-78

Tom's of Maine, 44-45

Townsend, Robert, Up the Organization, 92-93

Transparência total, 107-108

Trapacear, 37

Travas, como declaração sobre honestidade, 31-32

Treinadores, 204-210

Trilogy Software, 158-159

Troca de informações, 105-106

Tully, Dan, 87-88, 128-129

Tully, John, 25-26

Tylenol, 30-31, 37

Tyson, Don, 83-85

## U

Ulrich, David, 218

Union Carbide, 115

United Way, 27-28

UNUM, 134

Urias, 178-179

USAA, "Two Golden Rules", 64

## V

Vagelos, Roy, 48-49, 73-74

Válvula de segurança, 31-32

Verdade *ver* honestidade e integridade

Vermont National Bank, 196-197

Visão *ver* propósito

## W

Wall Street Journal, 90-91

Wal-Mart, 104-105, 112-113
Associates' Handbook, 140

Walton, Sam, 104-105, 112-113, 140, 189-190

Wang, Charles, 22-23, 127-128, 153-154

*Índice* — 247

Weil, Sandy, 76-77

Weiss, Bill, 167-168

Welch, Jack, 140-141, 219
    comunicação, 115-116
    coragem, 160
    e aprendizagem por ação, 211-213
    humildade nos erros, 89-90
    política de recompensas, 134
    propósito, 43-44
    sobre desenvolvimento da liderança,
      200-203
    sobre honestidade e integridade, 19,
      29-30, 37
    sobre repetição, 111-112
    sobre trabalho de equipe, 154-155
    sucessão, 214-216

Wendt, Gary, 2121-213

Western International Media,
    156-157

Weyerhauser, 126-127, 194-195

Whitman, Meg, 41-42

Wilson, Andy, 112-113

Wooden, John, 84-85

World Health Organization, 49-50

World Trade Center (NY), ataque
    reação a, 69-70
    reação de Bush, 169-171
    reação de Giuliani a, 165-166

## X

Xerox, 194-195-195

## Y

Young, John, 177

## Z

Zamanzadeh, Roha, 115

Zaqueus, 23-24

Zimmerman, Richard, 178